AF501977

Capitaine CORNET
DE L'INFANTERIE COLONIALE

A LA CONQUÊTE DU MAROC SUD

AVEC LA COLONNE MANGIN

1912-1913

A LA CONQUÊTE

DU

MAROC SUD

DU MÊME AUTEUR, A LA MÊME LIBRAIRIE :

Au Tchad. *Trois ans chez les Senoussites, les Ouaddaïens et les Kirdis.* Nouvelle édition. Avec une préface de Paul ADAM. Un volume in-16 avec des gravures hors texte. Prix .... 4 fr.

(Couronné par l'Académie française, prix Montyon)

PARIS. TYP. PLON-NOURRIT ET Cie, 8, RUE GARANCIÈRE. — 20081.

Frontispice.

COLONEL MANGIN ET SON ÉTAT-MAJOR

Son fanion rouge. — L'étendard de Moha ou Saïd.

CAPITAINE CORNET
DE L'INFANTERIE COLONIALE

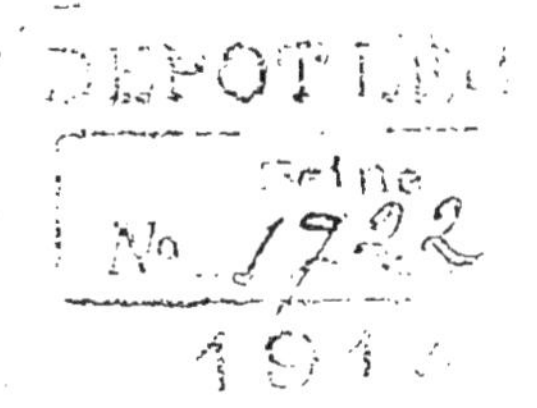

A LA CONQUÊTE DU MAROC SUD

AVEC LA COLONNE MANGIN

1912-1913

LETTRE-PRÉFACE
DU GÉNÉRAL CHARLES MANGIN

Dix-neuf gravures et une carte

PARIS
LIBRAIRIE PLON
PLON-NOURRIT ET Cie, IMPRIMEURS-ÉDITEURS
8, RUE GARANCIÈRE — 6e

AU

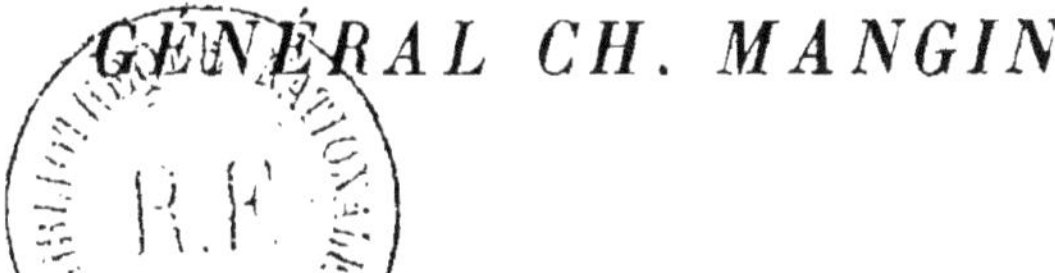

GÉNÉRAL CH. MANGIN

LETTRE-PRÉFACE

Le Général MANGIN au Capitaine CORNET, du 2e Bataillon Sénégalais du Maroc, par Souk el Arba de Tissa (route de Taza).

Paris, le 10 avril 1914.

MON CHER CORNET,

Vous me demandez de présenter votre beau livre à vos lecteurs, et je ne puis vous refuser ce témoignage; mais il me paraît bien inutile auprès d'eux : ils vous connaissent par votre œuvre précédente : *Au Tchad,* qui raconte la première prise d'Aïn-Galakka et d'autres beaux combats en Afrique centrale, où vous avez agi avec tant de bonheur.

Et votre livre se suffit à lui-même : il évoque bien le Maroc Sud, avec la monotonie de ses plaines et la variété de ses montagnes, ses tapis diaprés de fleurs, ses rochers nus, et les palmiers de Marrakech se détachant sur les neiges de l'Atlas. Dans ce cadre changeant, on voit s'avancer la colonne, avec les burnous rouges des spahis, les vestes bleues des chasseurs, les allègres turcos, les noirs Sénégalais au « barda » fantaisiste, les jeunes zouaves, les vieux marsouins gouailleurs, les alpins au sombre béret, les artilleurs, les tabors marocains, et la masse énorme et lente des chameaux toujours geignants, guidés par les modestes tringlots. Chacun de ces soldats apporte au combat les qualités de sa race, mais tous se battent à « la française », gaiement et bravement, parce que les cadres français ont cimenté le tout et donné la manière.

Vous avez dit ces combats, nos angoisses pendant cette marche au secours de nos compatriotes prisonniers d'El Hiba; la France entière et le monde civilisé partageaient nos émotions et les revivront en vous lisant. Et notre joie de délivrer ces Français, qui pourtant n'étaient que sept...

Mais, dans ces récits de bataille, vous vous effacez vraiment trop : c'est que votre rôle a été trop brillant pour que vous puissiez le retracer. Je vous vois encore portant les ordres aux troupes engagées, chargeant avec la cavalerie, dirigeant les attaques de l'infanterie, organisant les replis solides contre lesquels la horde des Chleuhs venait se briser... Vous avez forcé l'admiration de tous sur le champ de bataille; au camp, toujours le premier levé et le dernier couché, vous avez rempli un labeur énorme et souvent ingrat, et vous avez trouvé le temps de rédiger au jour le jour ces notes précieuses.

Vous y racontez aussi les lendemains de la conquête, la prise de contact si facile alors avec les peuples adorateurs de la force, tout prêts à s'offrir au vainqueur qui sait les comprendre, puis l'organisation naissante : les routes, les dispensaires, les écoles.

Vous montrez les grands caïds berbères — tels les somptueux marajahs de l'Inde, — les fêtes de leurs palais féeriques, et le luxe barbare et raffiné de la capitale du Sud, mélange de l'or et du clinquant. Puis, nous nous promenons en maîtres de Mogador à Demnat, le long du grand Atlas que nous n'avons pas le droit de franchir; enfin vient la conquête définitive du Tadla, assurée par les rudes affaires de Sidi Ali Bou Brahim et de Ksiba.

Tous vos lecteurs remarqueront combien un pays marocain est facile à occuper et difficile à défendre. A ce propos, les militaires invoqueront la supériorité de l'offensive, et les arabisants le Coran, qui prescrit la lutte contre l'Infidèle mais aussi la soumission au vainqueur : « Allah donne la puissance à qui lui plaît. » Et comment convaincre les Marocains de notre force, si nous paraissons en douter nous-mêmes en nous limitant?

Les historiens constateront une fois de plus qu'une nation civilisée, ne pouvant garder de frontière avec des peuplades barbares, a toujours été amenée à s'étendre jusqu'à ce qu'elle rencontrât un obstacle pratiquement infranchissable, la mer, le désert, ou les possessions d'une autre nation civilisée; ils nous rappelleront très utilement la parole de Bugeaud à propos de la Kabylie : « On ne tient la plaine que par la montagne. »

Enfin, nos dirigeants, regardant la carte, mesureront les distances sur les vieilles routes impériales et sur les percées naturelles ; la liaison avec l'Algérie leur apparaîtra aussi facile à Casbah el Maghzen et au Tafilelt qu'à Taza, et le Général LYAUTEY pourra dire de nouveau : « Allez-y carrément. »

Par une occupation totale et définitive, la solution viendra en une ou deux campagnes d'une offensive continue, économique en hommes et en argent, libérant nos finances et notre armée de l'entrave marocaine. Car le Maroc, effectivement organisé, se suffira à lui-même, et sa possession complète permettra une large utilisation de ses ressources militaires, qui accroîtront les forces nationales, comme le font déjà l'Algérie-Tunisie et notre Afrique noire.

En ce moment même où paraît votre livre, vous êtes en marche vers Taza, sous les ordres du général GOURAUD; j'envie votre sort et je souhaite la continuation de vos succès par la plume et par l'épée.

Général MANGIN.

AVANT-PROPOS

J'ai eu la bonne fortune, au cours d'un séjour colonial, de suivre le colonel Mangin dans les diverses colonnes qui ont donné à la France en moins d'un an un vaste empire, tout le sud du Maroc.

Ce sont des notes prises au jour le jour que je livre au public.

Débarqué à Casablanca le 22 juin 1912, avec un des bataillons noirs qu'il vient de former au Sénégal, le colonel Mangin, après un court séjour à Ber Rechid, est envoyé en pays doukkala, où il ramène à la côte la mission antipesteuse et règle la question du Triaï. On se souvient que ce bandit, abusivement protégé par le représentant d'une nation étrangère, avait terrorisé la ville de Mazagan où il s'était réfugié chez le juif Siksou. La destruction de la casbah du Triaï, son évasion dramatique à Mazagan, sa fuite dans les rangs de l'armée d'El Hiba, le départ de Siksou sur un navire espagnol, passionnaient l'opinion au moment de la tension des rapports entre la France et l'Espagne. On sait que cette nation désapprouva son consul et le changea de poste.

C'est de Mazagan, après ces événements, que commence ce journal. Il débute en août 1912 par la marche sur Marrakech, et se termine en juin 1913 avec la belle campagne du Tadla.

A LA CONQUÊTE DU MAROC SUD

I

EN ROUTE POUR LA COLONNE DU SUD

Mazagan, 11 août 1912. — Grande nouvelle : Le colonel Mangin est désigné pour commander les troupes des Doukkala et celles concentrées à Mechra ben Abbou, sur la route de Marrakech. Il paraît que des événements graves sont à la veille de se produire dans cette ville, où l'armée du Prétendant, Mohammed El Hiba, proclamé par les tribus du Sud, est attendue par la population. Le M'tougui, sur lequel nous comptions, n'a rien fait pour barrer le passage de l'Atlas aux « hommes bleus », ainsi nommés parce que, originaires du désert mauritanien, ils sont vêtus d'étoffe sombre comme les habitants de cette région, et par opposition aux Marocains, tous porteurs de burnous blancs.

Le colonel devra être demain à Azemmour, après-demain à Casablanca ; de là, il filera en auto-mitrailleuse sur Mechra ben Abbou, où il compte arriver le 15 au soir.

12 août. — Nous sommes arrivés hier soir à Azemmour. A peine installés, il nous faut quitter cette maison arabe si gaie avec ses mosaïques claires, ses murs revêtus de faïences aux dessins bleus, ses balcons de bois à grille de fer et son patio à ciel ouvert par où entraient l'air et le soleil.

Je suis monté sur le toit de terre pour contempler une dernière fois la blanche Azemmour ; les terrasses étagées se couronnent de curieuses cheminées en forme de châsses percées d'ouvertures rectangulaires et coiffées de clochetons également ajourés. Par delà les vieux remparts rougeâtres tout croulants, les dunes fauves s'abaissent vers la mer. Les eaux claires de l'Oum er Rbia baignent le pied des murailles et s'en vont en clapotant vers l'estuaire que barre une frange d'écume blanche. La vallée verdoyante étale ses champs de henné arrosés par des norias antiques, qu'un chameau paisible, aux yeux recouverts d'œillères pointues, tourne d'un pas lent.

12 août. — Nos bagages moins deux cantines filent avec les chevaux, le long de l'Oum er Rbia, directement sur Mechra ben Abbou, où ils arriveront dans quatre jours.

Le colonel Mangin et moi, montant des chevaux prêtés obligeamment par des camarades, partons à la rencontre de l'auto-mitrailleuse envoyée de Casablanca. Nos cantines ont quitté Azemmour à deux heures du matin sur une mule conduite par un goumier; mais le chenapan a dû dormir au lieu de marcher rondement, car nous l'avons trouvé à cinq lieues seulement d'Azemmour, alors que nous ne pensions le rattraper qu'à distance double, à mi-route de Casablanca, au campement de Dar ben Abid, où l'auto doit nous attendre.

Il a fallu, pour gagner du temps, devancer les bagages et envoyer la voiture à la recherche de nos cantines. Nous avons profité de ce répit obligé pour déjeuner à Dar ben Abid, dans la plaine poudreuse, près d'une belle forêt de lentisques, coupée de pistes chamelières; les arbres y semblent taillés en pyramides et cônes très réguliers. L'attrait de ces bosquets ne saurait, hélas! faire oublier le soleil d'août qui transforme la région en fournaise! Mais l'appétit, aiguisé par la randonnée du matin, triomphe de la torpeur que nous vaut cette chaleur accablante. A la boîte de corned-beef emportée de Sidi Ali dans nos fontes, nous ajoutons chez l'Arabe du carrefour des œufs cuits dans une bouilloire à thé, des figues de Barbarie, excellentes ma foi, et du thé à la menthe fort agréable. L'auto est revenue. Nous sommes arrivés dans l'après-midi à Casablanca.

Nous partons ce matin pour Mechra ben Abbou.

14 août. — Nous avons avec nous un caïd du palais, nègre de confiance, à barbiche blanche, qui va à Marrakech faire proclamer le nouveau sultan Moulay Youssef. Cette cérémonie doit à tout prix avoir lieu là-bas avant l'arrivée du Prétendant

Mohammed el Hiba, signalé aux portes de la ville.

Nous atteignons à midi Mechra ben Abbou. Le poste est situé sur les deux rives de l'Oum er Rbia, à un coude du fleuve, dans un cirque de collines aux tons rosés et violets. L'eau coule rapide et claire sur un lit de galets. Les rives, comme les versants des collines et comme les plateaux, sont privées d'arbres. L'aspect du pays entier est désertique en cette saison. Il règne ici une chaleur torride, à peine tempérée par une faible brise. Les nuits seules sont reposantes. Les camps, établis sur des croupes pelées, alignent leurs tentes blanches sur le sol de poussière rouge et de cailloux. Spahis, tirailleurs algériens, Sénégalais, chasseurs d'Afrique, goumiers, artilleurs coloniaux et marsouins, prenant leur mal en patience, vivent ici côte à côte en bon ménage et rivalisent d'entrain. Ils sont plus de 1 500 à souhaiter la marche sur Marrakech, but qui semble leur être destiné.

Le messager a trouvé trop dangereux de partir de jour avec deux goumiers d'escorte, dont l'uniforme et l'armement l'auraient désigné aux attaques possibles des pillards. Il demande à partir cette nuit avec deux indigènes, armés de fusils de vieux modèles et vêtus du costume local. Il promet de parcourir les cent vingt kilomètres qui séparent Marrakech de Mechra dans la nuit même.

15 août. — A minuit, l'ordre est arrivé de se porter dans la direction de Marrakech à une journée de marche de Mechra, vers Souk el Arba. Les nouvelles de la ville sont mauvaises. Le consul de

France, M. Maigret, reste seul là-bas avec quelques Français, dont le commandant Verlet-Hanus, arrivé récemment en mission politique. On craint l'occupation de la capitale du Haouz par le prétendant El Hiba.

Partis au petit jour, nous sommes arrivés à Souk el Arba à midi. C'est un grand vallon dénudé, ouvert au sud, bordé par ailleurs de collines toujours pelées; celles de l'est sont couronnées de rocs déchiquetés aux tons verts. Un ravin à sec serpente, marqué de deux ou trois palmiers misérables. Quelques douars aux paillotes sombres, aux murs gris de pierre sèche, apparaissent sur les hauteurs que recouvre une herbe rare et jaunie. Un groupe de trois marabouts aux coupoles blanches est entouré de bosquets verts de palmiers et d'oliviers. Les puits larges et peu profonds donnent une eau abondante; à notre arrivée, des indigènes y abreuvent leurs moutons et leurs bœufs. L'étape s'est fort bien passée; sur tout le parcours, les habitants se groupaient sur les hauteurs qui bordent la route et nous regardaient curieusement, mais sans hostilité.

Quelques-uns d'entre eux sont venus au camp dès notre arrivée nous vendre de l'orge, des vivres et surtout du bois qui fait défaut dans la région, où nos soldats ne trouvent que des brassées de tiges sèches d'asphodèle. Le cheikh Raja, qui commande les douars les plus proches de Souk el Arba, est venu nous assurer des bonnes dispositions de ses administrés.

Vers le soir, tout semblait calme, quand des coups de fusil se sont fait entendre dans le nord. C'était notre convoi, parti derrière nous à midi, que les Marocains attaquaient. Des Sénégalais sont allés en renfort, puis une colonne d'artillerie, d'infanterie et de cavalerie a suivi. Tous sont rentrés à la nuit. Deux Sénégalais ont été blessés, l'un très grièvement à la jambe, l'autre légèrement à la cuisse. Les Marocains s'étaient approchés traîtreusement du convoi; l'escorte les prenait pour des goumiers, quand ils ont brusquement ouvert le feu. Trois Marocains ont été tués, un cheval a été pris. On a rapporté l'arme d'un des assaillants. C'est un fusil à tir rapide avec un sac de cuir rouge rempli de cartouches.

16 août. — La nuit fut tranquille. Deux coups de feu ont été tirés par les sentinelles sur des ombres distinguées au clair de lune. Le camp n'a même pas pris les armes.

16 août. — La compagnie sénégalaise du capitaine Aguillou, envoyée ce matin sur Mechra ben Abbou pour servir d'escorte au convoi de demain, a été brusquement attaquée à quelques kilomètres d'ici. Le colonel Savy est parti pour la dégager avec un bataillon, un peu d'artillerie et quelques spahis. Le combat, très vif, a duré de sept heures du matin à trois heures de l'après-midi. Les Sénégalais ont dû charger à la baïonnette à plusieurs reprises et embrocher les Marocains, des Ouled Slama de la tribu rehamna. Nous avons perdu trois tués et trente blessés; le lieutenant Bertrand a eu le genou brisé par une balle. L'ennemi a été repoussé, et la compagnie Aguillou a pu gagner Mechra ben Abbou. Au camp même, la journée ne s'est pas passée sans incident. Dès l'aube, des émissaires ont annoncé l'attaque du camp projetée par l'ennemi; les dispositions ont été prises aussitôt. Vers sept heures, sont arrivés MM. Genety, ingénieur français, et Nier, commerçant allemand, agent consulaire, venant de Marrakech, qu'ils ont dû quitter devant l'attitude xénophobe de la population, fanatisée par l'approche du Prétendant. Les avant-postes sénégalais ont ouvert le feu sur leur escorte qui s'avançait sans s'être fait reconnaître. Après avoir failli être tué par nos braves noirs, M. Nier, qui trouvait l'aventure pénible, allait bientôt avoir l'occasion d'apprécier à son tour la fidélité de nos Sénégalais. Peu après l'arrivée des voyageurs, l'attaque attendue s'est produite; de nombreux cavaliers et fantassins ont dévalé les hauteurs environnantes et se sont précipités vers nos tentes. Tandis que nous renforçions nos postes extérieurs, les balles sifflaient sur le camp où M. Genety a eu un mulet traversé de part en part; un sergent sénégalais a été blessé à la jambe, dans la tranchée.

Les Marocains attaquent, selon leur tactique habituelle, de tous les côtés à la fois et en formation extrêmement diluée, cavaliers et fantassins à plusieurs mètres les uns des autres; il est rare qu'on puisse ouvrir le feu sur un but important.

A midi, cependant, une occasion nous a été

offerte; le 75 a tiré à deux mille mètres sur un groupement considérable rassemblé au sommet d'une hauteur. L'effet a été miraculeux grâce au réglage très précis. Le premier coup a donné en plein et a dispersé tout le monde; le deuxième a éclaté sur la pente descendante où les Marocains s'étaient réfugiés. Il y a eu sept hommes et un cheval tués. Nous avons été alors tranquilles; les chameaux sont allés au pâturage, et les hommes à l'eau et aux corvées. L'activité de nos troupes produit son effet; des soumissions commencent à se produire. Des groupes sont arrivés avec des drapeaux blancs au bout de bâtons ou de fusils.

17 août. — Le lieutenant-colonel Savy vient de partir au-devant du convoi de Mechra ben Abbou avec une partie des troupes. Nous gardons le camp avec le reste. Un émissaire avertit que de nombreux contingents doukkala et rehamna marchent contre nous.

Mais l'attaque annoncée ne s'est pas produite. L'ennemi est resté rassemblé à une heure d'ici, chez les Biadna, où nous ne pouvons le joindre avant le retour de la colonne Savy. Celle-ci, assaillie par plusieurs centaines de fantassins et cavaliers marocains, rentre vers midi; elle s'arrête en avant des hauteurs qui dominent le camp, et maintient l'ennemi en respect pendant que le convoi va s'abriter dans le carré. Le moment est venu de marcher contre la harka des Biadna. Le colonel Savy en reçoit l'ordre sur le piton où il s'est porté à côté de l'artillerie, derrière ses lignes d'infanterie qui occupent la plaine mamelonnée, face aux crêtes couvertes de Marocains en djellaba blanche. Stupéfaits, ceux-ci voient nos troupes quitter leurs positions, non pour rentrer au camp, mais pour se diriger vers l'ouest. Le goum marocain, envoyé en renfort par le colonel Mangin, arrive le premier chez les Biadna, avec une grande avance, surprend les défenseurs, mais, trop exposé, reçoit l'ordre de se reporter en arrière. Ce mouvement trompe les Marocains, qui croient à une retraite, et sont surpris, au moment où ils vont prendre l'offensive, de voir tout à coup le gros de la colonne apparaître sur le ravin des Biadna.

Les douars sont dans un large couloir très encaissé; la pente, abrupte de notre côté, se relève au fond de ce ravin en un vaste mamelon rougeâtre; l'ennemi s'est posté là et dirige sur nous un feu nourri. Goumiers marocains, tirailleurs sénégalais, coloniaux, tirailleurs algériens se battent bravement. Le tir de l'artillerie refoule cavaliers et fantassins, qui se reportent en désordre et en toute hâte derrière des crêtes éloignées. L'assaut est donné à ce moment et le mamelon rouge occupé. Nous avons perdu cinq blessés.

La journée a été dure. Les hommes, en route depuis l'aube, croyaient être de retour à midi et ne rentrent au camp qu'à la nuit; ils ont souffert de la faim et surtout de la soif. Tous se ruent à l'arrivée vers les puits et vident à longs traits les seaux de toile que leurs camarades restés au repos leur tendent complaisamment.

18 août. — Une colonne a surpris au petit jour les douars qui ont donné asile aux bandes venues du Sud et qui se sont joints à elles pour attaquer notre camp. Il n'y a pas eu grande résistance. L'ennemi est démoralisé par les précédents combats et les pertes que lui ont fait subir nos canons.

En vertu du principe que les Marocains ne peuvent être atteints que dans leurs biens, le détachement ramène des bœufs de prise, ce qui nous vaut cette réflexion de M. Nier, l'agent consulaire allemand de Marrakech : « Et si l'Allemagne avait des protégés parmi les propriétaires de ces troupeaux? » et une réponse du colonel Mangin : « Nous nous étonnerions que l'Allemagne eût des protégés qui fussent nos ennemis. » La méthode est bonne. Les soumissions ont afflué aujourd'hui. Ce n'étaient que Marocains, porteurs de drapeaux blancs, conduisant le taureau d'offrande en signe de paix.

Nous sommes très inquiets sur le sort de M. Maigret, consul de France à Marrakech, et des Français restés auprès de lui là-bas. D'après les bruits indigènes, El Hiba, le Sultan du Sud, a dû livrer bataille hier matin aux troupes du Glaoui qui nous étaient seules fidèles et représentaient notre unique espoir de sauver la ville. La route de Marrakech est interceptée par le soulèvement des tribus. Nous sommes sans nouvelles. Le courrier envoyé cette nuit a été dépouillé à deux lieues d'ici par les Ouled Guerrera; l'homme est rentré nu et couvert de sang. Tout cela n'est pas bon signe.

Par contre, les dernières tribus qui nous coupaient de Mechra ben Abbou et nous obligeaient à escorter fortement nos convois ont fait aujourd'hui leur soumission.

19 août. — Le commandant Ruef, parti dans la nuit avec la moitié des troupes, a attaqué à l'aube les douars qui avaient dévalisé notre courrier. Cet homme a eu l'ineffable joie de savourer une douce vengeance : il a servi de guide à la colonne qui allait châtier ses agresseurs.

C'est au bruit de la canonnade que nous nous sommes éveillés au camp. La colonne est rentrée à midi avec deux blessés, un Sénégalais légèrement atteint et le lieutenant Frossard, des chasseurs d'Afrique, blessé au ventre d'un coup de feu qui a touché le foie. La blessure est grave et met ses jours en danger.

Le commandant Ruef ramène un piéton parti le 18 de Marrakech.

El Hiba s'est emparé de la ville, dont les portes lui ont été ouvertes par le M'tougui et le pacha Driss ould Menou. Les Européens sont bloqués chez le Glaoui, resté fidèle.

Il va falloir marcher sur Marrakech pour éviter le massacre de nos compatriotes.

21 août. — Départ pour Mechra ben Abbou où le colonel Mangin doit rencontrer le général Lyautey. Nous devançons de quelques heures l'arrivée du général. Il recommande au colonel de se montrer très actif autour de Souk el Arba, mais il interdit momentanément la marche en avant sur

Marrakech, jusqu'au renforcement complet de la colonne; celle-ci va se grossir de troupes envoyées de l'arrière et du détachement qui, avec le lieutenant-colonel Joseph, se trouve à Sidi Ben Nour, chez les Doukkala. Après une journée horrible au milieu des tourbillons d'épaisse poussière jaune que soulève le vent brûlant, la nuit est encore plus atroce. Il ne faut pas songer à dormir. La chaleur étouffante qui règne dans la casbah et les innombrables puces qui l'habitent nous interdisent le sommeil.

22 août. — J'ai vu arriver avec joie l'heure du départ pour Souk el Arba, où nous sommes de retour pour déjeuner. Deux rekkas nous apportent vers trois heures deux mauvaises nouvelles, confirmées par notre ami Raja, le cheikh de Souk el Arba, dont la fidélité ne s'est pas encore démentie. Le khalifat d'El Hiba est dans l'ouest du poste, à trois lieues d'ici, à Ouham, et les Européens de Marrakech sont les prisonniers d'El Hiba. Il n'y a pas un moment à perdre. Il faut à tout prix empêcher que la harka attaque la faible colonne du lieutenant-colonel Joseph. Tomber nous-mêmes immédiatement sur le Prétendant, pendant qu'il est à bonne portée, lui barrer la route de la Chouïa et le rejeter dans le sud : voilà la solution qui s'impose, malgré tous les inconvénients que comporte une opération de nuit.

Des courriers sont aussitôt expédiés par plusieurs routes au lieutenant-colonel Joseph pour lui donner rendez-vous sur l'oued Feran.

Et, laissant le matériel à la garde d'un détachement, nous partons brusquement pour Ouham à cinq heures du soir. Un incident amusant se produit au départ. En nous voyant lever le camp, le cheikh Raja croit que nous nous replions devant l'ennemi et s'écrie, rempli d'une émotion violente : « Mais vous n'allez pas m'abandonner; je vous ai renseignés, je vous ai procuré des vivres; si vous partez, je suis perdu, le khalifat va razzier mes douars et me couper la tête. » Nous rassurons le brave Raja, qui, pâle de terreur, reprend bientôt son teint coloré de buveur impénitent et se met bravement en tête de la colonne pour servir de guide.

Les premiers coups de fusil sont échangés avec l'ennemi à une lieue à peine de Souk el Arba. Le combat se poursuit dans l'obscurité. La colonne, entourée complètement, continue sa marche sur Ouham avec une énergie que l'acharnement de l'adversaire ne parvient pas à vaincre. Nos canons crachent des jets de flamme. Il faut s'arrêter quelque temps et sonner le ralliement des unités dispersées. Vers dix heures, par une nuit noire, l'assaut est donné au camp du khalifat. Toute la vallée s'emplit des hurlements des Sénégalais. Des caisses de cartouches, des tentes, des approvisionnements, abandonnés par la harka que cette attaque de nuit a décontenancée, restent entre nos mains. Nous campons sur la position, au bord de l'oued. Le carré est formé péniblement dans l'obscurité; nous constatons avec joie, chose inattendue, qu'aucun élément de la colonne ne s'est égaré. Chance inouïe, nous n'avons que quelques hommes blessés! Raja est délirant d'enthousiasme.

23 août. — Renonçant à poursuivre notre adversaire en retraite vers le sud, dans une direction qui nous est interdite, nous partons à l'aube vers l'ouest pour El Hadj Mekki où nous devons recueillir le lieutenant-colonel Joseph. Le jour qui se lève éclaire le camp abandonné cette nuit précipitamment par la harka; pour la première fois, nous découvrons son étendue insoupçonnée. La force vérifiée de notre adversaire accroît notre fierté du succès et notre étonnement de l'avoir obtenu à si bon compte. Mais à peine notre mouvement a-t-il commencé, que nous sommes attaqués par l'ennemi. Celui-ci nous harcèle toute la matinée dans les montagnes difficiles, coupées de ravins très durs, hérissées de rochers. Le pays est d'aspect désertique, jaune, brûlé; les pentes sont garnies de douars, amas de paillotes pointues, qu'entourent les mêmes murs de pierres sèches. Le peloton monté sénégalais a rendu de précieux services, en se portant au trot sur les points où l'ennemi donnait successivement son effort.

A onze heures, nous sortons des gorges du Djebel Lachdar et descendons dans une plaine faiblement mamelonnée, couverte de riches villages et de jardins verdoyants. Le combat cesse. La traversée des montagnes nous a coûté trois tués et dix-sept blessés.

Le combat a été rude, les Marocains toujours dispersés étaient absolument insaisissables; semblables à des guêpes qui tournent autour d'une grosse proie, ils garnissaient les crêtes et, tapis derrière les roches, tiraient à loisir sur la colonne, impuissante contre de pareils adversaires.

Pour amener ces gens-là à composition, il n'y a pas d'autre moyen que de les atteindre dans leurs biens, brûler leurs douars, prendre leurs troupeaux.

Nos hommes ont déployé un courage admirable pour hisser les voitures et les canons sur les hauteurs et les retenir sur les pentes. Le camp est dressé sur les bords de l'oued Feran, vers la Zaouïa d'El Hadj Mekki.

Dans la soirée, la colonne du lieutenant-colonel Joseph, auquel nous avions donné rendez-vous ici, arrive accompagnée du chérif El Omrani, chargé par le Sultan d'une mission d'apaisement chez les Doukkala.

24 août. — Le camp est levé à cinq heures; nous quittons le mamelon couvert de touffes épineuses et de cailloux où nous avons dormi, roulés dans nos manteaux. La colonne s'est accrue en importance : elle s'est grossie des troupes du lieutenant-colonel Joseph, qui doivent participer éventuellement à la marche sur Marrakech; elle a gagné aussi en pittoresque : le khalifat du Sultan à Casablanca, El Omrani, envoyé en pacificateur chez les Rehamna et les Doukkala, voyage avec nous. C'est un vieillard d'aspect vénérable et de manières exquises; il porte des lunettes d'or et une barbe blanche; de nombreux personnages, comme lui montés à mule, l'accompagnent. Derrière, suit un gros de cavaliers d'allure plus guerrière, le fusil en travers de la selle, les chevaux fringants : ici, plus que partout ailleurs, la diplomatie doit s'appuyer sur la force. Puis viennent les porteurs de tentes, les domestiques, les femmes vêtues de longs voiles blancs et couronnées de perles rouges.

Une délégation d'habitants s'est présentée hier pour sonder nos intentions; elle a été prévenue qu'au premier coup de fusil tiré sur la colonne, nous brûlerions les douars et razzierions les troupeaux. Tout en protestant de leurs dispositions pacifiques, les délégués des tribus ont dit qu'ils ne pouvaient répondre des fous et des écervelés, voire, a ajouté l'un d'eux moins malin, des guerriers étrangers au pays. L'affirmation renouvelée avec fermeté que nous exécuterions notre menace a porté ses fruits : ce matin, aucune alerte n'a gêné notre marche de retour sur Souk el Arba.

Pendant notre absence, le camp a été attaqué; la petite garnison a eu facilement raison des assaillants, mais quelques sacs de sucre et de café ont disparu dans la mêlée.

A peine sommes-nous de retour, que les cavaliers d'El Hiba, dont le camp est toujours à Ben Guerir, à six lieues d'ici, viennent tourbillonner en vue de nos tentes; quelques coups de canon font vite disparaître ces imprudents adversaires. El Omrani, interrogé sur la possibilité de négocia-

Communiqué par *l'Illustration.*

ENTRÉE DU COLONEL MANGIN A MARRAKECH
(9 septembre)

Communiqué par *l'Illustration.*

LA REVUE SUR LA PLACE DE MECHOUAI

Voir page 53.

tions avec El Hiba pour la mise en liberté de nos compatriotes, a répondu — qui l'eût cru de ce prudent diplomate et pacifique homme de cour — qu'une vigoureuse offensive avec toutes nos forces était, à son avis, le seul moyen à employer, malgré les risques courus par les otages.

El Hiba est toujours à Marrakech. Son khalifat campe avec les troupes à Ben Guerir; des milliers de cavaliers et de fantassins l'entourent, venus du Rehamna, du Haouz, du Sous, du Draa. Des contingents sont accourus du désert mauritanien : hommes bleus, à longue chevelure, toujours voilés, qui combattent à chameau; ils impressionnent les Marocains, qui sont vêtus de blanc, le crâne rasé, et ne connaissent que le cheval comme monture de guerre.

25 août. — Nous avons été tranquilles au camp aujourd'hui, bien qu'on nous ait annoncé la nouvelle de la marche en avant de l'ennemi.

Seuls, des cavaliers se sont montrés, très loin sur les crêtes, et n'ont même pas su empêcher un courrier de Marrakech de nous parvenir. Grâce à la complicité d'un homme du Glaoui qui leur apporte leur nourriture, nos compatriotes nous donnent de leurs nouvelles du fond de leur prison. Leur lettre est roulée dans un étui de cartouche. Ils estiment possible de négocier avec El Hiba. L'affaire sera traitée entre le colonel Mangin et le général Lyautey, qui l'a convoqué pour ce soir à Mechra ben Abbou.

26 août. — De bonne heure, les crêtes rocheuses

qui dominent le camp se garnissent d'ennemis; ils tirent sans nous atteindre; les balles tombent en avant des tranchées, en soulevant dans la plaine de petits flocons de poussière. Un détachement de secours est envoyé, sur la route de Mechra ben Abbou, au-devant du colonel Mangin, qui n'a pour toute escorte qu'un peloton de cavalerie.

L'attaque est plus vigoureuse que nous l'aurions pensé. De gros groupes de cavaliers essaient de tourner le camp à l'est et à l'ouest, tandis que de nombreux fantassins assaillent au sud le bataillon Cornu placé en avant-postes.

Un combat très vif s'engage dans les rochers, où quelques Marocains viennent se faire tuer sur nos positions. A midi, le combat dure toujours; de la première ligne, établie à l'endroit où la falaise domine l'immense plaine du sud brûlée par le soleil, deux groupements de plusieurs centaines d'ennemis sont visibles, massés auprès d'un douar, à portée de fusil des zouaves et des tirailleurs algériens qui les observent.

Un zouave montre fièrement son casque troué par une balle. Le capitaine Dessaint a le bras traversé, cinq hommes sont blessés.

Un chemin muletier est reconnu dans les rochers. L'artillerie de montagne escalade les hauteurs et canonne les rassemblements. L'effet est immmédiat. La débandade se met dans les groupes ennemis, déjà énervés par les pertes subies au cours de la matinée. A deux heures, le combat est terminé, et les troupes qui y ont pris part viennent goûter au camp un repos bien gagné. Il fait une chaleur étouffante.

Le colonel Mangin est rentré à midi de Mechra ben Abbou. Le général Lyautey interdit de marcher sur Marrakech, afin d'éviter le massacre de nos compatriotes prisonniers; des intermédiaires négocient leur délivrance à prix d'argent. Pour faire pression sur le Prétendant, Safi et Mogador vont être occupées par des garnisons.

Ici, à Souk el Arba, où nous devons rester par ordre, devant un ennemi fanatisé, notre situation va être très difficile; l'ennemi peut user nos hommes et nos munitions en des alertes journalières. El Hiba, mécontent du khalifat qui s'est laissé battre à Ouham et Oued Feran, en aurait nommé un autre à la tête des troupes. Peut-être aussi le découragement va-t-il se mettre chez l'ennemi impressionné par ses pertes? Aujourd'hui, d'après nos informateurs, il aurait eu une centaine de tués et de nombreux blessés. J'ai vu personnellement ce matin, en avant de nos lignes, un Marocain étendu raide mort d'une balle qui lui avait percé le crâne; l'homme, que ses compagnons n'avaient pas eu le temps d'emporter, gisait nu, le burnous relevé sur les épaules, et son corps luisait blanc au grand soleil parmi les cailloux de grès rouge.

Pendant le combat, sans souci des coups de feu qui pleuvaient sur eux, des groupes ennemis parcouraient au loin la plaine pour ramasser les hommes atteints par les projectiles. L'enlèvement des morts continue cette nuit. On entend aboyer les chiens des douars dans cette direction.

Au camp la vie s'écoule comme si nous n'étions pas en pays ennemi. Les Arabes installés sous la tente vendent aux soldats du thé, du tabac et des provisions. Quelques commerçants européens se sont également établis là sous des abris de toile. Indifférents au bruit du canon et aux coups de fusil tirés aux avant-postes, les hommes insouciants fréquentent ce coin du camp où règnent une animation et une gaîté que la nuit seule fait disparaître.

Cette rude existence guerrière, qui donne au corps des muscles d'acier, durcit également l'âme; chacun de nous maudit le Marocain insaisissable qui, tapi invisible derrière les rochers, et fuyant toute bataille loyale, tue ou blesse sans danger. L'exaspération de nos hommes contre les Marocains est telle qu'ils en arrivent à confondre amis et ennemis; il nous faut défendre contre la fureur des avant-postes et du camp même nos propres émissaires, ceux qui nous renseignent précieusement sur les mouvements de l'ennemi.

La nuit, dans le camp endormi, où le silence est troublé par le cri des courlis qui volent sur nos têtes, le glapissement des chiens dans les douars lointains, le braiement d'un âne, le hennissement des chevaux qui bataillent, la plainte sourde des chameaux et les toussotements des hommes roulés dans leur mince couverture sur la terre glacée, la même pensée obsédante nous poursuit :

joindre cet ennemi insaisissable. Nous voyons en rêve l'ennemi forcer les minces levées de terre des tranchées, au fond desquelles dorment, fusil au poing, nos soldats, et lutter corps à corps, sauvagement, dans le camp. Au moins, nous en finirions, nous combattrions pour de bon cette fois. Et pourquoi cela ne se produirait-il pas? Ces chiens qui aboient n'annoncent-ils pas l'ennemi en mouvement; le voici qui se glisse sans bruit dans les vallées éclairées par la lune; il s'arrête derrière les jardins de figuiers, les haies de cactus, les rochers; il gravit les pentes et se coule à nouveau dans un pli de terrain, où il s'arrête encore pour tendre l'oreille une dernière fois avant de s'élancer. Un coup de feu nous réveille en sursaut. Rien ne bouge dans le camp où les alertes ont aguerri nos hommes. Aucun bruit ne se fait entendre. Sans doute une sentinelle, à moitié endormie, a-t-elle cru voir se réaliser notre rêve à tous.

28 août. — Deux courriers de Marrakech arrivés depuis deux jours au camp ont été mal interrogés ou mal compris; ils sont venus aujourd'hui déclarer que Si Madani Glaoui avait obtenu par son attitude énergique la mise en liberté de nos compatriotes, qui seraient tous en sûreté chez lui. Ces deux rekkas paraissent des gens dignes de foi; ils ont la physionomie très franche, un type de nègres; ce sont des Glaoua. Ils ont reçu chacun cinquante francs, avec promesse du double s'ils rapportaient une lettre d'un des Français.

Le moment paraît venu de prendre l'offensive et d'encourager par le bruit d'une victoire l'attente douloureuse de nos compatriotes. Nous partons cette nuit à deux heures contre les rassemblements ennemis signalés dans le sud; celui de Ben Guerir compterait à lui seul plusieurs milliers de fantassins et cavaliers sous les ordres du khalifat. Nous aurons de la besogne si, comme nous le pensons, tout ce monde vient sur nous. Nous resterons quatre ou cinq jours dehors, pour dégager les environs du camp.

29 août. — Laissant à la garde de nos approvisionnements un bataillon et un peu d'artillerie retranchés à Souk el Arba, nous sommes partis à deux heures du matin pour enlever les avant-postes ennemis à Baba Aïssa, à trois lieues d'ici. Il fait nuit noire. Une heure à peine après le départ, la lueur des coups de feu illumine les crêtes en avant de la colonne. Notre mouvement est éventé; il n'y a plus de surprise possible. Nous allons avoir toute la harka sur les bras. Le colonel Mangin donne l'ordre d'abandonner la direction de Baba Aïssa et de marcher directement sur Ben Guerir, où campe le khalifat avec le gros des troupes.

L'aube se lève. Des cavaliers et des fantassins accourent de toute part; il en apparaît sur toutes les hauteurs; il en descend de toutes les pentes; les coups de feu pleuvent sur la colonne, qui continue sa marche tout en prenant une formation de combat. Nous ripostons sans plus tarder; les shrapnells éclatent au-dessus des groupes ennemis, qui font preuve d'un extraordinaire mépris du danger et poursuivent leur mouvement; la cavalerie les charge à plusieurs reprises. Le tir de l'artillerie à courte distance, la marche énergique de l'infanterie, l'action des mitrailleuses déblaient le terrain devant nous. L'ennemi tourne alors ses efforts contre l'arrière-garde. Le combat se poursuit avec acharnement toute la matinée. Vers midi, la cavalerie, les Sénégalais montés, appuyés par une partie de la colonne, partent au trot sur les puits de Ben Guerir aperçus dans le lointain.

C'est une immense cuvette peuplée de villages moitié paillotes, moitié cases de terre. Quatre marabouts éclatants de blancheur sous le soleil de midi dressent leur coupole auprès du cimetière, qu'ombragent de maigres jujubiers poussés entre les tombes de pierre. Quelques tourterelles volettent dans ces broussailles. Des alouettes courent sur le sol. L'ennemi a disparu. Nous trouvons les traces de son camp auprès des puits : des immondices partout, des tas de paille et d'orge aux endroits où les chevaux étaient à l'attache. Il n'y a plus là qu'un nègre attardé, que les spahis nous amènent. Placide, il dissimule la peur qui l'étreint : « Je suis du douar voisin, dit-il. La harka? Elle est loin! Depuis ce matin elle a quitté les puits! »

Nous sentons qu'il ment. Le détachement dépasse aussitôt le camp abandonné et s'engage sur les traces de l'adversaire.

Devant nous, quelques cavaliers isolés s'enfuient à toute bride sans tirer. A une lieue au delà de Ben Guerir, nous découvrons confusément au loin, dans un nuage épais de poussière, la harka en fuite; la seule apparition de la cavalerie aux puits de Ben Guerir, signalée par les vedettes ennemies, a transformé la retraite en déroute.

Il fait une chaleur torride. L'air qui vibre sur la plaine brûlante blesse les yeux et rend les objets indistincts. Hommes et chevaux souffrent de la soif. Le premier point d'eau est à plusieurs lieues dans le sud. L'infanterie, épuisée, ne pourra pas accomplir cet effort et dépasser Ben Guerir. La cavalerie, renonçant à une poursuite impossible, revient à regret en arrière.

La colonne a déjà dressé les tentes et creusé les habituelles tranchées en bordure du carré. Les corvées d'eau se pressent autour des puits. Européens, Algériens, Marocains et Sénégalais, ruisselants de sueur, mettent une égale hâte à descendre vers le précieux liquide les seaux de toile attachés au bout des ceintures rouges. Les chevaux, les naseaux en feu, se penchent tout frémissants sur les auges de pierre qu'emplissent spahis et goumiers.

Le combat a été rude pour nos adversaires. Le canon en a tué tout un groupe dans un marabout à l'abri duquel il faisait le coup de feu. Des hommes, des chevaux blessés à mort sont abandonnés sur le terrain. La plupart des Marocains blessés ont été emportés en travers de la selle par les cavaliers en fuite vers Marrakech.

Nous avons de notre côté perdu onze blessés dont deux graves, un Sénégalais qui a la poitrine traversée et un zouave l'œil emporté.

Le pays est d'aspect désertique. En cette saison, aucune autre végétation n'apparaît que quelques figuiers de Barbarie, entourés de murs en pierres sèches auprès de douars. Mais la terre rouge semée de cailloux blancs est fertile et très cultivée. Les villages regorgent de grains et de meules de paille.

Vers le soir, une vingtaine de prisonniers faits au cours du combat, et qui ont été interrogés dans l'après-midi, sont amenés une dernière fois devant le colonel Mangin.

Bien qu'on leur ait distribué généreusement l'eau et la nourriture, leur visage et leur attitude trahissent une émotion qu'ils ne parviennent pas à dissimuler. Cette entrevue avec le hakkem (grand chef) ne leur dit rien de bon. Il est d'usage chez nos ennemis de ne pas faire de quartier; rançon de la peur et de la vengeance, un prisonnier est toujours livré à d'affreux supplices.

Ce sont pour la plupart des jeunes gens que nous avons devant nous. Ils ont le teint clair, les yeux bleus et les traits réguliers. Berbères du sud de Marrakech, ils appartiennent aux tribus de l'Atlas et du Sous. « Allez dire dans vos douars, leur fait traduire le colonel, que nous ne faisons pas la guerre aux gens des tribus, mais au prétendant El Hiba qui a emprisonné nos frères. Nous sommes généreux et bons. Nous ne voulons que le bien du pays et le rétablissement, dans tout le

Maroc, de l'autorité du sultan Moulay Youssef. »

L'étonnement des prisonniers est grand lorsqu'ils s'entendent dire qu'ils sont libres. Ils ne veulent pas le croire, puis, convaincus enfin, ils se précipitent et baisent les vêtements de leur libérateur.

Ils expliquent que leurs chefs, menacés par El Hiba, les ont obligés à marcher; s'ils ne l'avaient pas fait, ils auraient dû fuir et voir confisqués les biens de leur famille.

Sous l'escorte d'une section sénégalaise, qui semble leur inspirer une terreur profonde, les prisonniers sont conduits aux avant-postes et prennent la route de Marrakech.

30 août. — Beaucoup de douars ont fait leur soumission hier. Ce matin, d'autres députations nous rejoignent pendant notre marche, avec les mêmes loques blanches au bout d'un bâton, et le bœuf petit et maigre offert en signe de vasselage.

Le pays est très peuplé; les villages sont faits de paillotes coniques entourées de haies d'épines sèches, ou de murettes de terre. Parfois une habitation en pisé, à étage et toit en terrasse, domine l'ensemble, que complètent des jardins de figuiers et des carrés de vigne aux pampres rougis. Nos hommes ont fait de copieuses récoltes aux raquettes épineuses des figuiers de Barbarie.

Nous avons marché sept heures et sommes arrivés à midi à Ouham, où la méhalla du khalifat fut battue il y a quelques jours. L'oued, à moitié desséché, n'est qu'un chapelet de flaques d'eau boueuse et répugnante au goût, remplie de tortues, de grenouilles et de poissons.

Bien que jamais privée d'eau, cette vallée n'est pas plus riante que ses voisines; à peine quelques touffes de jonc marquent-elles les bords de la rivière. Près du marabout et de l'habituel cimetière qui l'avoisine, quelques pauvres jujubiers sont les seuls arbres aperçus. J'oublie deux palmiers, au pied desquels nous avons dressé nos tentes.

En cette saison, le paysage de cette partie du Maroc se trace en quelques lignes : grande plaine ondulée toute rose, couleur de sa terre; à l'horizon le terrain relevé en collines bleuâtres à silhouette anguleuse; au loin la tache sombre d'un douar, ligne mince, minuscule dans l'immense étendue. Pas un arbre, pas une herbe. Il y a quelques meules, mais elles ont également la couleur de la terre dont elles sont recouvertes, selon l'usage ici.

Viennent les pluies, la verdure des récoltes dont nous voyons les chaumes, l'éclat des asphodèles fleuries, dont seules demeurent aujourd'hui les tiges sèches, donnent au pays un aspect moins sévère.

Mais le soleil d'été a tout brûlé. A travers ce morne paysage, tout somnolants sous la chaleur accablante, nous avons atteint notre campement d'Ouham sans essuyer un coup de fusil. Sur tous les douars, désertés d'ailleurs, flottaient de petits drapeaux blancs.

Hier tous ces gens-là avaient tiré sur nous!

Il paraît que la mehalla s'est dissoute, que ses débris fuyants ont regagné Marrakech et que la plupart des contingents, découragés, sont rentrés dans leurs tribus.

31 août. — Les Yggout, fraction importante des Rehamna, refusent de se soumettre. Le colonel Mangin a décidé de les y obliger par la force. Le but recherché est de créer entre l'Oum er Rbia et Marrakech une zone de sécurité pour la future ligne de communications et d'éviter ainsi l'obligation de placer des garnisons sur cette route. Pour être forts et toujours prêts à frapper, nous devrons, après notre entrée à Marrakech, concentrer nos troupes dans cette ville et non les éparpiller en de multiples postes. La garde de la route vers l'arrière doit absorber le moins de monde possible. Il est nécessaire pour cela de ne laisser derrière nous aucune tribu hostile. C'est ce plan que nous poursuivons en dégageant le terrain.

Le cheikh Sala, qui commande les Yggout, est allié à El Hiba : la sœur de Sala a épousé au Sous un frère du Prétendant. Sala nous a combattus à la tête de 400 cavaliers à Ben Guerir. Aussi, bien qu'un émissaire soit venu à l'aube apporter la nouvelle de la prochaine soumission des Yggout, le colonel Mangin reste sceptique et juge prudent de porter la colonne à la rencontre des délégations qui ont tant tardé à venir.

Et les événements nous donnent raison, car on nous a menti. De députation point. Les villages désertés, la région abandonnée, les crêtes mêmes dépourvues des agiles cavaliers au burnous blanc flottant qui y galopent habituellement, voilà ce que nous trouvons chez les Yggout.

Le pays est riche, fertile, bien cultivé en blé et en orge. Les douars sont nombreux, les vignes soignées, les jardins de figuiers prospères.

Le village de Sala est assez important. L'habitation du cheikh, construite en pierre et pisé, forme une grande enceinte à plusieurs cours; un escalier de pierre sèche conduit aux étages, d'où la vue s'étend au loin sur les mamelons dénudés, jaunis par le soleil. Tout est bourré d'orge, de blé, de paille et de laine. Sur les terrasses, sèchent des figues et des pommes. Le village a été détruit. L'ennemi ne s'est montré qu'aux avant-postes, où les spahis ont sabré un gros parti de cavaliers avec lequel ils se sont trouvés nez à nez.

Nous revenons par un pays montueux que coupe l'oued Maberd; comme l'oued Feran, cette rivière en partie desséchée étale quelques flaques d'eau parmi les touffes de jonc qu'habite tout un peuple de tortues et de grenouilles.

La journée a été rude. Partis avant l'aube, nous ne rentrons à Souk el Arba qu'à la nuit.

3 septembre. — Nous voici depuis deux jours au camp de Souk el Arba; les essaims compacts de mouches en rendent le séjour désagréable. Sous les tentes, le sirocco engouffre des tourbillons de poussière. La chaleur est étouffante. Par contre, les nuits sont très fraîches; beaucoup d'hommes toussent. Malgré toutes les précautions prises, les abords du camp sont souillés. La fièvre typhoïde commence à faire des ravages dans nos rangs. La résignation s'impose. Ces lendemains de combat sont bien tristes, même après la victoire.

Il nous est arrivé hier un courrier du maréchal des logis Fiori, réfugié à Marrakech chez El Hadj Thami, à l'insu d'El Hiba qui croit détenir tous les Français prisonniers au Dar Maghzen. Le malheureux nous demande de le sauver, lui et ses compagnons, des mains du Prétendant.

Hiba, l'usurpateur, comme le désignent injurieusement dans leurs lettres nos correspondants indigènes, s'est rendu difficile à Marrakech. Après le premier moment d'enthousiasme causé par la suppression des impôts irréguliers non prévus par le Coran, la population reproche à ce nouveau sultan de n'avoir pas su battre les chrétiens; ses insuccès font douter de sa « baraka ». Il a beau répéter qu'après la fête du Ramadan il marchera en personne contre les Infidèles, et qu'alors les balles de leurs fusils se changeront en scarabées et leurs canons cracheront de l'eau, on le prend pour un imposteur. Le nombre de ses partisans diminue dans la ville. Il se produit dans son entourage des défections qui nous sont favorables; la suppression des impôts a mécontenté les gens au pouvoir qui voient tarie la source de leurs revenus. Le pacha Driss Menou, le chérif Ould Moulay Rechid, les caïds Si Madani et El Hadj Thami Glaoui nous renseignent par de nombreuses lettres; ils promettent, si nous marchons sur Marrakech, d'attaquer El Hiba dans son palais et d'empêcher le massacre des prisonniers français.

Les vrais musulmans accusent les hommes bleus de s'endormir dans les délices de la capitale, au lieu de combattre les ennemis de la religion; ils leur reprochent de boire du vin, du champagne, malgré le Coran qui interdit l'alcool et malgré le Ramadan qui impose le jeûne; on s'indigne à Marrakech de voir toutes les femmes libres de la ville, mariées de force à ses gens par le nouveau sultan, fréquenter maintenant le palais.

Dans la soirée, le poste de télégraphie sans fil qui nous relie à Mechra ben Abbou reçoit un télégramme; le général Lyautey autorise enfin la marche sur Marrakech : « Allez-y carrément. » Nous partirons dans deux jours, quand nos approvisionnements seront au complet.

Nos succès d'Ouham et de Ben Guerir contre la méhalla du Prétendant ont amené dans le pays un revirement qui nous est favorable. Le Résident a raison de vouloir en profiter.

Dans la nuit, nouveau télégramme : le général Lyautey annonce son arrivée pour demain 4 septembre. Il vient voir les troupes avant leur départ.

II

LA MARCHE SUR MARRAKECH

4 septembre. — Le général Lyautey est arrivé ce matin, toujours alerte. Il a passé aux abords du camp une revue brillante. Le colonel Mangin lui a présenté avec fierté ses cinq mille hommes, qui, pleins d'enthousiasme, merveilleusement entraînés, trempés par les récents combats, brûlent du désir de joindre l'ennemi et de délivrer nos compatriotes prisonniers.

Baba, le cuisinier du colonel Mangin, a fait un tour de force : treize personnes à table, vingt au dessert, avec du matériel pour quatre. Le linge de toilette servait de serviettes de table; la nappe était trop courte de plusieurs coudées; les caisses remplaçaient les chaises absentes; tel remuait son café avec une cuiller à soupe, on buvait du champagne dans un énorme bol en fer émaillé. Pour comble de chance, le sirocco, qui, chaque jour, vers midi, soulève des tourbillons de poussière, s'était abstenu de souffler.

Le général, ravi de l'entrain de tous, est remonté à cheval après le déjeuner pour rejoindre l'automobile qui l'attendait à l'Oum er Rbia. Je soupçonne que la joie de ce soldat que la grandeur attache au rivage a dû être gâtée par l'impossibilité de nous conduire lui-même à l'ennemi.

Nous partons cette nuit pour Marrakech. Le colonel Mangin a réuni ses cent cinquante officiers pour leur exposer son plan ; dans une allocution où perçaient une froide résolution et une émotion contenue, il leur a demandé de prévenir les troupes qu'un gros effort allait être exigé d'elles : avant le combat, pour atteindre rapidement l'ennemi, pendant l'action, pour écraser un adversaire fanatisé et résolu, et, après sa défaite, pour le poursuivre durement jusque sous les murs de Marrakech et délivrer au plus vite nos compatriotes prisonniers.

5 septembre. — Réveillés au milieu de la nuit, nous ne sommes partis qu'à trois heures du matin à cause de ce premier chargement de notre énorme convoi. Quinze cents mulets et deux mille chameaux nous alourdissent. Les troupes sont fractionnées en deux groupes ; le premier est chargé de la protection du convoi, le second mènera le combat. La colonne a atteint Ben Guerir à dix heures sans rencontrer l'ombre d'un ennemi. Nous avons fait halte non loin des cinq marabouts de l'endroit. Les murs sont décorés intérieurement de dessins de couleur. Les artistes marocains affectionnent le vert et surtout le bleu et l'ocre.

Tous ces monuments sont sans grand intérêt. C'est toujours l'ordinaire cube de pierre blanche avec toit en coupole, que surmonte une boule de métal; un portail décoré de tuiles vertes donne accès à l'intérieur, où, dans une demi-obscurité, s'allongent les tombes étroites des saints hommes que la ferveur des musulmans égarés hors de la Voie vénère à l'égal de Dieu. Un seul de ces marabouts est orné de jolies sculptures; la pierre en est finement ajourée et les fenêtres ont des grilles de fer forgé au dessin élégant. Il ferait bon flâner ici et oublier les fatigues de l'étape. Mais ce n'est là qu'une partie de l'effort qui doit nous permettre de joindre l'ennemi. Les troupes ont été prévenues de faire provision d'eau, car les premiers puits sont à Sidi bou Othman : nous ne les atteindrons que demain vers midi, et il faudra en déloger la harka. La victoire seule peut nous permettre de boire.

Les bidons sont remplis; le convoi fait le plein des tonnelets, précieuse réserve; les animaux sont abreuvés.

Tout cela s'est passé avec une rapidité extrême. Et la colonne peut repartir à deux heures par une chaleur torride, pour arriver à la nuit tombante à Nzalat el Adem, à trois lieues au sud de Ben Guerir. Rien n'apparaît derrière les haies d'épines qui entourent le douar; aucun drapeau blanc n'est hissé; les habitants sont passés à l'ennemi.

Cet après-midi, l'avant-garde a essuyé des coups de feu de deux cavaliers. En dehors de ces hommes nous n'avons rencontré personne pendant la marche. Aussi loin que le regard pouvait se porter, rien ne se mouvait dans cette plaine uniformément plate; l'horizon était vide jusqu'à la ligne bleue des monts Djebilet, où le marabout de Sidi bou Othman indique de sa tache grise l'emplacement du camp ennemi.

L'unique puits de Nzalat el Adem a cent pieds de profondeur. La flaque d'eau boueuse qui apparaît au fond est vite asséchée, et les hommes qui ont eu l'imprudence de vider leur bidon pendant l'étape se pressent autour du trou béant; ils s'en retournent tout déconfits, aussitôt remplacés par d'autres qui s'obstinent, bien que prévenus, à descendre leur seau avec des cordes et des ceintures nouées bout à bout. Ils ne remontent qu'un peu de vase! Les sentinelles débordées sont impuissantes à empêcher ces inutiles et lamentables essais.

Nous ne sommes plus qu'à quelques heures de l'ennemi. La rencontre aura lieu demain. L'armée d'El Hiba, quatre canons, dix à quinze mille fantassins et cavaliers, commandée par le khalifat M'Rebbi Rebbo, serait retranchée dans les rochers en avant de la montagne qui barre l'horizon. Nous repartirons à minuit, de façon à combattre au jour. La colonne, bien qu'alourdie par son convoi, aura accompli ce tour de force de parcourir soixante-quinze kilomètres en vingt-quatre heures.

6 septembre. — Le départ n'a pu avoir lieu qu'à deux heures du matin, retardé par l'obscurité et par la fatigue des troupes, qui n'ont dormi que quelques heures au cours des deux dernières nuits. Silencieuse, la colonne s'avance en bon ordre, dans la nuit, vers le redoutable inconnu. Aucun bruit ne s'élève que le roulement sourd des canons sur le sol pierreux de la plaine déserte. Nous sommes tout près de l'ennemi; notre marche est connue de lui et pas un coup de feu ne retentit. Ce lourd silence persistant est plus impressionnant que le sifflement bref des balles.

Une inquiétude nous prend. L'ennemi aurait-il fui, ou, renonçant au terrain choisi pour la lutte, nous attendrait-il sous les murs de Marrakech, et notre effort, si rude déjà, devra-t-il être poussé à la limite des forces humaines? Devrons-nous livrer combat à la fin d'une journée, après une nouvelle et épuisante étape?

Le temps a manqué hier soir pour distribuer l'eau aux troupes; au lever du jour, l'ennemi n'étant pas encore en vue, le colonel Mangin, profitant d'un creux de terrain, arrêta la colonne le temps nécessaire pour permettre aux hommes de remplir leurs bidons aux tonnelets du convoi. La réserve disparue, nous n'aurons plus d'eau qu'à Sidi bou Othman, dans le camp de nos adversaires. Les tonnelets ont été rapidement vidés, et les seaux qui circulent dans les rangs sont vite à sec. L'opération n'aura pas retardé beaucoup la colonne.

Celle-ci a pris pour le combat une sorte de formation en carré. Le groupe du lieutenant-colonel Savy, chargé de protéger le convoi, le garde sur ses flancs et en arrière. La masse de manœuvre du lieutenant-colonel Joseph, en se déployant, a formé la face avant, ligne mince de tirailleurs à quelques pas d'intervalle, derrière laquelle, à la disposition du colonel Mangin, sont les réserves d'infanterie et de cavalerie en petits groupes parallèles dans le sens de la marche. Toute l'artillerie, sauf une section à l'arrière, est placée derrière les tirailleurs, prête à les soutenir par son feu sur l'ordre du commandant de la colonne.

A peine nous sommes-nous remis en route, que la harka est aperçue par l'avant-garde : « Plusieurs milliers de cavaliers et piétons en bataille dans la plaine », signale le laconique billet au crayon envoyé par l'officier qui marche avec les éclaireurs. Une masse grouillante de quinze mille burnous blancs s'avance en effet à notre rencontre sur un front de plus d'une lieue ; des drapeaux aux couleurs éclatantes flottent sur les rangs profonds des fantassins et cavaliers ; une épaisse poussière cache les dernières lignes. C'est l'ennemi, enfin! Et si bien groupé, si décidé à la bataille, si discipliné, qu'une émotion nous saisit où se mêlent la joie d'avoir à nous mesurer avec un pareil adversaire et la crainte de voir cette énorme masse enfoncer notre modeste carré et arriver jusqu'au convoi serré au centre du dispositif. L'ordre le plus parfait règne dans les rangs ennemis, que parcourent à cheval les chefs portant les ordres. De quel fanatisme a-t-on animé cette foule pour qu'elle ne tire pas? Le soleil qui vient de se lever éclaire d'une radieuse lumière la plaine grise, la masse blanche de la harka et la barrière bleue de la montagne.

Le colonel Mangin, impassible, confirme l'ordre de ne pas ouvrir le feu. Le spectacle de ces deux troupes qui s'avancent l'une contre l'autre, silencieuses, également animées du désir de vaincre, est impressionnant. Il semble qu'elles vont, sans tirer un coup de feu, en venir au corps à corps. Et la même crainte d'un dangereux abordage nous étreint et s'accroît à mesure que la distance diminue.

Mais, soudain, les premiers coups de fusil partent des lignes ennemies arrivées à moins de quinze cents mètres. C'est pour nous un soulagement que cette fusillade qui trahit l'émotion de notre adver saire. Les balles pleuvent sur la colonne; elle continue à avancer, frémissante, mais sans tirer.

Et voilà que, sur un ordre bref, le canon donne le signal de la riposte. Les mitrailleuses crépitent; la fusillade déchire l'air. Nos obus éclatent dans les rangs, où ils provoquent des paniques. Cependant, courageusement, toute la ligne s'est élancée contre nous, cavaliers au galop, fantassins à toutes jambes. Les ravages de l'artillerie brisent cet élan audacieux, qu'achève de désorganiser le feu ininterrompu de l'infanterie et des mitrailleuses. Nous voyons la masse ennemie hésiter, se disloquer, s'arrêter enfin et, derrière les fantassins qui ont pris position et tirent à outrance, la cavalerie se former docilement en épaisse colonne, étendards flottants, et s'écouler pour attaquer nos flancs. Mais les obus font des trouées sanglantes dans ces masses de burnous blancs qui défilent au galop.

Fuyant les tourbillons de fumée et de poussière où sifflent les éclats d'acier meurtrier, les cavaliers s'échappent dans toutes les directions ; chaque point de chute des projectiles devient un centre de dispersion. Et les Marocains, faisant preuve d'un extraordinaire courage, reviennent pour ramasser les blessés et les morts.

Le combat dure depuis deux heures et l'ennemi, qui a renoncé à l'assaut, n'abandonne pas la lutte et ne désespère pas de vaincre. Il a continué son mouvement en avant et gagné nos flancs à l'abri des crêtes. La colonne est maintenant entourée de toutes parts et fait feu sur les quatre faces où l'artillerie a été répartie. Le carré a stoppé pour mieux faire front à l'attaque ; les balles pleuvent de plus belle ; heureusement le convoi parqué au centre, auprès des réserves d'infanterie et de cavalerie, a pu être arrêté dans une légère dépression qui le met presque à l'abri des coups.

Devant la violence de l'attaque, toutes les troupes ont mis baïonnette au canon ; exaspérées, elles brûlent de joindre l'ennemi. Sur notre flanc droit, des unités énervées se portent en avant à l'arme blanche, contre les cavaliers qui tourbillonnent et tirent à courte distance. Au galop, des officiers d'état-major arrivent sur la ligne pour contenir cette ardeur, afin de conserver à nos formations la rigoureuse ordonnance qui nous permet de résister à cette formidable étreinte. Le moment n'est pas encore venu de donner l'assaut.

Et notre carré, énergiquement poussé par son

chef, reprend sa marche en avant sans cesser de combattre. L'artillerie et les mitrailleuses, avançant par bonds à l'intérieur des lignes, inondent de projectiles les fantassins qui nous barrent la route des puits. L'artillerie a dans cette plaine nue un merveilleux champ de tir, où l'ennemi commet l'imprudence de demeurer massé; les obus explosifs trouent les rangs épais. Le tir rapide par fauchage sème la mort, la terreur et la débandade parmi nos adversaires; leur artillerie, commandée par un renégat espagnol, tire mal; ses projectiles éclatent trop haut ou tombent dans le carré sans éclater. Seules les balles nous causent quelques pertes; mais le feu de l'infanterie marocaine, maintenue à bonne distance par nos canons, ne saurait être très efficace. A l'arrière-garde, pourtant, l'ennemi est devenu si ardent qu'il faut le repousser à la baïonnette.

A neuf heures, le colonel Mangin juge le moment venu de porter à l'ennemi un coup hardi pour le démoraliser. Il n'y a pas un instant à perdre. Les nuages de poussière qui s'élèvent du camp de la harka où les tentes sont encore dressées font craindre que les Marocains ne commencent à plier bagage. La cavalerie, jusqu'alors inemployée, sort du carré et se forme sur trois lignes pour la charge. Toute la colonne suit du regard avec émotion l'audacieuse manœuvre qui va décider de l'affaire. Partisans et goumiers marocains, spahis algériens, chasseurs d'Afrique français, se placent comme à l'exercice, mettent sabre ou carabine au poing, et bientôt, sous le commandement du capitaine Picard, s'ébranlent résolument en bel ordre, au trot, puis au galop, dans un élan superbe vers le camp ennemi aperçu à une lieue de là. Cette masse de quatre cents chevaux s'abat comme une trombe au milieu des tentes, malgré les coups de feu des défenseurs. Cent fantassins et cavaliers sont sabrés, deux canons, des caisses d'obus et de cartouches, deux étendards sont pris, le camp enlevé. Les cavaliers, enthousiasmés, brandissent leur sabre rouge de sang. Une partie de l'artillerie s'est élancée au trop, suivie de la compagnie sénégalaise montée, pour appuyer ce magnifique mouvement. L'ennemi, démoralisé par cette attaque impétueuse, s'enfonce dans les monts Djebilet qui bordent les puits; nous le voyons gravir les pentes en colonnes épaisses et disparaître par les cols qui conduisent vers le sud.

Cependant le carré, toujours combattant, surtout à l'arrière-garde où continue à peser l'effort du reste de la harka, poursuit sans arrêt sa marche plus lente; il se dégage peu à peu. L'adversaire renonce vers dix heures trente à la lutte. Le gros de la colonne vient rejoindre vers onze heures la cavalerie et son soutien au camp que jonchent les tentes et les approvisionnements de nos adversaires. Ce ne sont que tapis, samovars, sacs de sucre et de thé, caisses de bougie, vêtements et vivres de toute sorte.

Malgré les rigueurs d'un soleil ardent, la sueur qui trempe les vêtements et brûle les yeux, la poussière aveuglante qui s'élève de ce camp souillé par le séjour de la harka, la fatigue qui endolorit le corps après ce rude effort, les troupes sont enthousiasmées par le succès; mais la gloire ne saurait étancher la soif, et les corvées d'eau se ruent aux puits, heureusement nombreux et peu profonds.

Le combat est terminé. Grâce à la discipline des troupes et aux formations larges conservées au cours de la lutte, nous n'avons eu que deux hommes tués et vingt-trois blessés; cinquante chevaux et mulets sont également hors de combat. L'ennemi avouera la perte énorme de deux mille hommes, y compris ceux morts d'épuisement pendant la ruée en déroute folle vers Marrakech. Quel effondrement pour ces malheureux! El Hiba, disent les prisonniers et les blessés, leur avait affirmé que nos fusils ne partiraient pas et que nos canons chanteraient la gloire d'Allah. Des enfants, des vieillards étaient venus au combat; certains n'avaient pas d'armes et portaient des bâtons pour assommer les Infidèles; d'autres avaient des cordes à leur mettre au cou, puisque la vengeance d'Allah devait les livrer sans défense aux croyants.

En nous voyant avancer sans tirer au début du combat, ils avaient cru à la réalisation de leur rêve. Portés par la foi, ils avançaient en bon ordre en murmurant le saint nom d'Allah et celui de Mahomet son prophète. Ils se sentaient sûrs maintenant de la victoire. Malgré la recommandation qui leur avait été faite de ne pas tirer, quelques-uns, dans leur hâte de sacrifier à Dieu ces chrétiens, avaient ouvert le feu, entraînant celui de toute la ligne. Et la mehalla française enchaînée ne pouvait répondre. Mais soudain une pluie d'obus et de mitraille s'était abattue sur les musulmans; c'était comme un vent de feu qui passait sur leurs rangs. Des nuages jaunes, âcres et stupéfiants naissaient au choc des obus; alors tous, désespérés, se jetèrent en avant...

Notre infanterie, privée de sommeil, est épuisée; elle ne saurait poursuivre le succès sans avoir pris un repos indispensable; il est impossible de songer à lui demander cet effort. Après le combat, les hommes n'ont même pas pu boire à leur soif, car la mehalla a tari les puits de Sidi bou Othman, et l'eau ne revient que lentement. Le soleil ardent ajoute aux fatigues de la lutte. Il faut pourtant profiter de cette brillante victoire et, par une active poursuite, enlever à l'ennemi la possibilité de se reformer. Le colonel Mangin constitue un détachement léger qui prend, à trois heures de l'après-midi, la trace des fuyards; un escadron de spahis, un escadron de chasseurs d'Afrique, une compagnie de Sénégalais montés, une section d'artillerie de 75, deux goums marocains à cheval, en tout six cents cavaliers et une ambulance, sous les ordres du commandant Simon, se mettent hardiment en route sur Marrakech. Il s'agit d'y arriver avant la nuit, de bousculer l'ennemi pour activer sa retraite, l'empêcher de se ressaisir et achever de le démoraliser. A la faveur de cette débâcle, nous essaierons, avec l'appui du parti qui nous est favorable, de soulever la ville contre El Hiba afin de délivrer de ses mains les prisonniers français.

Des lettres de menace, confiées à des courriers auxquels nous promettons de fortes récompenses s'ils accomplissent leur mission, nous précèdent à Marrakech à l'adresse des grands personnages : « S'il tombe un cheveu de la tête de nos compatriotes, la population sera passée au fil de l'épée, la ville sera rasée ; là où il y a des palais, il ne restera que des ruines, et le châtiment sera tel que tout le Maroc en tremblera. »

Voici les avant-postes franchis et les dernières sentinelles sénégalaises disparues ; notre petit détachement s'enfonce dans la montagne.

La route que nous suivons entre les crêtes rocheuses est couverte de bagages abandonnés. Dans la précipitation de la fuite, l'ennemi a jeté ses tentes et tout son matériel, lanternes, vêtements, nattes ; des sacs éventrés laissent échapper des provisions, pain, farine, orge et blé ; des charges entières sont abandonnées. Des animaux blessés ont été abattus. Nous rencontrons les corps déjà gonflés de chevaux forcés, aux membres raidis.

La traversée des Djebilet que nous redoutions paraît tout d'abord vouloir se passer sans incident. Nos yeux fouillent en vain les rochers qui surplombent le passage. Notre esprit est tendu vers l'attente des coups de feu qui vont partir, qui doivent partir. Le pays désert semble être abandonné par l'ennemi. Mais soudain, à la sortie de ces montagnes, au marabout de Bou Kricha, une centaine de cavaliers nous barrent la route de si près que nous croyons avoir affaire à des contingents amis. Brusquement, du haut de leurs chevaux, les voici qui échangent des coups de fusil avec les goumiers du lieutenant Britsch. Nous sommes maintenant fixés sur les sentiments de nos gaillards, qu'une énergique fusillade disperse.

A la descente des derniers contreforts, les coups de feu reprennent et nous tuent trois chevaux; nous nous dégageons rapidement par l'énergique entrée en action d'une partie de notre cavalerie; appuyée par le canon, elle escalade résolument les hauteurs et déloge l'ennemi des positions qu'il occupe.

Nous poursuivons notre route pendant que les obstinés montagnards continuent à tirer, du haut de leurs rochers pelés, sur le détachement maintenant hors de portée.

Le sort en est jeté! Nous sommes coupés de la colonne par la montagne qu'occupe l'ennemi. Il n'y a plus qu'à marcher carrément de l'avant. Au loin, la tour de la Koutoubia émerge de la masse grise indistincte des palmiers. C'est Marrakech, la capitale du Sud. Y entrerons-nous facilement? Des nuages de poussière s'élèvent dans la plaine immense et caillouteuse qui s'étend devant nous. Est-ce l'ennemi en fuite? La harka qui s'est reformée revient-elle sur ses pas pour nous livrer combat, ou sont-ce simplement des tourbillons soulevés par le vent? Notre marche rapide nous fixera bientôt.

Mais de nouveaux incidents nous retardent encore. Un sergent tombe, frappé d'un coup de chaleur; il faut le soigner et le placer sur un caisson. Par trois fois, l'artillerie doit s'arrêter pour remplacer des roues qui se brisent; à la troisième, nous n'en avons plus de rechange. Il nous faut abandonner un caisson auquel nous avons dû emprunter une roue. L'entrain de tous est admirable. Les artilleurs du lieutenant Duhautois s'acharnent au travail pour abréger la durée de ces arrêts malencontreux. Les Sénégalais du peloton monté ont vidé le caisson, pris chacun deux obus sous le bras et continuent la route à pied, tandis que leurs camarades conduisent les chevaux par la bride. Nous devons renoncer à marcher rapidement. Nous continuons par la plaine déserte; le seul indigène que nous ayons rencontré a été gardé comme otage; il dit que les troupes d'El Hiba tiennent le pont du Tensift.

La nuit est tombée depuis longtemps quand nous distinguons les premiers palmiers; voici une petite nappe d'eau, à quelques centaines de mètres seulement de l'oued Tensift, disent les guides. Les feux qui brillent dans la palmeraie sont sur l'autre rive. Chevaux et hommes se jettent assoiffés dans l'eau boueuse de l'étang.

Un envoyé des notables de Marrakech nous rejoint ici. Le pacha Driss Menou, le caïd El Ayadi et les caïds El Hadj Thami Glaoui et Si Madani Glaoui nous font dire que, dès l'apparition de notre colonne, ils attaqueront El Hiba, l'empêcheront d'emmener ou de massacrer les prisonniers et se saisiront de sa propre personne.

Parvenus à l'oued Tensift à huit heures du soir, au lieu de cinq heures comme nous le prévoyions, il est trop tard pour tenter quelque chose; une affaire de nuit non concertée avec nos amis de la ville ferait tout échouer. Le commandant Simon décide d'exécuter demain matin un coup de main sur le palais du Dar Maghzen occupé par El Hiba. Le courrier des notables est renvoyé à Marrakech pour les prévenir et assurer leur participation au mouvement; il doit venir nous trouver demain à l'aube. Le carré est formé tant bien que mal dans la nuit noire.

Nous nous étendons sur le sol sans dîner, car nous n'avons ni vivres ni bagages. Nos selles nous servent d'oreillers. Mais comment prendre du repos? La fraîcheur de la nuit dans cette vallée, la course des chevaux échappés dans notre étroit carré et nos préoccupations sur le sort de nos compatriotes nous empêchent de goûter le sommeil profond que nous vaudrait en tout autre temps notre fatigue.

7 septembre. — L'homme est revenu dans la nuit avec une lettre. Le pacha Driss Menou promet de nous aider. Il nous demande de tirer le canon pour annoncer notre mouvement; il nous conseille d'éviter la porte de Bab Khemis, tenue par les gens d'El Hiba, et de nous présenter devant Bab Doukkala, que ses hommes, prévenus par ses soins, nous livreront; par là nous aurons accès facile dans la ville.

L'aube tant attendue se lève; la colonne est prête depuis longtemps. Nous tirons deux coups de canon en signal et, précédés du courrier qui nous sert de guide, nous nous mettons en marche vers la porte des Doukkala, que le pacha a promis de nous ouvrir. Cette solution offre l'avantage de nous faire passer l'oued Tensift à gué, de nous acheminer vers la ville par un terrain relativement découvert; nous éviterons ainsi la traversée de la palmeraie dense, favorable aux embuscades, et celle du pont portugais (El Kantara) qui, mal entretenu, serait difficile pour nos canons. Les environs du pont gardés par l'ennemi sont, paraît-il, coupés de haies de cactus, de murs de clôture et de bois épais de dattiers, où nos adversaires pourraient nous arrêter longtemps.

Nous prenons donc la route proposée par le guide. L'artillerie avance avec peine dans ce terrain raviné. Les berges abruptes de l'oued Tensift retardent encore notre marche; les chevaux boivent à longs traits l'eau peu profonde, qui coule fraîche et claire sur de petits galets ronds. Derrière nous, sur la rive que nous venons de quitter, plusieurs centaines de cavaliers et fantassins en formation de combat s'avancent contre notre colonne. Nous nous hâtons vers la ville sans nous laisser arrêter par eux.

Nous voici dans la palmeraie. Nous côtoyons les jardins enclos de murs d'où émergent les feuillages pressés des grenadiers, des oliviers, des orangers et des figuiers. La piste longe des potagers soigneusement irrigués; l'eau court entre les carrés verts plantés de légumes; ce ne sont que poivrons, aubergines, courges, oignons, pastèques et citrouilles. Les champs de menthe répandent un parfum exquis et pénétrant.

Au loin, dans la direction de la ville, la fusillade crépite. Sans doute le combat est-il engagé entre nos alliés et le parti d'El Hiba! Pour encourager nos amis dans leur lutte, nous tirons deux nouveaux coups de canon. Les obus envoyés à 6 000 mètres doivent éclater au delà des remparts après avoir sifflé au-dessus des terrasses.

Nous reprenons aussitôt notre marche. La fusillade a cessé. Nos amis sont-ils vaincus? Personne ne vient à notre rencontre. Ce manque de nouvelles devient inquiétant. Quel est le sort de nos compatriotes prisonniers? Question angoissante s'il en fût! Il nous tarde d'arriver à la porte des Doukkala.

Enfin, nous voici sous les murs, que défendent des bastions carrés et des créneaux; de nombreux indigènes les garnissent. Aucun coup de feu ne nous accueille, bien que les canons de fusil brillent sur les remparts. Nous nous reprenons à espérer. Au tournant d'un haut monticule de terre noire, apparaît un groupe qui s'avance vers nous. C'est une députation : le sous-lieutenant Kouadi qui la dirige nous remet une lettre du commandant Verlet-Hanus. Hourra! Les Français sont sains et saufs. Nos coups de canon tirés à l'aube ont été entendus par tout le monde. On a vu passer au-dessus de la ville les obus « gros comme des chevaux et rouges comme du feu ». El Hiba a pris la fuite, attaqué à ce signal par les partisans des caïds qui nous avaient promis leur appui.

Pour suivre les conseils du commandant Verlet-Hanus, qui estime la traversée de la ville dangereuse, nous évitons d'entrer par Bab Doukkala. La colonne contourne les murailles et pénètre dans le quartier sud par la porte Bab Rob. Les troupes sont installées dans une cour du Dar Maghzen. Le pacha Driss Menou nous y rejoint et nous apprend que nos compatriotes sont dans le palais du Glaoui. Nous partons au galop à travers la ville vers la demeure d'El Hadj Thami. Les habitants, tous en armes, s'effacent contre les murs sur notre passage. Nos chevaux franchissent à toute allure les canaux et les fondrières. Enfin voici la maison d'El Hadj Thami; nous sautons à terre. Dans le palais somptueux du Glaoui, nos compatriotes procèdent à une toilette que leur détention les obligea à négliger; le consul fait disparaître laborieusement une barbe longue de trois semaines. L'émotion met une larme aux yeux de tous.

Les effusions ont fait place aux récits. Après le départ des colonies européennes, les Français ont essayé d'organiser la résistance avec l'aide du Tabor et des contingents fournis par les grands caïds, M'tougui et Glaoui, et le pacha Driss Menou. Mais la harka ainsi formée aux portes de la ville, pour en défendre l'entrée au Prétendant, a fait défection la veille de l'arrivée de ses troupes. Les

Français ont alors songé à partir pour la côte. Accueillis à coups de fusil à la sortie de la palmeraie, abandonnés par leur faible escorte, ils durent rentrer en ville et se réfugier chez le M'tougui. Le lendemain, le Prétendant faisait son entrée à Marrakech. Nos compatriotes préférèrent à l'hospitalité du M'tougui celle offerte par le Glaoui, dans le palais duquel ils se transportèrent. Invités par El Hiba à se rendre, jugeant impossible une longue résistance chez le Glaoui, ils se firent conduire chez El Hiba, au Dar Maghzen, où le Prétendant les emprisonna. Le Glaoui fut libéré le lendemain et les Français demeurèrent au secret. Pendant vingt jours, tenus à l'écart de tout ce qui se passait à l'intérieur, ils ne virent même pas le Prétendant qui refusait de les recevoir. En dehors de leur geôlier, la seule personne qu'ils voyaient était un homme d'El Hadj Thami, chargé par le caïd de leur apporter leur nourriture. C'est par cet homme qu'ils réussirent à nous faire parvenir quelques courts billets cachés dans des étuis de cartouche et rédigés en français, mais écrits en caractères grecs ou allemands; il fallait éviter, en cas de surprise, l'indiscrétion des juifs et d'un renégat espagnol de l'entourage d'El Hiba, qui pouvaient connaître notre langue.

C'est le maréchal des logis Fiori, resté chez El Hadj Thami à l'insu du Prétendant, qui a combiné l'attaque du Dar Maghzen par les partisans d'El Hadj Thami, de Si Madani Glaoui, d'El Ayadi et du M'tougui. Les prisonniers n'ont rien su de tout ce plan, ils venaient le matin de recevoir la visite du geôlier qui s'excusait de leur prendre leur tapis pour le donner à un malade; l'homme en se retirant dit tout bas au consul : « Que feras-tu pour le Sultan s'il vous laisse la vie sauve, à toi et à tous tes compagnons? » Le geôlier sortit précipitamment sans attendre la réponse. Un grand bruit se fit entendre, la porte s'ouvrit de nouveau et les cavaliers du pacha Driss Menou firent irruption dans le cachot, en criant aux prisonniers : « Vous êtes libres!... »

Mais il faut s'occuper du présent. Vers dix heures, laissant les rescapés dans leur demeure, je traverse la ville avec un homme d'El Hadj Thami pour aller voir du haut des remparts si la colonne approche. Elle n'est pas signalée, mais le bruit court que des coups de fusil et de canon s'entendraient du côté du Tensift. Marrakech paraît en ruines. Les rues, étroites pour la plupart, sont souillées, poussiéreuses, bordées de petites échoppes à demi écroulées. Ce ne sont qu'ordures, mouches, bêtes crevées exhalant des odeurs atroces. Portes de quartier, magasins, tout est fermé. Les rues sont désertes. L'aspect de cette ville morte est lugubre. Les habitants terrorisés se sont réfugiés sans doute au fond de leurs maisons de terre. Nous heurtons aux portes de quartier. Il faut frapper longtemps du lourd levier de fer pour décider les gardiens à se montrer et à ouvrir. Il fait, dans certaines ruelles désertes couvertes de toits de paille, une demi-obscurité qui les rend sinistres.

De la terrasse où le chérif Ould Moulay Rechid nous a autorisés à monter, rien n'apparaît dans la palmeraie endormie sous la chaleur de midi. Aucune poussière ne s'élève dans la plaine. Rien ne s'entend au loin. Nous rentrons chez El Hadj Thami, qui peut-être a des nouvelles.

Des renseignements sont en effet parvenus; le commandant Simon et le commandant Verlet-Hanus se sont portés à la rencontre du colonel Mangin... La colonne doit arriver à deux heures dans les jardins au nord-est de la ville où le camp sera établi. Nous l'y rejoignons. Sous le grand soleil de septembre, couverts de poussière, trempés de sueur, harassés de fatigue, les hommes marchent fièrement, heureux de leur magnifique effort et de leur brillant succès.

Devant la tente du colonel Mangin, dressée sous les palmiers et les oliviers, les notables de Marrakech sont arrivés. El Hadj Thami, le Glaoui, qui au cours des événements n'a cessé de nous rester loyalement fidèle, prend la parole au nom de tous : « Nous remercions d'abord le gouvernement français, puis Sa Majesté le Sultan, puis encore une fois le gouvernement français, et nous remercions le colonel Mangin qui nous a délivrés d'El Hiba l'imposteur... » Les notables présentent leurs compliments. Tous se déclarent heureux de notre arrivée et nous assurent de la sympathie de la population. Quelques ralliés de la dernière heure sont là : Kabba, pacha de Taroudant, Aïda ou Mouis, caïd du Sous et ministre de la guerre d'El Hiba.

La nuit est troublée par des coups de feu tirés dans la ville même, derniers soubresauts d'une révolution qui s'éteint.

8 septembre. — J'ai parcouru ce matin une partie de la ville toujours déserte. La vie commerciale n'a pas repris. Le nouveau pacha El Hadj Thami a fait visiter au colonel Mangin quelques riches habitations. La plupart ont été occupées par les hommes bleus d'El Hiba. Les rosiers, les géraniums, les buissons des jardins ont été saccagés par leurs montures; tout est dévasté.

Les jasmins des tonnelles sont privés de leurs feuilles comme si l'hiver avait meurtri leur fin réseau de tiges noires. Au-dessus du sol, damé par le pas des hommes et des bêtes, des cyprès droits et hauts comme des peupliers, des orangers chargés de fruits, dressent leur tronc à l'écorce rongée par les chevaux.

L'intérieur des palais est noirci par les feux qui ont léché les lambris de bois peint et les dentelles de plâtre ciselé. Le sol est couvert de détritus immondes où bourdonnent des essaims de mouches. Une odeur de pourriture emplit l'air des appartements.

Nous nous rendons de là au parc de l'Aguedal. L'eau coule claire et rapide dans les canaux, entre les rangées d'arbres séculaires : oliviers argentés, orangers sombres, mûriers au dôme arrondi, cyprès en forme de longues tiges minces. Le palais de Dar Beida, bâti au milieu de cette riche forêt, est une merveille des *Mille et une Nuits*. Ce ne sont que boiseries peintes, plafonds dorés, vasques de marbre, mosaïques, fûts puissants d'imposantes colonnades, vastes salles de réception, bassins immenses. Au milieu de ce décor somptueux, dans une des cours, d'étranges carrosses de bois noir, à caisson haut et carré, vitré sur chaque face, qui servaient à promener dans le parc le harem du Sultan, reposent sur leurs quatre roues épaisses.

9 septembre. — Le clairon français a sonné dans la capitale du Sud ses refrains familiers. Les troupes ont fait aujourd'hui leur entrée dans la ville; c'est la récompense attendue qui les paie des fatigues supportées, des privations d'eau, des nuits sans sommeil, des longues marches sous un soleil de feu. Derrière le chef qui les conduisit à la victoire, spahis, chasseurs d'Afrique, goumiers et partisans aux chevaux amaigris mais toujours fringants, zouaves de vingt ans, tirailleurs algériens que les Marocains s'étonnent de voir au service des Infidèles, Sénégalais graves et noirs, coloniaux grognards et gouailleurs, tous les vainqueurs de Marrakech, hâves mais prêts à de nouveaux efforts, ont défilé fièrement par les rues étroites que le soleil transforme en fournaise. Ils ont, dans l'épaisse poussière des avenues bordées de murs en ruines, longé les jardins plantés d'oliviers, de cyprès, de grenadiers et d'orangers; les hautes murailles leur masquaient l'intérieur de la ville et les palais des grands.

Mais ils allaient contents, satisfaits de cette

prise de possession de la capitale qu'ils avaient conquise. La population arabe se montrait réservée. De petits groupes regardaient, silencieux, accroupis aux carrefours, ou appuyés aux recoins des murs. Mais, dans le quartier juif, ce fut un enthousiasme vibrant. Sur le passage de nos troupes, des milliers de ces malheureux se pressaient sur les terrasses au sommet des murailles et poussaient des hourras et des you-you. Depuis toute une semaine le quartier juif était fermé, et le jour de notre arrivée était celui fixé par le Sultan pour le massacre. Ceux-là aussi avaient été délivrés !

III

SÉJOUR A MARRAKECH

10 septembre. — Les troupes, quittant la brûlante plaine du Guéliz, sont venues s'établir dans les jardins frais de l'Aguedal, sous les oliviers dont le feuillage argenté frissonne doucement à la brise, sous les orangers aux dômes sombres couverts de fruits encore verts. Les cyprès, droits irréprochablement, étirent leur colonnade claire, qu'enfle vers le haut une étroite gaine d'épais feuillage. L'eau ruisselle partout dans les canaux, les rigoles et les fontaines, et son bruit frais emplit le parc tout entier d'un murmure. L'endroit est reposant.

Le palais de Dar Beida, qu'un caprice de sultan fit construire pour y promener une fois la semaine les femmes du harem, dresse au milieu de cette forêt ses hautes murailles, que dominent des pavillons aux tuiles vertes. C'est là que nous allons nous installer demain, et mieux vaudraient sans doute nos tentes, dressées sous les ombrages au bord des ruisselets, qu'une droite chambre dorée dans cette prison somptueuse.

11 septembre. — La populace s'agite dans la ville. A l'extérieur, les tribus seraient menaçantes. La crédulité de ces gens-là est inconcevable; les coups de canon tirés par le khalifat Moulay Boubeker, pour annoncer la proclamation de son frère Moulay Youssef comme sultan du Maroc, ont été interprétés comme le signal du retour prochain d'El Hiba. La « Baraka (1) » du Prétendant n'est pas détruite; les Français seront chassés et massacrés dans leur fuite. En attendant, nous fortifions Dar Beida sans vandalisme, pour permettre à une petite garnison de garder nos approvisionnements, et au gros des troupes de marcher sur les rassemblements qui pourraient se former à l'extérieur. Les Européens, qui commencent à revenir de la côte, ont reçu l'ordre de ne pas rentrer en ville et de s'installer au camp de l'Aguedal. Le courrier qui emportait nos lettres pour la France a été dépouillé hier par les Rehamna; une colonne sous le colonel Savy opère précisément de ce côté et pourra peut-être reprendre notre correspondance.

12 septembre. — Nous voici installés dans ce palais jusqu'ici jalousement fermé aux Européens. A côté de ces splendeurs que sont les plafonds de cèdre finement historiés, les retables aux culs-de-lampe délicatement fouillés, les revêtements de mosaïques multicolores, les parquets de petits carreaux vernissés faits pour la caresse des pieds nus, il y a l'architecture cocasse. Ce ne sont

(1) Protection divine.

que salles immenses, mal éclairées, mal aérées. La vie discrète des gens d'Islam n'a que faire de nos logis ouverts de mille fenêtres. Elle s'abrite derrière de hautes murailles dorées.

De lourds vantaux de bois épais, aux serrures puissantes, aux énormes verrous de sûreté, les ferment. D'une pièce à l'autre, les étages ne sont pas de niveau; les escaliers coudés montent, descendent, remontent pour redescendre, toujours changeant de direction et déroutant le promeneur par leurs inutiles détours. Les cours sont encloses de murs sans autre issue qu'un interminable et sombre escalier qui s'élève au premier étage pour redescendre au rez-de-chaussée, entre des murs épais que percent des meurtrières étroites.

Des cigognes ont perché leur nid de brindilles dans les créneaux, sur les tuiles vertes des pavillons, près des boules dorées des clochetons.

Dans le parc que j'ai visité ce matin, c'est une série de bassins, précieux réservoirs d'eau construits aux temps troublés où Marrakech connut l'horreur des sièges.

Des murs découpent en tranches cet immense verger; par-dessus la masse verte des orangers, les rameaux argentés des oliviers centenaires et le feuillage aux tons de rouille des abricotiers, les cyprès dressent leur silhouette noire. De vieilles négresses paissent leurs vaches dans les herbes des étroits canaux. Les perdrix rouges et les pique-bœufs éclatants de blancheur peuplent les taillis de rosiers et de grenadiers.

Un respectable Marocain est chargé de l'entretien de l'Aguedal. Il a la surveillance des nombreux pavillons isolés : fontaines, cartoucherie, magasins, moulins, sucrerie, poudrière, kiosques de repos ou de prière; ce fonctionnaire commande à une armée de jardiniers.

Mais, à côté du parc encore soigné, le palais de Dar Beida est abandonné; les meubles sont en ruine, les chambres souillées par les oiseaux de nuit, les bassins des cours à sec.

Les jardins même pourraient être mieux tenus; l'amin, fonctionnaire affable et zélé, signale qu'au lieu de trois sources on pourrait, comme autrefois au temps de Moulay Hassan, en utiliser sept pour irriguer le terrain et rendre la vie aux arbres. Le Pacha est invité à dispenser avec largesse à ces jardins l'eau de l'Atlas, dont la puissante silhouette ferme l'horizon et s'harmonise avec le décor somptueux du parc.

Quand escaladerons-nous les pentes du géant? Pourtant si proche, il nous apparaît aujourd'hui mystérieux derrière le voile de brume dont l'été le recouvre.

J'ai parcouru la ville à cheval. Les gens ont l'air moins fermé; le marché est animé. Tout y est classé par corporations; chacune dispose d'une ou deux rues.

Rue des potiers, rue des maréchaux ferrants, rue des menuisiers, rue des selliers, des rémouleurs, rue des épiciers, rue des pâtissiers, des herboristes, des fruitiers, des marchands de babouches. Les passages couverts, où se vendent les étoffes, les fils de soie, les cuirs ouvrés, sont barrés par des chaînes; on n'y circule pas à cheval. L'ordre règne partout, grâce aux gendarmes du Pacha et aux gens de l'amin chargé de la surveillance du marché.

Les coussins et dessous de plat, en cuir orné de dessins grattés au couteau, les armes ciselées, les cuivres de Marrakech ont une véritable réputation.

C'est vers la fin de l'après-midi que le marché bat son plein et que toutes les échoppes, jusque-là cadenassées, s'ouvrent aux chalands.

Rien n'est curieux comme de voir les marchands nonchalamment étendus au milieu des étalages de noix, d'amandes et d'olives.

Le marché aux esclaves ouvre au coucher du soleil. On nous dit qu'il est bien achalandé et fonctionne deux fois par semaine. Un esclave d'une dizaine d'années vaut deux cents à trois cents francs.

14 septembre. — La première pluie de l'année tombe, abondante. Les jardins de l'Aguedal se transforment en marais. Les torrents d'eau percent les terrasses délabrées du palais et ruissellent dans les appartements.

La saison des labours est arrivée. Puisse-t-elle calmer les instincts guerriers de nos ennemis.

Dans le nord, la situation politique est bonne. Une partie des Rehamna qui nous ont combattus à Souk el Arba et aux côtés du Prétendant à Sidi Bou Othman, a commencé à faire sa soumission.

Mais, dans le sud, il se manifeste encore une certaine effervescence. La population croit en El Hiba et à son retour. Nous prenons donc nos précautions et fortifions notre camp. Il y a dans le palais quantité de canons anciens ou modernes et de la poudre. Nous utiliserons tout cela pour la défense.

Dimanche 16 septembre. — La situation paraît s'améliorer. Tous les Rehamna ont définitivement fait leur soumission au colonel Savy à Ben Guerir; sans doute, l'arrivée dans ce poste de la colonne Gueydon de Dives les a-t-elle impressionnés. Nous avons l'impression, justifiée ou non, qu'un certain nombre de gens marchent maintenant avec nous. Dans les Doukkala, le chérif El Omrani a exercé une action pacifique marquée. Le caïd El Ayadi a servi notre cause chez les Rehamna; le caïd des Ahmar, Sidi Mahbouk, est allé dans sa tribu avec des intentions semblables. Le frère du Sultan, Moulay Boubeker, a écrit aux Goundafa pour conseiller à cette tribu de voir où était la force et quelle attitude lui dictait la sagesse.

Les bonnes volontés ne sont certes pas désintéressées; appuyés sur nos troupes, nos amis consolident leur situation dans les tribus qu'ils pressurent. Ce sera à nous à réprimer peu à peu leurs excès. Mais seule notre force crée cette collaboration. On nous respecte ici pour notre puissance et notre argent; on nous méprise comme infidèles.

Malgré cela et pour cette raison même, quel prestige peut ici acquérir le chef qui, disposant de la force, saura, dans ses relations avec les indigènes, éviter de parler des choses religieuses; quelle reconnaissance lui en auront les musulmans délicats que sont nombre de grands personnages du Maroc? Et, bien que la religion soit liée à la politique, en pays musulman plus que partout ailleurs, ce n'est pas là un paradoxe que de vouloir diriger ce peuple en affectant d'ignorer sa religion, donc de ne pas la craindre, et de se placer au-dessus des confessions.

Cette supériorité, accentuée par des égards accordés aux hommes, une politesse traditionnelle ici, une volonté, de la fermeté dans la ligne de conduite, quels moyens pour conduire des hommes, tous les hommes?

On racontait qu'à une audience de Moulay Hafid, une notabilité de la Carrière, très avertie des choses coraniques, avait collé le Sultan sur l'interprétation des textes où pourtant il excellait; il avait, très vexé, clos la discussion par cette apostrophe : « De quel droit, toi, infidèle, lis-tu notre livre sacré? » Et le distingué diplomate, qui, avant d'entrer chez Hafid, avait pour lui une admiration et une confiance sans bornes, le décrétait, en sortant, inintelligent et dangereux.

17 septembre. — Pour tout le Maroc, Marrakech est une capitale aux mœurs dissolues, et dont les citadins passent pour efféminés et fêtards. Elle a subi l'invasion des hommes bleus, puritains que l'or et la chair laissent insensibles, que seule la foi farouche guide vers le devoir; et les Sahariens se sont amollis au contact de cette civilisation décadente, les barbares ont pris goût aux douceurs de la vie raffinée. Pour quelques-uns qui demeurèrent rigides en leur austérité sévère et suivirent inébranlables les règles d'un fanatisme étroit, combien faillirent? On les vit s'afficher en des orgies exquises dans des logis luxueux tapissés de laine, tendus de velours et peints de dorures, où les chanteuses arabes s'accompagnent de tambourins. Ils imprégnèrent leurs vêtements de fumée d'encens aux brûle-parfums tendus par de jeunes esclaves. Simples muscadins, ils inondèrent leurs corps d'eaux aux senteurs délicieuses : les caresses savantes des courtisanes les épuisèrent. Ils se grisèrent de thé sucré, de tabac et de boissons défendues par la religion. El Hiba donna l'exemple en s'entourant d'une pompe magnifique, en coquetant avec les princesses de sang royal, déshabituées depuis longtemps des faveurs du Sultan et privées par leur condition des entreprises du vulgaire.

Après le retour au désert, le cerveau de ces hommes doit garder l'empreinte des plaisirs écourtés par l'arrivée des Infidèles, et leurs yeux, les visions paradisiaques des scènes que l'imagination musulmane réserve à la vie de l'au-delà.

18 septembre. — Nous déjeunons ce matin chez Ould Moulay Rechid, parent du Sultan, frère du chef du Tafilet. Noir de peau, le type nègre accentué, les lèvres épaisses, le nez robuste, le Chérif est gros, gras, lourd; le visage, fourni d'une barbe noire qui masque mal les ravages de la petite

Voir page 90.

PASSAGE DE L'OUED NFIS

Colonne de Mogador, près Marrakech. — Octobre 1912.

vérole, respire la sensualité. Trop gai, commun d'allure et de manières, Ould Rechid est pourtant assez fin. Ses yeux pétillent de malice, et le nez pincé donne à la physionomie une expression narquoise.

C'est la longue succession des plats marocains savamment cuisinés : mouton rôti, poulet au beurre rance et aux amandes, pigeons farcis, agneau aux olives, ragoûts à la purée de persil. L'eau parfumée à l'essence de rose et le pain à l'anis ne sont pas les moindres attraits de cette cuisine recherchée.

Le couscous de blé avec sa garniture d'oignons et de pois chiches termine le défilé.

Pour pousser le tout, suivant l'expression de notre hôte, on sert des plats d'aspect et de goût répugnants : radis fermentés confits dans le vinaigre, courgettes au piment, peau de piment au sucre, aubergines macérées dans une huile salée et sucrée.

Au dessert, la conversation, réduite jusqu'alors à d'encourageants et d'aimables « mange un peu », accentués de poignées de nourriture graisseuse, glissées dans la main, a pris un tour sérieux. Coupées de rôts étouffés, mais abondants et prolongés, se succèdent les plaintes du Chérif sur les accaparements de biens dont il a été victime de la part du Sultan, sur les emplois à la cour ou à la campagne qui conviendraient à ses gens.

Assis sur d'épais matelas, appuyés à des coussins confortables, nous laissons nos regards errer dans la salle. Les murs sont ornés d'une haute tenture marocaine aux tons criards; les dessins traditionnels y alignent des sortes de bouteilles renversées et des voûtes qui s'appuient à d'étroites bandes de drap se détachant du fond de couleur atténuée. Mais si le décor ne change guère, les gens sont toujours variés : domestiques nègres corrects, impassibles, serviteurs marocains au demi-sourire aimable ou peut-être méprisant. Amis ou secrétaires du maître de maison chuchotent leur appréciation sur les convives, dont ils mangent les restes selon la coutume. Le préposé à la confection du thé à la menthe selon les rites séculaires est ce jour-là, chez Ould Moulay Rechid, un personnage gros et gras, à la face luisante, au nez retroussé, à l'air important. D'un bout de la salle où il est assis, le Chérif, incapable de cette habileté insinuante, de cette discrétion et de cette réserve coutumières aux grands du Maroc, lui lance à haute voix des questions insidieuses, toujours intéressées, posées pour être entendues de l'interprète et traduites par lui aux hôtes français.

Ould Moulay Rechid parle maintenant d'une députation à envoyer au Résident Général; il déclare qu'il y adjoindra son fils, mais doublé d'un sage mentor, car cet enfant est encore un peu rude et peu habitué aux belles manières. « Je vais vous le présenter, ajoute-t-il. » Sur un ordre bref, deux serviteurs, un noir contrefait et un négrillon agile, s'élancent sous la galerie à colonnes du premier étage et reparaissent aussitôt. Un jeune homme de dix-huit ans les suit, l'air à la fois hardi et confus, qui serre gauchement sans un mot les mains à la ronde. Renvoyé par son père d'un « Va-t'en » brutal, il s'incline, reprend ses babouches laissées à la porte et disparaît. La présentation n'a pas duré deux minutes.

Les enfants mâles sont élevés très sévèrement en pays marocain, mais ici le Chérif a certainement exagéré, par vanité, son attitude autoritaire; cette scène très courte a péniblement impressionné les convives européens. Après les trois tasses de thé traditionnelles, on passe un café médiocre, que l'eau de rose achève de rendre détestable.

Les verres de jus de raisin et de sirop de grenade circulent, et nous prenons congé de notre hôte.

19 septembre. — Le pacha El Hadj Thami nous a priés à dîner. Précédés de serviteurs porteurs de lanternes ajourées à verres de couleur, nous circulons à la tombée de la nuit dans les rues déjà désertes, entre les murailles de terre derrière lesquelles se cache la vie arabe. Nos chevaux s'ébrouent dans la fraîcheur du soir; la brume descend blanche sous la faible clarté de la lune; les guides nous évitent les puits béants, les égouts éventrés, les rigoles aux voûtes brisées et les fondrières emplies par les derniers orages. Au seuil du palais, El Hadj Thami nous accueille. Nous voici dans le jardin de roses et de jasmins, aux fontaines bruissantes dans les vasques de marbre et les bassins de mosaïque. Posées sur les larges dalles, des lampes recouvertes de manchons de verre éclairent le chemin qui, sous les feuillages embaumés, conduit à la grande salle de réception. Des tapis de Perse ornent les murs; le plafond est de cèdre peint; un piano, deux lits de parade, des étagères en ébène plaqué d'or, sont tous les meubles de cette pièce, dont le sol est garni de matelas épais et de riches coussins, en bordure des murs peints à la chaux.

Après une courte attente, nous traversons à nouveau le jardin pour passer dans la salle à manger, où une table somptueuse, dressée à l'européenne, nous attend. Le menu est savoureux; les vins sont agréables; les fleurs jonchent la nappe luxueuse et s'amoncellent dans un énorme vase d'argent.

Confortablement assis dans de bons fauteuils de cuir, nous savourons doucement le dîner, où l'hôte, contrairement à l'usage marocain, a la discrétion de ne pas se préoccuper des convives.

El Hadj Thami a le visage maigre, le teint bistré, le front haut, intelligent; de longues mèches échappées au turban blanc descendent le long de ses joues creuses; très à l'aise, d'un air paisible démenti par le regard très vif, il se répand d'une voix douce en longs compliments sur l'effet de nos canons, dont un seul projectile a tué sept hommes à Sidi Bou Othman. Un cavalier a disparu dans l'éclatement d'un obus à mélinite; on n'a retrouvé que les jambes chaussées de cuir rouge.

Nous écoutons patiemment ces flatteries, qui ne font illusion ni à l'hôte ni aux convives et sont de bon ton dans le monde marocain. Le dîner est terminé. Nous revenons dans la première salle de réception.

La nuit parfumée emplit les jardins. L'air attiédi et doux vibre au chant des femmes arabes. Airs barbares, musique étrange, dont les échos à travers les buissons de roses nous arrivent assourdis, mystérieux et troublants.

Nous regagnons dans la nuit, par les rues mortes et les allées silencieuses du parc, le palais de Dar Beida tout endormi.

20 septembre. — El Hiba est toujours à Taroudant.

Son prestige est tel qu'il reformera facilement une armée dans le Sous, derrière l'Atlas. Que nous réserve l'avenir? Une seconde bataille rangée offerte par l'ennemi dans la plaine de Marrakech, ou cherchée hardiment par nous vers Taroudant, par delà la montagne? Verrons-nous au contraire le Prétendant découragé renoncer à la lutte et se réfugier au Tafilet?

Pourquoi essayer de percer ce mystère? L'imprévu n'est-il pas le charme le plus attrayant de cette vie guerrière et rude que nous pouvons mener ici.

21 septembre. — Ma-El-Aïnin, fils de Mohamed Fadel, était originaire des steppes du Hodh, aux confins du désert qui borde le Sénégal, entre Tombouctou et la Mauritanie. El Hiba, fils de Ma-El-Aïnin, après les défaites de son père, battu en Adrar en 1909 par le colonel Gouraud, s'était replié avec tous les siens dans la Seguiet el Hamra, puis plus au nord, à Tiznit. Il attendit là l'autorisation de résidence, que le sultan Moulay Hafid lui accorda, contrairement aux traités internationaux interdisant de donner asile aux ennemis des puissances amies.

Il avait comme compagnons Ahmedou, émir des Brakna, la mère d'Ould Aïda, émir de l'Adrar, et Mohamed el Moktar, chef des Kounta, qui trahit en 1905 à Niemilan, où tombèrent les lieutenants Andrieu et de Franssu. Hiba se tint pendant quelque temps tranquille à Tiznit. Puis, à l'instigation de Moulay Hafid, croit-on, il décida, puisqu'il n'y avait plus de Sultan ou qu'il allait ne plus y en avoir, de se faire proclamer dans le sud du Maroc. Restant de sa personne à Tiznit, il envoya d'abord son khalifat avec une partie de ses fidèles en avant-garde auprès du pacha Kabba, à Taroudant.

Il se mit en route de sa personne plus tard, le long de la côte par le pays Chtouka, et atteignit le Sous au Souk el Tenin des Taïma, où il s'arrêta longtemps.

Quand il se décida à prendre brusquement l'offensive vers le nord, son khalifat partit de Taroudant et le rejoignit au Souk el Tenin. Ils franchirent l'Atlas au col d'Ameskroud, où les tribus M'touga, contrairement aux promesses, ne firent aucune tentative pour lui barrer ce difficile passage. Continuant sa route par Souk el Khemis, Argana, Imintanout, El Hiba s'arrêta à nouveau à Sidi Moktar, chez Ira, cheikh des Ouled bou Sba. Nouveau bond en avant, nouvel arrêt à la zaouïa de Tameslouhat : le chérif vénéré dans tout le Maroc donna en son honneur des chasses au faucon.

Le parc de la Ménara, à une demi-lieue à l'ouest de Marrakech, fut la dernière étape du Prétendant, avant l'entrée dans la capitale du sud, le 18 août. Son khalifat l'y avait précédé de quelques jours.

Cette marche avait été assez mystérieuse. Les renseignements sur la route suivie par le Prétendant étaient rendus imprécis, car des bandes de cavaliers se répandaient dans toutes les directions; mais les fidèles qui affluaient de partout savaient trouver son campement. El Hiba s'avançait en triomphateur, porté par les députations envoyées à sa rencontre. Sa qualité de Chérif, sa naissance — son père Ma-El-Aïnin jouissait d'une réputation extraordinaire au Maroc, — ses prestidigitations, ses mensonges mêmes, augmentaient son prestige. Des bruits étonnants le précédaient : il se faisait suivre d'un troupeau de chrétiens transformés par lui en tortues. Tous les infidèles devaient subir cette métamorphose à sa vue. Après la victoire des Français, le retour, pour moins triomphal, ne fut pas très troublé. Son arrière-garde fut bien pillée et attaquée à coups de fusil à la sortie de Marrakech, mais, dès l'arrivée à la casbah du Goundafi (car il avait pris cette route dans la montagne pour fuir avec un millier de cavaliers et quinze cents fantassins), il était accueilli par le caïd avec un empressement que peut-être la crainte motivait, mais qui n'en était pas moins réel. Laissant là une partie de son bagage confiée à la garde du Goundafi, El Hiba descendait dans la vallée du Sous et s'installait définitivement à Taroudant, où son premier geste était de faire trancher la tête au pauvre vieillard Kabba, pacha de la ville, coupable d'avoir présenté prématurément ses hommages aux Français à leur entrée à Marrakech.

22 septembre. — Cette Capoue marocaine qu'est Marrakech doit nous dévoiler ce soir ses mystères. Nos chevaux vont bon pas par les rues, où flanent au clair de lune les femmes voilées et les promeneurs nonchalants, qui se retournent, étonnés de voir à cette heure des chrétiens dans leurs murs. La lueur indiscrète de nos lanternes dérange des couples surpris. Sur le pas des portes, accroupis, les indigènes jouissent paisiblement du calme du soir. Des femmes parfumées d'essences violentes se hâtent, mystérieuses sous leur manteau de laine blanche, vers quelque demeure en fête. L'animation règne aux fontaines. Dans les rues couvertes, les échoppes sont toutes éclairées encore. Des senteurs de menthe échappées des boutiques à thé montent dans l'air doux et tiède. Nos yeux se réjouissent du spectacle des fruits amoncelés, grenades roses, raisins noirs et blancs, citrons verts, dattes brunes. A l'appel de nos guides, la foule s'écarte docile.

Nous arrêtons sous une voûte obscure, dans un quartier désert. Un escalier étroit nous conduit dans une salle brillante de mille lumières ; les murs sont tendus d'étoffes éclatantes, les plâtres ciselés de reliefs enluminés et les plafonds peints de dorures. Un repas arabe est posé sur des plateaux. Trois chanteuses apparaissent sous l'arcade de la porte; elles sont vêtues d'épaisses robes à manches amples; leur taille est serrée par une ceinture de cuir à broderies de laine bleue. Des châles de soie noire recouvrent leurs cheveux, et de larges anneaux d'argent à écusson ciselé pendent à leurs oreilles. Leur visage découvert est impassible et froid. Elles laissent tomber sur des divans tendus de soie verte leurs corps épais, leurs croupes lourdes, et replient leurs jambes sous le paquet d'étoffe que forme leur costume. Elles commencent à chanter tandis que leurs doigts battent doucement les tambourins dorés.

L'une a les traits réguliers de l'Arabe, le visage très blanc un peu empâté, le menton déjà alourdi; elle garde un air fermé, hostile, dédaigneux. La seconde est une femme berbère de quinze ans, au visage maigre; le nez mince, long, retombe sur les lèvres fines, les yeux sont clairs et larges; le menton effilé est orné de tatouages bleus qui descendent sur la gorge. Cette enfant est intimidée, mais rieuse; la troisième est lourde déjà malgré ses vingt ans; elle a le teint jaune, le nez court, et son visage de Japonaise respire la placidité.

Un violoniste marocain, assis au milieu d'elles, commence un air criard; elles chantent en s'accompagnant d'un petit tambourin de cuivre ou de terre dorée; leur voix est grêle comme celle d'un enfant.

Sur l'invitation de notre hôte, elles acceptent de s'asseoir à côté de nous pour dîner; mises en confiance, les voici qui commencent à sourire.

Toutes acceptent avec empressement les liqueurs que nous leur offrons et qu'elles boivent sans toucher leur verre, en tendant le corps pour mettre leurs lèvres à portée. Le dîner fini, elles regagnent leur divan et la musique recommence. Certains refrains simplistes les font rire :

— Il est mort de joie chez moi sur ma gorge.

— J'ai un bon ami que je garde. Que les soldats du Pacha ne l'emprisonnent pas.

Elles échangent des coups d'œil amusés.

Le champagne, le thé, le café, commencent à leur tourner la tête. Voici qu'elles lâchent leurs tambourins. Les rires fusent, les danses commencent, les chants éclatent. Le violoniste, grisé d'alcool et de tabac, continue à promener à la marocaine son violon sur son archet d'un geste saccadé. Les heures passent. Notre hôte a fait un signe. Chanteuses et violoniste prennent congé. Un serviteur discret a baissé les lampes à la lumière trop vive. La grande maison s'emplit de silence et de sommeil.

24 septembre. — Dans ses jardins d'orangers, de grenadiers que dominent quelques sévères cyprès, droits comme des lances, noirs comme des esclaves, parmi les fleurs odorantes et les treilles aux fruits lourds, le M'tougui nous a reçus aujourd'hui en sa maison de la Koutoubia.

C'est un vieillard tout voûté; les ans qui ont

ployé sa taille n'ont pu briser son énergie. Ses traits sont tourmentés; l'œil gauche est clos, le droit, à demi fermé, est clair et froid. La longue barbe blanche encadre un visage au teint jaune. Un tic fait ruminer constamment le M'tougui; sa mâchoire inférieure glisse dans un mouvement saccadé qui fait grincer la denture et donne au vieux caïd l'apparence d'être toujours en colère. Son sourire est une horrible grimace.

Les ennemis du M'tougui l'accusent d'avoir été l'ami d'El Hiba; il est certain que ses contingents n'arrêtèrent pas l'usurpateur dans sa marche sur Marrakech et lui laissèrent franchir la montagne. Devons-nous vraiment en garder rigueur? Quel appui avons-nous prêté aux défenseurs de notre cause? Avons-nous essayé de les soutenir nous-mêmes? Sans doute ce grave problème troublait-il les convives, car la réunion a été froide. Il a fallu la fin du repas pour dissiper le malaise qui régnait. Le M'tougui avait une crainte : celle d'être retenu en otage à Marrakech. Il a obtenu, en échange d'une promesse de combattre El Hiba, la permission de rentrer dans sa tribu. Rassuré, le vieux diplomate a repris son aplomb. Quelqu'un demanda si le sort ne réserverait pas au prétendant El Hiba le châtiment qu'il avait fait subir au pauvre vieux Kabba, le pacha de Taroudant, dont la tête avait été le prix de ses compromissions avec les Français? « Ce n'est pas le moment de parler de politique devant tant de monde », répondit le rusé compère en désignant ses serviteurs.

Par l'autorité incontestable dont il jouit des plaines du Tensift aux montagnes de l'Atlas, de Marrakech aux portes de Safi, de Mogador à Agadir, le M'tougui est une puissance que nous ne pouvons méconnaître et que nous devons utiliser.

27 *septembre*. — Deux fois la semaine, de quatre heures à la nuit, le marché aux esclaves se tient à Marrakech, sur une place carrée que bordent des logettes. L'aspect en est très soudanais et ces abris de terre battue, recouverts de terrasses d'argile, doivent rappeler aux esclaves le pays où ils furent libres.

Les rues tortueuses et boueuses du quartier commerçant où grouille une foule affairée donnent accès à ce marché.

Le matin, l'enclos est réservé à la vente des laines; l'après-midi, on y crie des nègres aux enchères.

Il n'a pas été possible de changer en quelques jours les habitudes d'une population encore vibrante des passions xénophobes qui l'agitèrent. Mais l'heure de l'interdiction va venir avec l'affermissement de notre autorité.

J'ai voulu, avant qu'il ne disparaisse, voir de près ce commerce de bétail humain. J'étais allé prendre un ami et je fus fort étonné de trouver chez lui, réunis par la même curiosité, une demi-douzaine d'Européens.

Avec notre escorte, il y avait certes de quoi effrayer les gens et « casser » le marché, comme on dit ici; mais, au détour d'une ruelle, notre troupe se grossit encore d'un nouveau cortège de cavaliers, des officiers qui, eux aussi, se dirigeaient vers le marché. Nous en retrouvâmes d'autres, déjà dans la place, regardant au milieu des Marocains, indifférents en apparence, le défilé des esclaves, qu'un crieur promenait devant les banquettes en indiquant à haute voix le dernier prix offert pour la marchandise présentée.

J'avais emmené avec moi mon ordonnance, un brave Bambara, Nama Diara, indigné de voir « vendre des noirs comme des ânes » disait-il. Je voulais vérifier par lui si ces esclaves étaient de provenance soudanaise.

On promena ensemble deux négresses, d'allure lourde, de physionomie bestiale, de croupe énorme; c'étaient deux filles de dix-huit ans, les cheveux laineux, crépus et courts; on les avait couvertes pour la circonstance de vêtements de luxe qu'elles portaient gauchement : babouches brodées, robe blanche serrée à la taille par une ceinture bleue et laissant transparaître des gandourahs roses ou vertes; de larges boucles d'argent pendaient à leurs oreilles. Docilement, les yeux baissés, elles suivaient le crieur, s'arrêtant devant les amateurs qui leur palpaient la poitrine, les mollets et le dos, leur examinaient les dents; puis elles repartaient plus loin sur un refus ou une surenchère.

Une fille rougeâtre, le teint grêlé par la petite vérole, l'air doux, était offerte également; mal bâtie, elle avait les jambes courtes et le rein cambré, mais ses seize ans et les seins qui pointaient sous l'étoffe légère semblaient aguicher les acheteurs. C'était, comme les premières, une esclave du Sous; elle parlait arabe et portait une curieuse coiffure faite de longues et grosses mèches tressées en spirales retombant sur l'épaule.

Une quatrième, âgée d'une vingtaine d'années, était laide; elle avait les yeux vitreux, mi-clos; elle ne trouva pas preneur.

On exhibait également deux négrillons, l'un d'une dizaine d'années, l'autre d'environ six ans, qui atteignirent chacun deux cents francs. Nous sortîmes écœurés de ce spectacle; mais nous avions vérifié qu'on ne vendait pas en plein marché de noirs provenant du Soudan; la traite n'existait plus à travers le désert. La pensée que ce hideux spectacle allait bientôt disparaître nous consolait (1).

27 septembre. — El Hiba fait des progrès dans le Sous. Son avant-garde tient le col d'Ameskroud, le meilleur de l'Atlas. Pour échauffer le zèle des hésitants, le Sultan du Sud a fait tomber une nouvelle tête : le caïd Abessalem el Djerrari a vécu. Une inquiétude très vive se manifeste dans la région de Marrakech; le bruit court dans les tribus que le Prétendant va reprendre l'offensive. Le mouvement qui se fait sentir au Maroc est-il xénophobe ou religieux? Il semble qu'il soit l'un et l'autre tout à la fois et que, chez les musulmans,

(1) Le marché a été supprimé quelques jours après.

haine religieuse et xénophobie soient toujours confondues.

29 septembre. — Au sud de Marrakech s'adosse au palais du Sultan le parc de l'Aguedal; ce vaste enclos d'une lieue de long est planté d'oliviers et d'orangers, dont les fruits et le bois sont recherchés. Les terres, soigneusement irriguées, donnent de bonnes récoltes de céréales. L'ensemble rapporterait annuellement 250 000 francs au Sultan. Les biens maghzen de Marrakech donneraient bon an mal an trois millions de revenus nets.

J'ai visité ce matin une de ces propriétés, la Ménara; c'est un second parc situé à une demi-lieue de la ville, dans la plaine caillouteuse et plate, semblable à une mer calme.

J'ai traversé au galop cette morne étendue, coupée de foggaras profondes qui amènent l'eau des montagnes à la ville, et de canaux qui irriguent les cultures. Au loin la Ménara forme un îlot de verdure au milieu de la plaine rougeâtre.

La lourde porte s'est ouverte, poussée par l'un des gardiens noirs. Ce sont les mêmes oliviers séculaires alignant leurs troncs gris et leurs dômes argentés. Des perdrix rouges familières courent dans les sillons, des pique-bœufs au plumage blanc perchent dans les cyprès, des bœufs et des chevaux paissent sous la futaie. Un pavillon aux tuiles vertes, enclos de murs, s'élève au milieu du parc. Un jardin le précède, fouillis de verdure et de fleurs où, sous les amandiers et les noyers, géraniums, roses, violettes et volubilis s'épanouissent parmi les herbes et les buissons.

L'endroit est frais et reposant.

Derrière l'habitation, dans un immense bassin envahi par les joncs et les tamarins, s'ébattent canards et bécassines.

Des vols de chevaliers noirs, tachés de blanc, aux longues pattes fines, au bec en aiguille recourbée, tournoient au-dessus de l'eau claire.

J'emporte un beau bouquet de roses au parfum délicieux et aux couleurs tendres.

1er octobre. — Le général Lyautey arrive ce matin. Des milliers de cavaliers se portent à sa rencontre, précédés d'étendards rouges ou blancs.

La garde du Pacha El Hadj Thami s'aligne en bordure de la route; ils sont cinq cents Marocains qui présentent gauchement les armes, soldats hâtivement recrutés, vêtus de pantalons saumon et de vestes bouton d'or, et coiffés d'écarlate. Ces recrues, encore malhabiles, saluent d'une main et portent de l'autre leur fusil; certains des hommes paraissent hébétés; la plupart ont le corps tordu dans une contraction grotesque.

En avant, les chefs en vieux rose, la chéchia pourpre entourée du turban blanc, saluent d'un geste large du sabre, le ventre tendu en avant.

Trois fanfares, composées de tambours aux sons voilés et de clairons aux notes discordantes, annoncent d'un bruit effroyable le passage prochain du grand chef français. Et c'est pourtant cette troupe pleine de bonne volonté qui, levée au lendemain de notre entrée dans Marrakech, assure aujourd'hui

Voir page 100.

ENTRÉE A MOGADOR

Voir page 108.

LA CASBAH D'ANFLOUS
(Colonne de Mogador)

avec fidélité la police de la ville. Précieuse collaboration que notre succès a rendue possible et que notre force garantit.

Le soleil éclaire en rose les murailles de la ville, fait briller les tuiles vertes des minarets, les boules de cuivre des mosquées et leurs revêtements de mosaïque multicolore. Sous les palmiers qui dressent leur panache dans le ciel bleu, la multitude bigarrée des cavaliers soulève une poussière atroce; nous allons, la gorge desséchée, les yeux brûlés, vers le pont du Tensift où doit avoir lieu la rencontre.

La rivière roule les eaux rapides de l'Atlas dans un lit, aujourd'hui trop large, que la fonte des neiges étincelantes à la cime des monts emplira demain à pleins bords.

Le général est là. Le rude chef donne une chaleureuse accolade à l'énergique officier qui lui a conquis Marrakech.

Prêtes à franchir le vieux pont de pierre du Tensift, quatre auto-mitrailleuses, deux automobiles civiles, les premiers véhicules de ce genre venus jusqu'à Marrakech, symbolisent l'entrée du Progrès dans la capitale du Sud. Déjà, les troupes, faisant succéder les travaux de la paix à l'œuvre de guerre, ont aménagé la route qui traverse la palmeraie.

Le cortège reprend sa route vers la ville dans la même poussière joyeuse sous le soleil étincelant. Le ciel, d'un bleu pur, est barré à l'horizon par la masse neigeuse de l'Atlas, future étape de nos

6

armes victorieuses. Nous voici dans les jardins ombragés de l'Aguedal, qu'arrosent les canaux aux eaux murmurantes; les palais sont perdus dans la verdure parmi les oliviers, les orangers que dominent des cyprès sombres, arbres de paix et de repos. Quel enchantement au bout du voyage!... Il faut avoir vu le désert aride qu'est en cette saison le sud marocain pour apprécier à sa valeur le charme exquis de cet oasis.

9 octobre. — Le Résident a accroché la croix d'officier de la Légion d'honneur au burnous de soie blanche des deux caïds berbères, Si Madani Glaoui, l'ancien grand vizir d'Hafid, et El Hadj Thami Glaoui, le nouveau pacha de Marrakech, dont l'attitude énergique a sauvé la vie à nos compatriotes, prisonniers d'El Hiba. Par une attention délicate, qui touche profondément les deux personnages, le général Lyautey a donné sa propre croix à Si Madani, et le colonel Mangin la sienne à El Hadj Thami.

Au moment où le Général a tiré son grand sabre courbe pour donner l'accolade aux nouveaux légionnaires, Madani a eu un petit frisson qui lui a fait rentrer imperceptiblement la tête dans les épaules.

10 octobre. — La moitié de la ville, terres et immeubles, est propriété du Gouvernement marocain. Certains de ces biens sont concédés aux fonctionnaires de l'empire, soit à titre définitif, soit avec jouissance de l'usufruit pour le temps passé dans l'exercice de leurs fonctions. Le Sultan possède des biens acquis de son vivant; il peut aliéner à sa volonté certains biens de succession, enfin il en est d'autres qu'il doit remettre à son successeur en quittant le pouvoir. Une partie de ceux-ci ont été dilapidés par Moulay Hafid. Il a vendu ou donné, contre la coutume, des biens de la « couronne », à des dignitaires. Ceux-ci ont pris la précaution de les céder, en indivis, à des étrangers, sous la protection desquels ils se trouvent; c'est une assurance inattendue sur la propriété mal acquise, délit qu'a permis le régime des capitulations qui régit ici les relations des diverses puissances avec le Sultan du Maroc.

Il y a bien à Marrakech, comme dans toutes les villes du Maroc, un « amin » (conservateur) qui tient jalousement le sommier des propriétés; l'honnêteté de ces fonctionnaires s'exerce souvent à les défendre contre tous, sauf contre eux-mêmes.

Le général Lyautey a remis ce matin la cravate de commandeur de la Légion d'honneur au colonel Mangin, vainqueur de Marrakech. Les troupes ont défilé alertes sous le soleil clair dans le cadre magnifique de l'Atlas neigeux. La charge des chasseurs d'Afrique bleus, des spahis rouges et des goumiers blancs a rappelé à tous leur héroïque galopade sur le camp ennemi d'El Hiba. Le cœur gonflé d'émotion, nous revivions la glorieuse épopée. Dans la réception qui a suivi, le Général a évoqué le beau succès de Sidi Bou Othman, la poursuite sur Marrakech et la délivrance de la ville : « Certes, lorsque j'ai vu à Souk el Arba les troupes entraînées, ardentes, et leur chef résolu, je ne doutai pas du succès. Mais le résultat a dépassé mon attente. La victoire fut complète. Je bois au colonel Mangin, qui a fait chanter au coq gaulois le plus éclatant réveil qu'on ait entendu depuis longtemps. »

13 octobre. — Ce matin, après la pluie triste qui toute la nuit a fouetté les dalles de marbre du palais, le soleil s'est levé clair dans le ciel pur. Au loin, l'Atlas découpe sur fond d'azur sa silhouette poudrée de neige, et le contraste des couleurs nous arrache des cris d'admiration. La vue de la montagne glacée nous fait grelotter ici, à deux jours en arrière, sous la chaleur douce de cette belle journée.

Qui croirait que l'ennemi est là-bas derrière ce magnifique décor? Hiba tient ses assises au delà des monts, à Taroudant, la capitale du Sous, qui de tout temps abrita mahdis et usurpateurs; certains, comme les Saadiens, au seizième siècle, conquirent l'empire jusqu'à la Méditerranée.

Les lettres saisies sur des émissaires disent que Hiba donne audience chaque jour, répand le bien dans le pays et prépare son heure; bientôt, des cols du Haha, d'Ameskroud et du Goundafi, ses « mehallas » vont se déverser par delà l'Atlas dans la vallée du Haouz en flots impétueux qui emporteront les ennemis de la religion.

Hélas! la destinée des hommes bleus venus du désert est de retourner au désert, plus loin, toujours plus loin, reculant sans cesse devant le mouvement lent, mais irrésistible des chrétiens : que Dieu les maudisse!...

Pauvres hommes bleus! Hier encore, ils régnaient en maîtres dans la capitale que fonda leur ancêtre, chef des Almoravides, Youssef ben Tachefine, qui, venu des rives du Sénégal il y a près de dix siècles, connut la gloire de battre les Infidèles en Espagne.

Le destin est changeant.

Du tombeau où ses cendres reposent, en un frais jardin, à l'ombre des mûriers, près d'une séguia bruissante, Youssef peut contempler le monument élevé un siècle plus tard par d'autres Berbères, les Almohades envahisseurs. De sa tour massive de grès rouge, ornée d'ogives délicates, de fenêtres à cintre arrondi, à colonnettes gracieuses, de sa coupole blanche que surmontent quatre boules d'or, la Koutoubia atteste la victoire de ces premiers envahisseurs qui conquirent Marrakech.

Qui se souvient aujourd'hui des fondateurs de l'empire? Leur nom est connu, certes, mais point vénéré. D'autres marabouts, d'autres saints sont venus par leurs miracles accaparer la faveur changeante des foules musulmanes. Et les grands de Marrakech, les marchands opulents aux palais dorés construits sur la terre des Almoravides, surnomment El Hiba l'Imposteur...

Et pourtant ce fait qu'il y eut des sultans berbères exalte encore l'orgueil des grands caïds.

Le colonel Mangin a fait réparer le tombeau de Youssef ben Tachefine, un long cercueil de pierre sous le ciel. Comme il le saluait un jour en chevauchant aux côtés d'El Hadj Thami, le Pacha lui dit : « Vous saluez votre ami. Quand lui ferez-vous bâtir un mausolée? — Jamais, répondit le colonel : C'est un homme de la tente qui ne supporte pas les toits. Deux fois on a voulu élever un dôme sur son tombeau, deux fois il a renversé la kouba. — Vous savez tout de nous, dit le Pacha. »

14 octobre. — Continuant la tradition marocaine, le colonel Mangin a proposé, puisque nous ne voulons pas, pour l'instant, engager nos troupes régulières dans le Sous, de lancer contre El Hiba au sud de l'Atlas les contingents des tribus soumises. Le général Lyautey a approuvé ce projet. Il importe de répondre par de l'action aux effets de la propagande qu'entreprend le Prétendant, non seulement dans le Sous et dans l'Atlas, mais ici même dans la plaine du Haouz et au delà de Tensift, au Tadla, au Zaïan et jusqu'autour de Fez.

Les grands caïds berbères de Marrakech, le M'tougui, le Glaoui, le Goundafi, ont promis leur concours dévoué. Ces levées ont été jusqu'à ce jour coutumières au Maroc; les tribus ralliées n'ont jamais marchandé leurs bras au Sultan pour la répression des révoltes ou la conquête des pays insoumis. Les contingents de Marrakech combattirent autrefois le rogui vers Taza.

Tout récemment encore, à l'appel du consul de Mogador, les tribus voisines de ce port se formaient en harkas à l'approche d'El Hiba, qui venait de franchir l'Atlas au col d'Ameskroud; cette seule menace éloignait le Prétendant de la ville, défendue par un simple tabor marocain qu'encadraient quelques officiers français, et le rejetait vers Marrakech où nous le battîmes.

Les contingents du Glaoui et du Goundafi passeront l'Atlas au col du Goundafi; ceux du M'tougui se présenteront par le col d'Ameskroud; une autre harka, formée par les tribus Haha et Chiadma, voisines de Mogador, menacera Agadir.

Ces troupes, privées de tout élément régulier et de tout cadre européen, pourront ne pas se montrer très mordantes, mais leur présence au Sous sera une menace qui inquiétera le Prétendant et, abaissant son prestige, gênera son action au Maroc.

Le régime souple du protectorat nous permet d'agir au nom du Sultan et de lancer en avant, comme autrefois, des méhallas entièrement indigènes. Aucun élément français n'entre dans la composition de ces harkas. Les canonniers, qui servent les Krupp trouvés ici dans les magasins du maghzen, reçoivent avant le départ un dressage sommaire par des gradés européens. Mais les recrues de l'infanterie sont dégrossies par leurs propres chefs. On les voit s'exercer chaque jour sur les places de la ville et parcourir les rues musique en tête. Le Pacha les recrute et les habille à sa guise. Ils ont un uniforme régulier : pantalon saumon, tunique anglaise rouge à col jaune, et chéchia pourpre en forme de bonnet d'évêque. Nos hommes, qui les jalousent un peu, parce qu'ils assurent seuls la garde de la ville, les ont surnommés « chardonnerets », à cause de la couleur bariolée de leur équipement.

Cette collaboration rapide, qui s'affirme même sur le terrain militaire, montre l'intelligence des Berbères, si vite ralliés à nous. Déjà d'ailleurs, bien avant notre entrée dans la ville, les voyageurs européens avaient signalé le bon accueil que leur réservait la population de Marrakech.

IV

DE MARRAKECH A MOGADOR

15 octobre. — La colonne qui part aujourd'hui pour Mogador, afin de visiter la région et d'ouvrir la route de l'Atlantique, compte cinq bataillons, deux escadrons, deux batteries. Elle rentrera sans doute par la montagne, où les routes ne sont pas praticables aux voitures. Aussi tout le convoi sera-t-il à dos de mulet ou de chameau.

Tout près de Marrakech, le pays est plat, coupé de centaines de canaux souterrains très profonds (foggaras) qui amènent l'eau de l'Atlas à la ville, travail gigantesque qui a demandé des siècles d'efforts. Le sol argileux doit être très glissant après les pluies, mais heureusement le soleil qui brille depuis plusieurs jours a fait place nette.

Au nord, court une ligne bleue de petites montagnes, les Djebilet. Au sud, les cimes neigeuses et imposantes de l'Atlas ferment l'horizon.

Dans cette vaste plaine, nue, rougeâtre, que parcourt la colonne, des palmeraies verdoyantes découpent leurs carrés sombres. Çà et là des groupes de laboureurs poussent des charrues, que traînent des attelages de bœufs ou des chameaux dociles. Des pasteurs paissent leurs troupeaux de moutons et de vaches en ces champs où les premières pluies ont fait pousser une herbe rare. Les habitants sont paisibles; ils sortent des villages aux murs d'argile, aux haies d'épines, pour venir à notre rencontre. Des femmes poussent des you-you de sympathie.

Nous campons à midi à Sidi Othman, au confluent marécageux de l'oued Nfis et d'un de ses affluents, à l'ombre maigre de quelques arganiers. De nombreux villages sont en vue. L'oued, très important, roule sur un lit de galets ses eaux descendues des flancs de l'Atlas, où il ouvre le col du Goundafi. Nous avons traversé à gué; nos chevaux baignaient jusqu'au poitrail. Les environs sont couverts de buissons rabougris d'épines et de jujubiers, d'arbres mêmes; le village possède des jardins d'oliviers. Les montagnes forment un cadre bleu reposant à cette plaine verdoyante toute gaie sous le soleil. Des pique-bœufs parsèment de taches claires la verdure sombre du marais, que barrent de longues stries de fleurs jaunes.

Un drame s'est déroulé hier dans ce décor paisible. A la suite d'un conflit d'intérêts, des coups de fusil ont été échangés. Deux hommes sont restés morts sur le terrain. Il s'agissait de la perception des taxes du marché affermée à un israélite de Marrakech par le nouveau caïd; survint l'ancien caïd déchu qui constata les droits du premier et fit parler la poudre, comme il est d'usage au Maroc.

Cette tribu des Ouadaïa étant « guich », c'est-à-dire autorisée par le gouvernement du Sultan à s'établir sur des terres de la couronne, dépend comme telle du pacha de Marrakech, devant la juridiction de qui sont renvoyées les parties.

16 octobre. — Une étape de six lieues nous amène vers midi à Mzoudia, dont la tour carrée se profile de très loin au creux d'un col.

Le pays traversé est toujours plat, couvert de taillis d'épines et de touffes d'armoise au parfum pénétrant. Cette plaine est coupée de conduites d'eau à fleur de terre ou souterraines, toutes abandonnées; leur remise en état rendrait la vie à ces terres incultes. La contrée très fertile qui s'étend entre Marrakech et l'oued Chichaoua appartient au Sultan, qui la loue ou en donne l'usufruit à des gens venus de toutes les tribus environnantes. Autrefois, les cultures très étendues étaient magnifiques; l'insécurité résultant des luttes entre caïds rivaux les a fait abandonner. Des colons européens s'y établiront plus tard pour cultiver l'orge et le blé.

La région produit des pommes de terre, quelques raisins et des olives. Le climat est agréable. En cette saison les journées sont chaudes, les soirées et les nuits très fraîches.

17 octobre. — Une brume d'automne estompe ce matin la plaine; nous grelottons sous nos manteaux. Mais le soleil brille, l'air devient tiède et se parfume des senteurs violentes de l'armoise, dont nos chevaux happent en marchant les touffes odorantes. Le ciel est pur de tout nuage; les hommes chantent et sont pleins d'entrain sous cette vive lumière d'Afrique.

Nous n'avons trouvé d'autres obstacles que quelques petits torrents à sec et nous arrivons vers midi devant l'oued Chichaoua, qui roule ses eaux rapides entre des berges escarpées, dans un lit trop large en cette saison. Une colline crayeuse, terminée au sud par le Djebel Tilda à forme de chapeau, borde le fleuve : des jardins d'oliviers verdissent ses rives peuplées de nombreux douars, dont les chaumes pointus émergent d'épaisses haies d'épines. C'est N'zala Chichaoua, dont l'importance s'accroît d'une enceinte de murs autour d'un quartier juif. Ce « mellah » jouissait de prérogatives, dont les Marocains sont habituellement peu prodigues pour les israélites : ceux d'ici sont autorisés par les Berbères à porter la djellaba et le fusil et les longues mèches de cheveux sur les tempes. Ces juifs, dit l'auteur d'une brochure décrivant la route de Mogador à Marrakech, ont le regard assuré et l'air farouche. Ceux que nous avons vus à Chichaoua avaient l'attitude servile qui caractérise les représentants de cette race au Maroc.

18 octobre. — Les Ouled Bou Sba, dont le chef Irra, aujourd'hui enfui, avait pactisé avec le prétendant El Hiba, représentaient l'élément peu accueillant que la colonne devait rencontrer sur sa route. La tribu a envoyé hier à notre rencontre le chérif de la zaouïa Si Moktar. Tout semblait donc devoir se passer parfaitement, quand un cavalier de Mogador, porteur d'un courrier du commandant du cercle, nous a joints; il a averti qu'on se tirait des coups de fusil depuis le matin à Si Moktar entre partisans et adversaires de Irra.

Enfin est arrivé à notre rencontre un beau jeune homme barbu, montant un excellent cheval et suivi d'une escorte imposante de cavaliers. « Je suis Si Mohammed Ali, le caïd nommé par le M'tougui », a-t-il déclaré d'un ton qui voulait paraître assuré. — « Mais nous ne connaissons que les caïds nommés par le Sultan. » — « En effet, je n'ai pas encore reçu ma lettre d'investiture, mais le M'tougui voyant Irra en fuite m'a autorisé à exercer les fonctions à sa place. »

Pressé de questions, Si Mohammed Ali, après avoir nié la chose, a fini par confirmer ce que le cavalier du tabor nous avait annoncé, à savoir que des partisans de Irra occupaient la casbah de Si Moktar, d'où Ali avait en vain essayé de les déloger le matin; de là l'échange des coups de feu signalés.

Nous avons continué notre marche; l'artillerie ayant pris position à 2500 mètres de la casbah pour en déloger les rebelles, la cavalerie l'a contournée, tandis que l'infanterie prononçait un mouvement enveloppant, dont l'effet, souligné de quelques coups de canon contre les murailles a achevé de décider les derniers partisans d'Irra à prendre la fuite sans résister à une « mehalla » aussi imposante.

Nous avons pénétré dans la casbah très grande, dédale de cours et de couloirs, fouillis de cases en terre battue, emplies de jarres d'huile et de beurre rance, de sacs de semoule et d'orge, et de provisions de toute sorte. Un mur percé de meurtrières et flanqué de bastions entoure cette petite ville, pourvue d'un hammam, de citernes, de puits dont l'un à godets, de jardins de roses et d'orangers. A l'extérieur, sur la même colline qui domine la plaine, un village étale ses paillotes et ses haies d'épines sèches, près d'une maison carrée, aux toits de tuile verte : la zaouïa.

Les puits sont peu abondants; mais, à condition d'envoyer les animaux boire à une lieue d'ici dans une séguia, nous pourrons séjourner demain à Si Moktar sans être privés d'eau.

19 octobre. — Des toits en terrasse, la vue s'étend, sans autre limite que l'horizon, sur l'immense plaine nue, plate, déserte, qui s'étale comme une mer calme autour de la casbah. Le spectacle de cette région caillouteuse, infertile et inculte, qu'habitent de misérables pasteurs, les Ouled Bou Sba, est profondément attristant. Qui peut avoir eu l'idée de s'établir au centre de ce pays désolé, en un endroit où l'eau même fait défaut et doit être tirée péniblement à seaux comptés de puits profonds? Ces Berbères, originaires des solitudes mauritaniennes, eurent-ils la nostalgie du désert, pour choisir comme habitat ce paysage saharien? Et l'idée ne fut pas si mauvaise : Irra, qui combattit les Français pour leur interdire son empire si pauvre, vivait du fruit des caravanes rançonnées, desquelles il exigeait des taxes élevées pour leur donner l'abri de ses murs et l'accès de ses puits. Voulait-on l'éviter? — Il ne fallait y songer. Les routes de Marrakech à Mogador sont liées à des points d'eau obligés, où les commerçants eussent dû acquitter les droits de passage. La casbah de Si Moktar est un repaire. A l'ombre des toits verts de la sainte zaouïa, près du paisible cimetière, ces murailles crénelées abritaient un bandit moyenâgeux. Nous avons trouvé dix mille cartouches cachées sous un tas de bois; les silos regorgent de poudre autant que de grains. Il y avait là de quoi soutenir un siège.

20 octobre. — Voici la fin du plateau Ouled Bou Sba; nous entrons chez les Chiadma, dont nous devinions au loin les collines arrondies, couvertes de genêts, d'épines et de palmiers nains. Le pays est plus riche, plus cultivé, au flanc des coteaux. Au fond des vallées, des douars apparaissent.

Nous campons à Aïn Tafetecht, dans un vallon boisé d'oliviers et de grenadiers; une source claire et abondante s'épand en nappe large comme une rivière au pied des pentes verdoyantes. Nous avons passé ce matin Marrakech-Keddim, l'ancienne Marrakech; ses murs rasés, visibles encore, marquent sur un coteau pelé, à la limite des pays Ouled Bou Sba et Chiadma, l'enceinte de cette cité déchue. La tradition dit que les Portugais la détruisirent au seizième siècle; l'effort colonial de ce peuple fut ici important mais éphémère. Nous saurons remplir ce rôle avec plus de méthode, de volonté et de continuité de vues.

21 octobre. — Le pays des Chiadma s'étend jusqu'à l'Atlantique. Cette tribu arabe se divise en trois grandes fractions indépendantes : Kourimat, Koubbane, Hadji. Les caïds berbères de la montagne ont voulu mettre la main sur les riches pays de plaine; le chleuh Si Abd el Malek M'tougui brigue le commandement des Kourimat, et ces Arabes se révoltent à l'idée d'une domination berbère. Cet antagonisme de races facilitera notre action...

Après les solitudes plates et désolées du pays Ouled Bou Sba, les coteaux verdoyants des Chiadma excitent notre admiration. De ce sol pierreux, mais fertile, sortent d'abondantes moissons d'orge et de blé. Les hauteurs se peuplent de fermes blanches, encloses de murettes de pierres sèches. Les oliviers ploient sous les fruits violets; des prairies tapissent ces vergers. Et toutes les collines sont couvertes d'une vaste forêt d'arganiers centenaires dont l'amande fournit une huile précieuse. Sous le ciel bleu, cette campagne pittoresque, inondée de chaud soleil, évoque en nous la Provence, ses troupeaux et ses mas.

Et, dans le camp dressé sous le feuillage d'un verger, parmi les herbes odorantes, sous la blonde lumière de l'après-midi, le chant strident des cigales retentit doucement dans le calme de cette belle journée. La silhouette fauve d'un chameau aperçue entre les branchages, par la toile levée de

Voir page 108.

LE COLONEL MANGIN ET LE CAÏD ANFLOUS

Colonne de Mogador. — Octobre 1912.

la tente, nous rappelle brusquement à la réalité : c'est ici l'Afrique barbare, dont cet animal, lent et laid véhicule d'un autre âge, symbolise la civilisation arriérée.

Nous avons campé à Souk Tleta de Hanchen, où nous ont précédés une compagnie de zouaves et un tabor marocain venus de Mogador à notre rencontre.

Cette jonction des forces françaises au cœur du Maroc sud, au pied de l'Atlas, nous apparaît comme le présage d'une ère nouvelle; aujourd'hui, la France prend définitivement possession de ce pays où déjà, en 1844, le prince de Joinville avait conduit nos armes, inscrivant le nom de Mogador en lettres de sang dans les annales de notre armée coloniale, et en lettres d'or sur son drapeau.

Un sentiment de fierté nous étreint, fait de la grandeur ressentie de notre action et de la puissance qu'elle exige. Nous avons foi en l'avenir d'un peuple si prodigue de sentiments généreux et de nobles efforts. La lutte contre les tribus sauvages de la forêt tropicale, nos combats contre les bandes du centre africain, les rencontres avec les fanatiques musulmans du désert libyen, nous avaient déjà donné l'impression de la grandeur d'un rôle méconnu des seuls sceptiques. Quand l'influence morale d'un pays croît ainsi, sa puissance et sa richesse ne sauraient qu'en bénéficier. L'avenir est pour nous!

La route que nous avons suivie de Marrakech à Mogador sépare les Arabes au nord des Berbères au sud. Les deux races ne sympathisent pas. D'une façon générale, l'Arabe envahisseur a conquis la plaine et rejeté le Berbère dans la montagne. L'Arabe est plus policé, plus religieux. Le Berbère est brutal, sauvage; il a le mépris de la mort.

Un officier nous citait des traits atroces de cruauté, accomplis par l'un des grands caïds berbères voisins de Mogador. Cet homme expliquait à l'un de ses familiers le maniement d'un revolver qu'il venait d'acquérir; il ordonna à un de ses esclaves de se placer comme cible et déchargea sur lui l'arme, pour en essayer la puissance. Un mois auparavant, il avait pareillement traversé les deux cuisses d'un malheureux noir, pour expérimenter la force de pénétration d'une autre arme.

L'Arabe vit dans des villes ou groupe ses tentes; le Berbère farouche habite des hameaux dont les maisons sont à portée de fusil l'une de l'autre. L'Arabe s'efféminé dans la richesse et cherche les terres fertiles qui donnent d'abondantes récoltes; il mange une cuisine recherchée et fine. Le Berbère fait fi de la fortune; il se tient dans ses montagnes désolées et se nourrit de vil brouet. L'Arabe se plie aux rites réguliers de l'Islam; le Berbère, peu pratiquant, est superstitieux. L'Arabe se déplace à cheval ou à mule; le Berbère est un piéton courageux. La simplicité du costume de l'un, la recherche des vêtements chez l'autre; la monogamie du Berbère, la polygamie de l'Arabe, sont d'autres points encore par où les deux races s'opposent.

22 octobre. — L'étape d'aujourd'hui fut une promenade de quatre lieues par une belle matinée d'automne, ensoleillée et froide, à travers un ravissant pays de coteaux couverts d'arganiers verdoyants, d'où émerge dans les vallées le tronc élancé des palmiers. Les clairières cultivées font des taches rougeâtres au flanc des collines, d'où dévalent, clairs parmi la sombre verdure de la forêt, les alignements des oliviers. Des haies d'épines ou de buissons, des murs de pierres sèches, bordent les champs ; et les fermes blanches, les marabouts aux murs gris carrés, surélevés aux angles de clochetons peints à la chaux, donnent la vie à ce riant paysage.

Jeudi 23 octobre. — Le sentier escalade une succession de collines escarpées ; nos chevaux trébuchent dans le roc. Les arganiers ont presque entièrement disparu ; les rares que nous découvrons sont rabougris et rampants, tandis que les thuyas au feuillage moussu forment une formidable forêt où poussent aussi le palmier nain et les lentisques ; l'air est parfumé de résine et d'encens. Tandis que nous poursuivons notre route de hauteur en vallée, brusquement, du haut d'un des coteaux, nous apercevons par la large brèche ouverte dans la dernière colline la masse bleue de l'Atlantique tout estompée de brume et ridée par la brise matinale. Nous dévalons joyeusement vers la plage où le flot vient baigner les derniers buissons. Au loin, Mogador apparaît indistinct, tache blanche dans le brouillard gris. Nous longeons la mer. La végétation disparaît, reculée jusqu'à la colline par des dunes au sable si fin que le vent le soulève en fumée. Aux sabots de nos chevaux, la marée montante pousse des flocons d'écume légère.

Nous arrêtons non loin des murailles. La ville toute blanche, surmontée de minarets, semble être construite dans une île. Une nuée de cavaliers se portent à notre rencontre. C'est le gérant du consulat, M. Coufourier, accompagné des officiers de la garnison (deux compagnies du 3e zouaves, un tabor de police), de la colonie européenne, des notables marocains, des juifs. Un vieux colon enthousiasmé, qui vécut les heures pénibles des démêlés franco-allemands, s'écrie avec émotion, des larmes aux yeux : « Il y a vingt ans que je les attends, les soldats ! »

La porte passée, c'est une joie délirante; la colonie juive — il y a 15 000 juifs sur 30 000 habitants que compte Mogador — pousse des vivats, agite des drapeaux; les you-you des femmes retentissent sur les terrasses; des petites filles offrent des bouquets au colonel Mangin. La colonne, ressortant par la porte du Sud, va s'établir à l'extérieur des murs, sur les bords de la séguia qui apporte l'eau à la ville.

Vendredi 24 octobre. — Mogador est presque complètement entourée par la mer. On aperçoit à peu de distance l'île où, le 15 août 1844, après le bombardement de Tanger et le lendemain de la victoire de Bugeaud à Isly, le prince de Joinville débarqua ses troupes, qui, dit-il dans ses *Souve-*

nirs, « prirent les batteries à la course ». Le pacha dut remettre les Européens de la ville au commandant de l'escadre, et celui-ci descendit à terre.

On voit aujourd'hui encore un canon qu'encloua la vaillante infanterie de marine. L'île de Mogador fut évacuée la même année, après la signature du traité par lequel Moulay Abderraman, sultan du Maroc, nous reconnaissait le droit de poursuivre sur son territoire l'émir rebelle Abd el Kader, qui devait, trois ans plus tard, faire sa soumission au duc d'Aumale.

La ville est nette; ses rues bien droites se coupent à angle droit — chose rare en pays arabe; — elles sont soigneusement pavées de galets. Beaucoup de maisons sont construites à l'européenne en façade; les appartements ouvrent à l'intérieur sur des patios arabes.

Le port, débouché du Sous et du pays Haha, exporte les cuirs, les œufs, les amandes, l'huile et les grains. Mogador jouit d'un climat très égal; la température, agréable, varie entre 14° et 22°.

Les tribus arabes de l'hinterland (Chiadma) sont assez soumises; les tribus berbères (Haha) des chefs Anflous et Guellouli sont plus réfractaires; elles ont fourni à El Hiba des contingents importants. Anflous ne s'est rapproché des autorités françaises de Mogador qu'après notre victoire de Marrakech. Guellouli, étant chef de tribu, s'est mis illégalement sous la protection allemande afin d'être justiciable exclusivement des tribunaux consulaires de ce pays et d'éviter la justice du Sultan; il a fallu l'arrivée de notre colonne sous les murs de Mogador pour le décider à répondre à la convocation du Consul de France et à se présenter au commandant des troupes françaises. Ce Guellouli est un jeune homme de vingt-sept ans, gros et gras, l'air répugnant; le visage rose, luisant de santé, se gonfle de graisse; le cou se confond avec le menton. Guellouli, qui fut le bras droit d'El Hiba dans la région et l'appela au nord de l'Atlas, paraît très mal disposé à notre égard, ignore ou feint d'ignorer toute juridiction régulière et prétend se démettre de ses fonctions sans rendre ses comptes au Sultan, alors que la protection étrangère ne peut être donnée à un fonctionnaire en exercice. C'est une des comédies ridicules qui, nées du régime néfaste de la protection, se jouent chaque jour sur tous les points du Maroc.

Il ne serait pas étonnant qu'une colonne française fût obligée prochainement d'opérer chez ces Haha du sud, dont le pays est, dit-on, très accidenté et fort peu praticable aux gros détachements.

25 octobre. — Le Guellouli persiste dans son attitude; il prétend conserver la protection allemande. Il ne reste plus qu'à le remplacer à la tête de sa tribu, et cette décision qu'il réclame lui sera sans doute moins agréable qu'il ne le pense, car tout caïd qui cesse ses fonctions a ses comptes à rendre au Maghzen.

Les troupes partiront demain pour Marrakech en deux colonnes; la première, dite du nord, doit suivre la vallée du Ksob avec tous les *impedimenta* et se diriger sur la casbah M'tougui; la seconde, forte de deux bataillons, une batterie de montagne, un escadron, et renforcée par deux compagnies de zouaves et le tabor qui constituent la garnison de Mogador, se dirigera vers le sud chez les Haha, afin de prendre le contact avec ces Berbères et leurs montagnes. Tous les chameaux sont confiés à la colonne du nord; nous n'emmènerons avec la seconde que des mulets afin de pouvoir passer partout. Il se pourrait que cette promenade dans le sud ne se terminât pas sans coups de fusil, si vraiment ces Haha sont aussi farouches qu'on le dit. La journée est consacrée aux préparatifs de départ et à la visite des établissements scolaires. L'école de l'Alliance israélite instruit deux cents jeunes garçons et deux cents fillettes des familles qui peuvent payer; les élèves y reçoivent une bonne instruction primaire, et y apprennent le français et l'anglais sous la direction d'instituteurs israélites d'origine marocaine. Il existe encore, à Mogador, une école gratuite israélite de l'Alliance française, une école anglaise pour les filles et les garçons juifs, et enfin une école française, dite franco-arabe, pour les jeunes musulmans.

En visitant les casernes des zouaves et du tabor, j'ai pu voir sur un bastion au nord de la ville les canons ébréchés en 1844 par les projectiles de l'escadre française. Les artilleurs du prince de Joinville savaient pointer! Ils ont poussé la coquetterie jusqu'à loger un de leurs boulets dans la gueule d'un canon marocain.

26 octobre. — Dans la nuit, un raz de marée a complètement inondé le camp établi sur la plage. L'alarme donnée, les hommes ont sauvé les vivres que le flot menaçait de submerger; il n'a plus fallu songer à dormir. Dans notre installation au consulat, nous n'avons pas été plus heureux; sans doute nous n'avons pas eu à souffrir de l'inondation, mais en revanche les moustiques, qui sont légion à Mogador, nous ont harcelés sans trêve.

Les colonnes quittent la ville avant le jour. Sous le clair de lune, nous allons vers les collines bleues de l'est, en longeant la plage. Les flaques laissées par la marée brillent dans le sable comme des plaques d'argent. L'aube blanchit; l'orient se teinte de mauve, de violet, puis de grenat, et le soleil apparaît énorme, rouge, sur l'horizon. Nous dépassons les ruines d'un fort portugais à demi croulant dans les flots, puis une villa délaissée par le Sultan et envahie par les sables. Nos chevaux flairent des naseaux, le col tendu, l'eau froide et claire de l'oued Ksob, et nous commençons à escalader les dunes fauves.

Il fait grand jour quand, par les hauteurs boisées d'une épaisse forêt d'arganiers, nous atteignons l'hôtel Palmera, propriété d'un aimable Gibraltarien dont la chasse est le sport favori; les landes et les bois des environs sont peuplés de sangliers, de lièvres et de perdrix; l'oued Ksob abrite même des loutres. Des terrasses du Palmera, l'œil contemple les bois d'arganiers et de genêts qui couvrent à perte de vue les coteaux. Il ferait bon jouir d'une calme retraite dans ce confortable home anglais, mais les Haha nous réclament. Et nous reprenons notre route à travers les collines effroyablement caillouteuses des Berbères Ida ou Guerd.

La forêt se fait moins dense, le sentier se glisse parmi les rocs, entre les buissons épineux d'arganiers aux fruits jaunes et les bosquets de lentisques.

Sur les collines étagées jusqu'à l'horizon, les maisons basses de pierre grise des Berbères sont farouchement isolées les unes des autres. A Tazert, nous apercevons pour la première fois les ouvrages de défense que ces batailleurs incorrigibles élèvent pour résister à leurs voisins. C'est ici une casbah au mur troué de meurtrières, dominée par deux hautes tours carrées dont la partie supérieure, à soixante pieds du sol, est découpée en créneaux profonds. A l'abri de ce puissant donjon, se tassent de misérables maisons de pierres sèches, sur les terrasses desquelles des Haha en djellaba blanche nous observent. Et, tout près, le sanctuaire vénéré du marabout Si Mohammed Es Sehi dresse sa coupole blanche au milieu de pauvres jardins de cailloux entourés de murettes ; il y pousse de rares dattiers, quelques figuiers de Barbarie, un peu d'orge et de blé.

La grande ressource de ces Berbères, c'est le fruit de l'arganier : la pulpe sert à nourrir le bétail, et les noyaux fournissent une huile d'un goût affreux, mais fort estimée des habitants. Les oliviers sauvages aux petits fruits violets et quelques amandiers et caroubiers sont à peu près les seuls arbres qui, au milieu des arganiers serrés, couvrent les coteaux.

Plus à l'est, le pays est très cultivé, de nombreux mamelons sont entièrement défrichés et labourés. Des murs de pierres sèches séparent les champs; les fermes sont nombreuses, mais toujours jalousement distantes l'une de l'autre.

Les Berbères sont fort indépendants et l'on conçoit que leurs caïds emploient, pour les commander, des procédés plutôt brutaux. Ainsi, le caïd Anflous, qui est venu à notre rencontre, a, malgré son visage doux, ses yeux étonnés et son air timide, la réputation justifiée d'un homme cruel et sans foi; la vie d'un homme n'est rien pour lui, et un guet-apens est chose ordinaire lorsqu'il s'agit de se débarrasser d'un ennemi.

Nous nous sommes arrêtés quelques heures, vers midi, auprès de deux citernes qui amassent les eaux de pluie des vallées. Car les puits sont rares dans le pays, et les oueds, comme celui dont nous suivons au départ le lit fleuri de lauriers-roses et semé de gravier, sont à sec en été. A la nuit, nous campons sur les rives du Smimou, dans ce curieux pays des Haha, tourmenté, pittoresque, boisé; les arganiers font aux collines un manteau vert, taché de rouge par les labours et de blanc par les fermes berbères.

27 octobre. — A la sortie du campement, c'est une escalade pénible des hauteurs qui le dominent à l'est. D'en haut, la vue est magnifique; à nos pieds, l'oued Immi Ntlit s'étire entre les pentes abruptes du Djebel Amardma au nord et les croupes arrondies des monts Amsiten au sud; la forêt d'arganiers couvre toutes ces montagnes de sa verte futaie. Accrochés aux falaises de la rive droite ou perchés sur les sommets de la rive gauche, les douars berbères surveillent la vallée; ils apparaissent pittoresques et divers : cubes de pierres grises dont les murs percés de meurtrières masquent la cour intérieure, tours rondes, tours carrées, ruines croulantes, forteresses aux bastions surélevés, châteaux forts imposants aux murs blanchis à la chaux. Tout cela sous un ciel d'un bleu pur, sous un soleil riant, qui font de ces montagnes de pierre, de ces arganiers épineux, de cette vallée aride et infertile, un pays d'enchantement.

Quelques maigres cultures d'orge, quelques pieds d'oliviers sortent de ces cailloux, grâce au labeur acharné des montagnards berbères, dont nous distinguons sur les terrasses les visages clairs et les longs vêtements gris. Plus loin, la vallée s'élargit, les arganiers sont plus clairsemés, les cultures plus étendues, encloses de murs d'épines et de pierres sèches; des vergers d'amandiers apparaissent; les habitations se font plus nombreuses et plus groupées; de grands labours rougeâtres sont visibles sur les pentes. Auprès des rares sources aperçues sont de petits jardins fort bien tenus, où poussent navets et carottes.

A midi, nous nous sommes arrêtés au Souk

Tenin de l'Immi Ntlit, marché dont les logettes poudreuses établies à flanc de coteau ressemblent aux nids que les martinets alignent dans la paroi des falaises. Un redir, bassin ouvert où l'on recueille l'eau de pluie, et plusieurs puits abondants existent au pied du petit village qui s'est formé là.

La demeure du caïd Anflous, qui commande les Haha du nord, est située à une heure d'ici. Nous nous y rendons dans l'après-midi. Après une montée très raide dans les escarpements rocheux, nous galopons dans les labours du plateau. Brusquement, une vallée s'ouvre devant nous. Sur un rocher à pic, une petite casbah se perche fièrement; c'est le frère du caïd qui habite ce nid d'aigle. En face, la casbah d'Anflous est bâtie sur un coteau que dominent des hauteurs boisées.

Pour nous faire accueil, les cavaliers du caïd forment la haie sur notre passage. Nous franchissons à cheval le large couloir coudé qui sert d'entrée et que barre une porte blindée de fer; ce château féodal n'a ni fossé, ni pont-levis. Nous mettons pied à terre dans la première cour. Anflous nous fait les honneurs de sa maison. C'est une grande bâtisse aux murs revêtus de faïences espagnoles, ou de drap aux couleurs vives. De riches tapis de Rabat couvrent le sol. Les salles du premier étage ont des boiseries peintes marron et or et des plafonds aux poutres enluminées de bleu à filets dorés. Des fenêtres, par-dessus un jardin d'orangers, de noyers et d'amandiers que bordent les appartements de réception, la vue s'étend sur la vallée profonde et bleue, barrée au nord par une falaise de rocs rouges.

Les cavaliers du caïd commencent à faire parler la poudre; ils partent en pelotons serrés et déchargent à grands cris leurs fusils damasquinés d'argent; arrivés à un grand mur où leur ligne semble devoir s'écraser, les chevaux cabrés sous la pression du mors s'arrêtent et dégagent le terrain de la charge.

Mais c'est l'heure du dîner. La cuisine berbère du caïd ne le cède en rien comme finesse à la cuisine arabe; nous faisons même connaissance avec quelques mets nouveaux, simples et exquis : beurre frais, rayons de miel, purée d'amandes.

Anflous nous conte son arrivée à Marrakech au temps d'El Hiba. C'était la première fois qu'il visitait cette ville. Il reçut audience du Sultan du Sud, remit ses cadeaux et prit part le lendemain à une réunion de caïds, assemblée où chacun donna son avis sur les contingents, les armes, la poudre, les munitions et les canons à remettre au Prétendant, mais d'où rien ne sortit de positif. Le lendemain, au jour, le canon des Français commença à tonner au loin; on eût dit le roulement du tonnerre dans les monts Djebilet. C'était le combat de Sidi Bou Othman qui commençait à huit lieues de la capitale. Anflous décida prudemment de prendre la fuite; filant avec ses gens par les quartiers sud de la ville, il força la porte et gagna la plaine qui mène au pays des Haha.

Anflous, très en confiance, évoque maintenant

une scène tragique, la mort de son père tué à coups de fusil dans sa propre maison, de la main d'un esclave acheté par un caïd ennemi; il montre avec émotion l'empreinte laissée dans le mur par la balle meurtrière; il dit la fuite des gens de son père devant l'invasion de sa demeure par les partisans du caïd, puis la reprise de la casbah, le supplice de l'esclave enduit de pétrole et livré aux flammes après trois jours de tortures, tandis que lui Anflous était emmené prisonnier, relaxé, puis nommé caïd à sept ans!

Après le dîner, nous passons à des choses moins lugubres. Anflous nous fait assister à des danses chleuh. Dans la cour de la casbah, au son des flûtes et des tambourins, quarante Berbères dansent; vêtus de la traditionnelle chemise à manches larges, le turban blanc roulé autour de la tête, le poignard courbe en sautoir, ils s'agitent sur place en cadence, frappent des pieds, battent des mains, balancent le corps, guidés par un vieux maître nerveux et agile. Un grand feu de branchages éclaire cette scène étrange de farouches Berbères dansant pour le plaisir des chrétiens envahisseurs. La flamme projette des myriades d'étincelles rouges sur les hauts murs blancs du château fort et sur la tour du donjon. La lune s'élève lentement au-dessus de la montagne sombre, apparue entre la ligne des murailles blanches et la nappe bleue du ciel. Le chant du vieux Berbère qui règle la danse monte dans le calme de la nuit comme une invocation...

Nous fûmes dormir sur les épais matelas disposés en divans dans les grandes chambres de la casbah. Roulés dans des couvertures blanches rayées de rouge que nous avait remises l'intendant, nous rêvâmes que nous vivions un conte des *Mille et une Nuits* dans un palais enchanté.

28 octobre. — Nous laissons le donjon d'Anflous pour nous rendre dans celui du Zelteni, qui commande une autre fraction des Haha. Une horde de cavaliers nous escorte au départ et nous confie à mi-route aux cavaliers de ce caïd. A travers un pays montagneux, mais très cultivé et couvert de riches vergers d'amandiers, nous atteignons, en longeant la vallée de l'oued Ajanda, le Djebel Hadid, dont les huit cents mètres sont coiffés d'une casbah d'où l'on aperçoit, à dix lieues au nord-est, Mogador et l'Atlantique, et vers le sud-est les sommets neigeux de l'Atlas.

Une demi-heure après, nous sommes chez le Zelteni. Le caïd des Aït Zelten est un vieillard de belle taille, au visage rougeaud encadré d'un soyeux collier de barbe blanche. Sa casbah est bâtie sur le roc, au sommet d'une colline, au milieu de jardins d'oliviers. L'enceinte franchie, apparaît dans la cour un solide fortin aux murailles élevées, flanquées de deux tours rondes.

Le caïd nous accueille aimablement. Il offre du lait, symbole, dit-il, des rapports blancs et nets qu'on doit désirer avec son hôte. Nous croquons des amandes, des noix et quelques dattes; le pain est chaud et odorant, le miel suave et le thé délicieux. Comme il est d'usage, l'escorte n'est pas oubliée. A la nuit, arrive un courrier. Le Guellouli refuse de demeurer à Mogador comme il y a été invité et veut rentrer dans sa tribu. Une partie de la colonne revient sur Mogador, tandis que le reste continue sur Marrakech. Cette attitude du Guellouli au moment où l'Allemagne vient de renoncer à la protection de ce fonctionnaire est inexplicable.

29 octobre. — Le lever du soleil nous trouve déjà en route. Nous avons quinze lieues à faire pour atteindre Mogador. Nos chevaux trottent courageusement sur les cailloux par des sentiers impossibles, dévalent les pentes, escaladent les hauteurs. Nous nous arrêtons sur les bords de l'oued Ksob, pour laisser souffler nos montures et prendre le déjeuner emporté dans nos fontes. A deux lieues de Mogador, les sables mouvants des dunes rendent la marche plus pénible encore. Du sommet de la dernière dune la vue s'étend magnifique sur la mer. Mogador apparaît jolie, blanche, couronnée de minarets et fermée par des murs que viennent battre les flots. A gauche, les récifs s'étendent vers l'île qui ferme le port. Un petit vapeur est en rade, gros à cette distance comme une barque.

Nous arrivons à trois heures, pour apprendre que le Guellouli a regagné sa tribu sans vouloir tenir compte de la défense qui lui avait été faite. L'homme s'est mis hors la loi, nous le retrouverons à notre heure. Il ne nous reste plus qu'à rentrer à Marrakech.

Voir page 105.

MONTAGNE DES HAHA DE MOGADOR

V

RETOUR A MARRAKECH PAR L'ATLAS

1er novembre. — Tout est calme du côté des Ida ou Guelloul, et la présence des troupes ne semble plus nécessaire à Mogador. Nous rentrons à Marrakech par la vallée de l'oued Ksob. L'itinéraire que nous suivons ce matin est le plus facile de tous ceux qui mènent de Mogador vers l'intérieur. Il évite les dunes de l'est en passant près de leurs dernières pentes et aborde des coteaux moins escarpés que ceux du nord.

Nous campons, à l'arrivée à l'étape, sur une hauteur rocheuse plantée de beaux arganiers. De nos tentes, la vue s'étend sur la vallée du Ksob; le lit encaissé de l'oued est semé de flaques d'eau. De tous côtés, c'est une succession de coteaux légèrement boisés; au pied de la falaise où nous sommes, le marché des Ida ou Guerd étage ses alvéoles de pierres sèches au flanc d'une colline. Une citerne importante est tapie au fond du ravin; j'y ai pénétré par un vaste escalier de pierre et suis resté stupéfait des dimensions de cette construction, qui, pourvue de voûtes, de piliers, dans la demi-clarté donnée par d'étroites fenêtres, ressemble à la nef d'une cathédrale; l'eau y est limpide et excellente.

Nous avons croisé en route un grand nombre de gens du Sous, vêtus de bleu et portant sur leur dos des cylindres d'osier remplis d'œufs, dont Mogador fait une grosse exportation en Angleterre; ces piétons n'hésitent pas à franchir plusieurs centaines de kilomètres pour venir vendre ici leurs marchandises. Le jour où Agadir sera ouvert au commerce, le trafic se fera naturellement par ce port.

2 novembre. — La vallée de l'oued Ksob, que nous avons parcourue ce matin, est fort pittoresque; les rives montagneuses, ravinées par les eaux, laissent apparaître partout les affleurements de roches blanches; dans les fonds, les falaises de grès rouge et les labours bruns bordent le lit encaissé de la rivière où l'eau coule rapide et claire sur les galets. Des vignes, des vergers de poiriers, de grenadiers et d'oliviers ombragent les alentours du gué où nous passons.

Notre étape assez courte doit nous amener devant la zaouïa de Si Lhassen; il y a quelques jours ses habitants ont accueilli par des huées, des gestes menaçants, des jets de pierres et des appels à El Hiba la colonne des zouaves rentrant à Mogador.

A neuf heures du matin, nous sommes en vue du village de pierre sèche et des marabouts de Si Lhassen. La cavalerie cerne la zaouïa. Quel ques coups de canon impressionnent les habitants et rendent toute résistance inutile. L'endroit est moins remarquable par les constructions, qui sont en ruines ou mal tenues, que par les jardins ombragés et étendus. Pommiers et oliviers poussent dans les terres fertiles, où les carrés de navets, de carottes et de fèves alternent avec les champs de maïs. La rivière court sur un lit de cailloux parmi les oseraies, les joncs et les chèvrefeuilles.

Vers le soir, les mines établies pour faire sauter la zaouïa hostile éclatent sourdement et l'incendie fait son œuvre, alimenté par les approvisionnements de baies d'arganier, la paille des celliers et les haies d'épines qui entourent chaque case; les essaims d'abeilles en furie s'échappent des ruches d'osier et tourbillonnent autour des flammes hautes et rouges qui montent vers le ciel.

Interrogé, le moqqadem de la zaouïa, dans son trouble, a lâché qu'il faisait dire la prière au nom du Sultan du Sud El Hiba; il a bien essayé, mais trop tard, de se rattraper. Il avait avoué involontairement qu'il dédaignait l'autorité du sultan Moulay Youssef. C'est bien là ce que confirment les renseignements recueillis sur le mouvement mahdiste. Ce sont les zaouïas qui l'ont propagé et qui ont exalté la population d'abord indifférente. Et pourtant cette zaouïa de Si Lhassen dépend du chérif d'Ouezzan, notre vieil allié.

3 novembre. — Vers minuit, quelques coups de feu ont été tirés des abords du village sur le camp où personne n'a été touché; le reste de la nuit s'est passé tranquillement. Seul un spahi de l'escorte nous a tenus éveillés par ses gémissements; le pauvre diable, qui avait mangé trop de navets crus, s'est tordu jusqu'à l'aube sous la douleur atroce d'une indigestion violente.

Ce matin, nous prenons congé du détachement de Mogador qui rentre dans sa garnison et continuons vers l'est par la vallée du Ksob, toujours verdoyante, tapissée de jardins et de vergers. Les arganiers commencent à disparaître; il paraît que le climat froid de l'intérieur leur convient moins que celui plus égal de la côte. Les collines sont rocheuses, pelées, mais très cultivées en orge et en oliviers.

A midi, nous faisons halte près de Sidi Mohammed Ben Omar, dans un ravin ombragé de quelques oliviers au pied desquels sourd une eau claire qui disparaît dans deux puits sans se répandre dans la vallée. Nous sommes au bord de l'oued Ksob; les berges en sont magnifiquement escarpées; du haut des falaises, nous apercevons tout au fond l'eau qui court dans les roseaux, entre des jardins verdoyants et des bosquets de figuiers et de grenadiers aux tons de rouille. Passé ce ravin, les arganiers ont définitivement disparu; le sol est très caillouteux, mais cultivé partout; il semble qu'il n'y ait pas un pouce de terrain perdu chez les M'touga, qui excellent à relever la terre des pentes par des murettes. En cette saison, l'aspect du pays est sévère; les récoltes sont rentrées; il semble que ces terres arides soient infertiles; le pays paraît désert : les habitations se confondent avec le sol. Les collines du Sud, contreforts avancés de l'Atlas, apparaissent uniformément grises et veinées de blanc comme un bois précieux; on dirait une écharpe de moire ondulant sur le flanc des montagnes.

Nous reprenons notre marche pour atteindre, un peu avant la tombée du jour, le terme de cette longue étape de dix lieues qui doit nous amener à la casbah du caïd M'tougui. Le vieillard arrive à notre rencontre; il monte un cheval superbe, caparaçonné de violet; un esclave tient en main un second cheval harnaché de rouge; derrière, suit toute une brillante escorte de cavaliers. Ses fils, Mohammed et Brahim, deux beaux jeunes gens un peu teintés de sang noir, l'accompagnent. Pour atteindre la casbah perchée sur un mamelon de la rive droite, il nous faut descendre dans le lit de l'oued Ksob par une pente abrupte et remonter péniblement parmi les rocs qui hérissent la berge élevée. La forteresse a grand air; bâtie depuis deux cents ans, elle montre des murailles patinées par le temps, qui tranchent sur la blancheur des murs plus récents.

4 novembre. — Le M'tougui, vieillard plus que sexagénaire, tout cassé, perclus de rhumatismes, est doué d'une énergie morale extraordinaire; farouchement cet homme, dont un pied déjà est dans la tombe, défend le patrimoine acquis par sa famille. Il parle avec mépris des Glaoua, parvenus dont la fortune remonte à vingt années à peine, du

Goundafi, qui a le pouvoir depuis moins d'un siècle. Les M'touga, ajoute-t-il, en montrant l'imposant château féodal aux tours crénelées noircies par les années, habitent cette casbah depuis deux cents ans.

Ces montagnards sont âpres au gain ; alors que leurs voisins disposent de grasses terres à blé, ou bien n'ont pour vivre largement qu'à ramasser les fruits d'arganiers qui tombent des arbres, les M'touga tirent d'un sol ingrat une récolte d'orge préparée à grands efforts.

« Mon pays est pauvre, » nous dit le M'tougui avec amertume, en montrant le moutonnement des collines pelées et grises. Aussi le vieillard s'est-il acharné à placer sous sa domination les pays voisins les plus riches. Les Kourimat, cette petite fraction des Chiadma dont il n'a que faire, dit-il avec un dédain affecté, et que nous prétendons lui enlever, il ne les réclame que par amour-propre, parce qu'il les a toujours commandés et que son prestige souffrirait de cet abandon.

Si Abd el Malek, c'est le nom du M'tougui, a la réputation d'un avare, dur aux populations qu'il pressure. Il n'a de largesses que pour les marabouts, car le vieux caïd est fanatique. Il confiait un jour au consul de Marrakech ses scrupules de conscience : « Je me demande, disait-il, si vraiment, pour réparer les erreurs de ma jeunesse et obtenir la grâce de Dieu, je ne devrais pas terminer mes jours en faisant la guerre sainte. »

Ce vieillard est une figure; sa casbah a grand

air comme lui; perchée sur un mamelon à pic au-dessus des deux torrents qui forment la rivière de Mogador, le Ksob, elle semble un formidable nid d'aigle digne du maître qui l'habite.

Le frère du M'tougui, Si Larbi, un nègre à barbiche noire, doit prendre le commandement de la harka envoyée dans le Sous contre El Hiba. Ses fils, Mohammed et Brahim, sont deux jeunes gens d'une vingtaine d'années, grands enfants aimables, gais, gros et gras, passionnés d'armes, de hammam et de plaisirs. Leur rêve est d'habiter Marrakech, où il y a des chanteuses. Ils font retentir les murs de la vieille casbah féodale des airs arabes d'un phonographe.

Tout un peuple d'esclaves habite le château; des artisans appelés de Mogador taillent la pierre, peignent le bois, fabriquent des meubles. Les cours et les abords sont emplis de cavaliers ou de gens assis contre les murs, graves, muets et sévères comme le maître. Une discipline de fer règne ici. J'ai entendu les cris d'un esclave qu'on fouettait. Il doit y avoir dans cette casbah des prisons d'où l'on ne sort pas. Aux heures de prière, les invocations éclatent de partout; ce lieu sent terriblement son fanatisme. Souhaitons que nous y soyons toujours reçus comme nous l'avons été aujourd'hui. Le M'tougui nous a comblés de prévenances; il a mis à notre disposition des appartements luxueux, une table abondante, une armée de domestiques. Les troupes ont été gorgées de viande, de poulets, d'œufs et de pain, les animaux eux-mêmes ont été pourvus de grain et de paille.

Cet accueil magnifique n'est pas désintéressé. Après les bagatelles de la porte, les fadeurs habituelles, les compliments d'usage, les propos d'aimable insignifiance, la question commandement a été abordée par lui : « Nous parlerons de cela demain », disait-il pourtant, « aujourd'hui nous devons boire du café, du thé et nous amuser. » L'on sentait que cette face grimaçante aux yeux malins et clos, à la bouche tordue par un tic, ne devait jamais rire. Le M'tougui n'est pas capable de rire. Et, tout de suite, l'homme qui fut vice-roi du Sud aux temps de Moulay Hafid revenait aux questions sérieuses, aux seules qui pussent intéresser ce vieillard ambitieux : l'agrandissement du territoire placé sous son autorité.

5 novembre. — Nous avons, avant le départ, une entrevue avec Bou Selham, cousin et gendre du M'tougui, son conseiller aussi. Ce Berbère passe pour fanatique, hostile aux chrétiens et dur aux paysans. C'est un gros homme au nez puissant, aux lèvres épaisses, à la barbe grisonnante et bien fournie. Après s'être mis en défense, il quitte sa froideur et consent à causer; il se justifie des accusations de sévérité et d'âpreté au gain dont le chargent les Kourimat, chez lesquels il représente le M'tougui. Et celui-ci veut faire passer ce vieux loup pour un agneau. « Quand je suis en colère, déclare-t-il, c'est toujours Bou Selham qui me calme. »

Nous quittons le vieux castel, ses vastes cours

pavées de pierre, ses couloirs tortueux qu'éclairent la nuit des lanternes, et que gardent des esclaves noirs et des Berbères blancs porteurs de longs poignards courbes et de remingtons dernier modèle. Dans les cuisines aperçues, les serviteurs fourbissent les théières de cuivre et les plateaux d'argent, les âniers déversent dans les hautes jarres de terre l'eau fraîche des peaux de bouc ruisselantes. Passée la porte qui s'ouvre dans la muraille crénelée où les cigognes ont fait leur nid, c'en est fini des salles somptueuses aux plafonds peints, aux murs ornés de fresques coloriées et de mosaïques; plus de tentures aux couleurs vives, plus de parquets feutrés d'épais tapis berbères aux dessins ingénieux et variés : devant nous, c'est le sévère paysage des contreforts de l'Atlas; au flanc des monts dénudés, grisâtres, pierreux, la tenacité des paysans chleuh a relevé la terre des pentes en une succession de terrasses où l'orge pousse entre les cailloux.

Si Abd el Malek M'tougui, qui, par déférence, accompagne le colonel Mangin sur la route, désigne les amandiers dépouillés dont la floraison réjouit la vue au printemps et s'excuse de la sécheresse du paysage et de la pauvreté de ses terres. « Mon pays est semé de pierres, dit-il avec amertume. » — « L'âpreté du sol fait les hommes courageux, » répond le colonel. Flatté, le M'tougui montre la montagne où, attaqués par les Glaoua, venus de Marrakech, les M'touga, faisant un simulacre de retraite, se cachèrent pour surprendre leurs ennemis qui se croyaient déjà vainqueurs.

Le M'tougui nous quitte, laissant à son fils Mohammed, plus jeune que lui d'un demi-siècle, le soin de nous escorter; le vieillard a fait, en passant, une réflexion au sujet des tranchées élevées par la colonne sur les faces du carré; il a fallu lui expliquer que ce n'était pas là une marque de méfiance, mais une habitude donnée à nos troupes, qui, sans autre ordre, en arrivant à l'étape, creusent de petits retranchements. « Si je m'étais aperçu de cela, termina le vieux caïd, je serais intervenu pour empêcher ces travaux, qu'on ne doit pas faire chez des amis. »

Nous continuons notre route. Le pays est admirablement cultivé malgré la nature rocheuse du sol. Devant nous, dans les labours, se lèvent lourdement, sous le pas de nos chevaux, de belles et grosses poules de Pharaon au plumage gris. Mohammed nous explique que le gibier abonde les années où les pluies favorisent le pays. Montrant les pierres des collines, il déclare que, si nous passions là en été, nous verrions sur chaque quartier de roche des serpents roulés en boule se chauffant au soleil. Les morsures sont, paraît-il, fréquentes et causent de nombreuses morts d'homme. Les charmeurs de serpents guérissent les malades par le fer rouge ou la succion.

A midi, nous arrivons à l'oued Amesnaz et campons sur une hauteur qui surplombe la vallée emplie de jardins soignés, verdoyants, enclos de murs de pierres. La rivière sort d'une gorge pittoresque, étroite, entre deux falaises à pic de grès rouge qui enserrent la masse sombre d'une olivette.

6 novembre. — Sous le froid vif de la bise matinale qui balaie le plateau où nous avons passé la nuit, nous nous sommes remis en route vers l'est. A pente rapide sur la plaine, l'avant-chaîne de l'Atlas forme de ses vallons dénudés une barrière qu'échancrent quelques oueds. Au flanc grisâtre de la montagne, apparaissent de petits villages de pierre au milieu de labours roux; des murettes supportent les terres et les empêchent d'être entraînées par les pluies dans la vallée. Les citernes tapies au pied des monts remplacent l'eau absente des rivières en cette saison. L'oued Imintanout, que nous avons traversé, est à sec malgré son importance. L'oued Chichaoua, dont le lit s'étire entre les berges abruptes boisées d'olivettes, semble lui-même desséché; mais l'eau habilement captée dans les canaux va fertiliser les jardins établis sur les berges.

Nous atteignons une agglomération importante, Casbah Kahira, du nom d'une fraction berbère voisine; nous dressons le camp sous les oliviers, au bord d'une séguia où l'eau s'écoule rapide entre les levées de terre.

Un courrier du caïd Goundafi nous a rejoints ici. Le Portier de l'Atlas, qui garde un des principaux cols donnant accès dans la vallée du Sous, se plaint des calomnies que répandent ses ennemis au sujet des contingents fournis par lui contre le prétendant El Hiba. « Qu'Allah conserve la seigneurie de Son Excellence, écrit-il au colonel Mangin. Sans nous prévenir, et d'une façon peu adroite, les chefs du Sous et les chefs du Haouz ont fait parler la poudre, alors que nous comptions agir en employant la persuasion. La ruse vaut une tribu. Mais ils ont rendu vaine notre action... Nos ennemis ont informé votre représentant à Marrakech en votre absence, que nous n'avions guère envoyé que cinquante hommes armés de fusils à pierre. Certes, autrefois, les fusils à pierre étaient en usage chez les gens de notre pays. Mais l'armement de la harka est varié, il y a des fusils à tir rapide et d'autres d'anciens modèles. Tout est dans la main d'Allah! Mais votre intelligence nous suffit et vous n'avez pas besoin de notre parole. Par Allah! nous n'avons rien négligé pour nos soldats en raison du pacte conclu entre nous et le gouvernement célèbre. — Qu'Allah le garde! Dieu punira les calomniateurs et les traîtres. »

7 novembre. — La plaine que nous parcourons ce matin au pied de l'Atlas est riche et bien labourée. Près des olivettes verdoyantes et des douars de pierre grise, les paysans berbères poussent leurs charrues de bois, que tirent des ânes et des bœufs accouplés; des enfants paissent les troupeaux de vaches et de moutons; les femmes, montées sur les terrasses, le visage découvert, nous regardent passer; vêtues de longues robes blanches, elles vont la tête recouverte d'un mouchoir rouge et portent une sorte de tablier de couleur; elles sont laides et hommasses.

Mzouda, aperçue ce matin, accroche au flanc des monts ses cubes de pierres rouges entre deux vallées où verdissent jardins et vergers.

C'est la tribu berbère des Mzouda qui peuple cette contrée; elle dépend du M'tougui, qui y a détaché un représentant (khalifat) nommé Omar; l'influence de cet administrateur est contrebalancée par celle d'un notable, Mohammed, que le prétendant El Hiba, au cours de son éphémère souveraineté, a investi des fonctions de caïd. Les charges se paient : El Hiba déchu de sa splendeur, Mohammed a perdu le pouvoir et regrette surtout les fonds versés pour l'acquérir. Il a fait, il est vrai, quelques bonnes affaires et vendu à un Européen avisé pour six mille réaux (24 000 francs) une séguia qui fertilisait tout le pays. Le M'tougui a dû rembourser l'argent pour rester maître chez lui. Mohammed, très habile, lance les tribus en avant et entretient l'agitation sans se compromettre directement. Mis au pied du mur et invité à présenter les douars qu'il a détournés de leur devoir, il s'est récusé, se déclarant impuissant, puis enfin a consenti à faire cette démarche. Mais Mohammed n'a pas reparu. Nous avons escaladé les pentes et enlevé sa casbah à pic sur la plaine qu'elle domine de ses tours percées de fenêtres grillées et de meurtrières obliques. Vides, les grandes cours pavées de dalles; déserts, les appartements déménagés de leur mobilier; il ne reste là que les cendres de quelques papiers compromettants, et nous ne trouvons derrière les murs de l'enceinte que la basse-cour, peuplée de poulets effarés et de pigeons blottis sur les terrasses.

8 novembre. — Par-dessus les avancées de l'Atlas, toujours à pente brusque sur la plaine, nous jouissons du spectacle des hautes cimes couvertes de neige. Des montagnes, que couvre la forêt de chênes, montent les fumées des charbonniers. Tout près de la plaine merveilleusement irriguée, cultivé partout ou plantée d'oliviers, c'est la montagne sauvage, aux sommets fréquentés seulement par les mouflons, les chamois, les panthères et les aigles. Et le contraste est frappant de ces terres rouges, où l'alouette se pose sur les mottes tiédies par le soleil, et des plateaux glacés qui les dominent. En bas, l'eau court dans les séguias à travers le pays fertile où les attelages de bœufs tirent la charrue. Là-haut, ce sont des solitudes désolées. Certaines tribus berbères farouches les habitent, paraît-il; elles ne descendent jamais dans la plaine; libres et fières, elles vivent de leurs troupeaux et de leurs châtaigniers et restent indépendantes du Sultan, dont elles méprisent la protection et refusent le joug. Amismiz est merveilleusement située au débouché de la rivière. La montagne forme un cadre magnifique aux ruines imposantes, à l'élégante mosquée, aux minarets et aux maisons de terre rouge entassés sur un mamelon qu'enserrent les bras de l'oued; une casbah aux murailles élevées, aux bastions carrés, domine la vallée que couvrent des olivettes étendues.

Les gens d'Amismiz eurent d'abord pour chef

un homme de leur tribu, Ould Abbas; celui-ci étant mort sans laisser de descendance, le maghzen nomma à sa place un caïd étranger au pays : ce fut le Goundafi, qui conserva onze ans sa fonction. Abd el Aziz vint à tomber. Hafid, qui lui succéda, remplaça le Goundafi par une de ses créatures, le M'tougui; cela dura quatre ans, puis les intrigues du vizir Madani Glaoui firent donner la place à son frère El Hadj Thami Glaoui. C'est bien là l'image de l'instabilité des choses marocaines. Aujourd'hui, continuant la tradition, nous avons charge de rendre au Goundafi la tribu qu'il administra si longtemps; c'est la récompense de son excellente attitude vis-à-vis de nous.

Nous nous arrêtons à midi à Souk el Khemis : le village est situé au pied de la montagne, dans un fouillis de verdure, au milieu d'une forêt d'oliviers, de châtaigniers et de noyers. Dans les chemins creux bordés de chèvrefeuilles odorants et de ronces couvertes de mûres veloutées, l'eau coule en ruisselets clairs. Des prairies fleuries de pâquerettes et de boutons d'or poussent entre les habitations de pierres. Un étroit pont de maçonnerie que les lianes ont envahi franchit le sentier. C'est un coin de Bretagne. Les grosses paysannes berbères qui fuient affolées en lâchant leurs vaches ou restent ébahies à notre vue, le linge qui sèche sur les haies, tout nous rappelle le pays de Pont-Aven et les campagnes du Morbihan. L'état social même se rapproche de celui de l'ancienne Bretagne; nous avons vu aujourd'hui à Amismiz les paysans berbères, hier soulevés contre leur seigneur le Goundafi à l'appel d'un autre baron féodal, le Glaoui, baiser en signe de repentir et de soumission l'épaule de leur ancien maître.

9 novembre. — A la sortie d'Amismiz, la route suit le fond de l'oued encombré de galets ronds; il y en a de verts, de rouges et de noirs ; beaucoup sont de quartz blanc, d'autres de granit gris pointillé de noir, ou de basalte sombre. Des lauriers-roses fleurissent dans les minces filets d'eau qui courent entre les cailloux. Puis la piste escalade la berge et monte sur le plateau couvert à perte de vue de labours ou de champs d'oliviers.

Quittant la large route qui va à Marrakech, nous traversons à nouveau l'oued Nfis pour gagner Oumenast. Une bâtisse quadrangulaire émerge des vergers au-dessus de l'entassement des maisons rouges; l'enceinte flanquée de tours carrées et crénelées au sommet, blanchie à la chaux, étincelle au soleil. Nous campons au pied de ce donjon seigneurial, dans les hautes herbes, sous une olivette où chante un ruisseau.

Le caïd Sketani, qui porte les cheveux longs sur les tempes à la mode berbère, habite ce château fort. Si Omar Sketani est un résigné. Le Sultan vient de lui enlever, pour le donner à son voisin, le Goundafi, le riche pays d'Aguergour, dont nous avons aperçu tout à l'heure les oliviers dans la vallée du Nfis, près du pont construit par Moulay Abderraman. Entre les falaises déchiquetées des rives où s'appuient les culées de pierre, une double

Voir page 119.

ENTRÉE DU DAR CAÏD M'TOUGUI

arche franchit la rivière, qui coule à trente pieds plus bas; le pilier central repose sur un énorme bloc de schiste noir. L'oued, en cette saison, roule une eau claire et murmurante sur les galets colorés; les poissons argentés miroitent entre les pierres. Viennent les pluies d'hiver, la crue submerge le pont, dont la solide structure a résisté jusqu'ici.

Si Omar a subi de pareils assauts dans son existence; moins heureux que le pont, il n'a pu surmonter ses épreuves sans accident : appelé à Fez par le sultan Abd el Aziz, il y fut emprisonné traîtreusement, raconte-t-il avec flegme; alors son voisin le Goundafi descendit de la montagne et s'empara d'Aguergour et du pays des Ouled Mta. Au retour, Si Omar dut construire une nouvelle demeure près des ruines de l'ancienne, que la harka du Goundafi avait détruite en son absence. Il eut la satisfaction, ajoute-t-il avec un sourire, de voir le M'tougui battre le Goundafi et lui prendre à son tour le pays des Ouled Mta. « Je dois, d'après les comptes du Maghzen, fournir en cas de guerre cinquante fantassins et vingt-cinq cavaliers; le Sultan n'en demande que la moitié au Goundafi », dit-il fièrement. « Ami des Français, je fus un des premiers avec les Glaoua à jeter El Hiba hors de Marrakech. Je demande seulement que vous soyez aussi généreux pour moi que vous l'avez été pour le Goundafi. Amismiz-Aguergour, c'est beaucoup pour un homme qui ne devrait commander que les tribus en montagne et au Sous. » Nous avons la discrétion de ne pas rappeler à Si Omar Sketani le temps où il guerroyait contre le général d'Amade dans les plaines de Ber Rechid.

Nous nous gardons surtout de lui dire que le Goundafi, qui a de l'appétit, n'est pas satisfait de ce qu'il a reçu et convoite le pays même où règne le Sketani. Le Portier de l'Atlas est cependant déjà bien riche; il nous disait ce matin qu'il avait acheté plusieurs mines d'or à ses administrés et que sa montagne regorgeait d'argent et de cuivre. « Le gouvernement français devrait bien exploiter tout cela, » ajouta-t-il.

Le Goundafi est un vieillard calme, souriant, aimable, très causeur; il a parfois des boutades naïves : « Si je n'avais pas été malade au passage d'El Hiba dans ma montagne », nous confiait-il, « je l'aurais arrêté au nom des Français, et cela m'aurait rapporté beaucoup. »

Tous ces caïds sont rivaux, gonflés d'orgueil, rongés par la cupidité; ils se vengent les uns des autres par espoir de gagner la confiance et les emplois fructueux. Le Goundafi accuse le Glaoui de n'avoir pas poussé sa harka dans le Sous. « Ses gens n'attaquent pas », dit-il; « ils racontent faussement qu'ils ont pris un canon à El Hiba. »

10 novembre. — La colonne rentre à Marrakech par la plaine caillouteuse qui commence aux portes du Dar Sketani. Seuls, l'oasis de Tameslouhat, où réside un chérif vénéré, et quelques vergers enclos de murs viennent rompre le monotone aspect du pays, désespérément plat et pourtant si fertile.

VI

CHEZ LES MESFIOUA

14 novembre. — A peine de retour, nous devons déjà repartir pour de nouvelles contrées. Si Madani, l'aîné des Glaoua, frère du pacha El Hadj Thami et ex-grand vizir de Moulay Hafid, voit son autorité complètement méconnue chez les Mesfioua; il nous faut visiter cette tribu, où règne une agitation inquiétante, que nous ne pouvons sans danger laisser s'étendre aux portes de Marrakech.

Les Mesfioua sont une soixantaine de mille, partagés en deux fractions, les Ouled Gindji et les Ouled Iminzert, du nom des deux oueds qui traversent leur région. Ce sont des Berbères très riches; les premiers habitent la plaine au sud-est de Marrakech, les seconds la montagne voisine. Ils refusent d'accepter Si Madani, que le Sultan nomma au commandement de leur tribu, et sont en relations avec le prétendant El Hiba à Taroudant.

Nous trouvons les douars désertés; les maisons de terre rougeâtre, perdues au milieu des champs de maïs et des immenses olivettes, sont vides : les habitants se sont réfugiés dans la montagne, où les feux-signaux annoncent l'arrivée de la colonne.

Si Madani, qui depuis un mois essaie d'imposer par la force son autorité méconnue, est venu à notre rencontre avec une partie de sa mehalla, une centaine de cavaliers et deux cents fantassins; beaucoup portent le burnous noir orné au dos d'un empiècement rouge tissé aux armes de la tribu. Tout ce monde s'établit au camp près de nous.

Un cavalier, envoyé par les rebelles en parlementaire, vient d'arriver : c'est un homme misérablement vêtu; son visage respire une énergie froide et un calme absolu. Nous lui avons remis une lettre, qu'il n'a pas dû communiquer à la tribu, car d'autres indigènes, les associés agricoles porteurs de la carte de leur protecteur européen, sont venus dans la soirée demander au colonel Mangin s'il était exact qu'une convocation eût été envoyée par lui aux notables. Ils ont promis d'essayer de les ramener demain matin. S'ils ne viennent pas à nous, il nous faudra aller à eux, escalader la montagne et pénétrer au cœur du pays.

15 novembre. — Les Mesfioua ne sont pas venus faire leur soumission; ils ont envoyé en ambassade un cadi, visiblement chargé de gagner du temps et de faire traîner les affaires, vieillard aux manières douces, au parler lent et sage, qui a paru tout ahuri de son échec.

« Les Mesfioua, lui a-t-il été répondu, ont déjà eu plusieurs mois pour réfléchir, nous ne leur accorderons plus aucun délai. » D'un geste machinal d'homme ennuyé, le cadi a caressé à plusieurs reprises sa barbe grise, puis il est reparti dans la montagne.

Vers midi, par un soleil agréable, — il a fait cette nuit un froid très vif, et, ce matin, l'Atlas est couvert de neige, — nous nous sommes mis en route vers Tasserimout, vieux donjon dont les ruines à pic sur une falaise élevée marquent le centre du pays mesfioua. A peine sommes-nous à bonne portée des jardins et des casbahs établis sur les premiers contreforts de la montagne, que les nombreux tireurs ennemis qui les garnissent commencent une fusillade nourrie; notre canon riposte. Nous voyons revenir vers nous le vieux cadi affolé. Ses amis, le jugeant désormais inutile, lui ont tiré dessus en récompense de ses bons offices.

L'avant-garde sénégalaise escalade les hauteurs avec un entrain endiablé, suivie par toute la colonne, qui repousse peu à peu l'ennemi devant elle et se rapproche de Tasserimout. Quelques hommes ont été blessés. Un bataillon sénégalais donne l'assaut aux ruines perchées à douze cents mètres d'altitude, puis au col, que garde un village où se sont embusqués de nombreux fantassins ennemis. Un Sénégalais tombe, la mâchoire fracassée par une balle; ses camarades le hissent sur un mulet et continuent leur marche.

En descendant de l'autre côté du col, nous trouvons des pentes effroyablement escarpées que les animaux ne peuvent franchir. Nous nous rejetons dans la vallée, sautant de roche en roche, glissant sur les glacis vers l'oued Gindji, que nous atteignons suant et soufflant, heureux pourtant de nous désaltérer à la rivière. Il a fallu déchanter, chacun faisant la grimace en goûtant l'eau fortement salée.

Nous pensons pouvoir suivre le lit de l'oued, mais il est étroit et barré de blocs énormes qu'il nous faut escalader à quatre pattes, dans un défilé où il eut suffi de faire rouler les pierres pour nous écraser. Mais l'ennemi est occupé à tirailler avec le gros du bataillon, qui, ne pouvant s'engager dans le ravin avec ses animaux, cherche à franchir ailleurs la montagne. Ce bataillon a dû faire des efforts extraordinaires pour se tirer de cette impasse en escaladant des hauteurs abruptes. Un mulet a roulé de trente pieds sans se faire de mal; comme il refusait d'avancer, ce sont les Sénégalais qui ont porté sur la tête jusqu'à la crête les lourdes caisses de cartouches.

El Hadj Thami a témoigné de l'admiration pour nos noirs. « On me les avait vantés, disait-il, mais je ne les croyais pas aussi braves. » Ce qui l'avait étonné, c'était de voir le calme de ce bataillon coupé de la colonne par des montagnes impraticables.

A la vue des Mesfioua nombreux qui accouraient sur les pentes, El Hadj Thami avait eu un geste inquiet pour les désigner au commandant Bélanger, et celui-ci, lui montrant sa troupe en souriant, avait répondu : « Avec cela, tu n'as rien à craindre ici. »

Alors, transfiguré, pris d'une nouvelle ardeur, El Hadj Thami, qui s'était déjà fait remarquer par son audace, s'était joint avec ses cavaliers à une contre-attaque et, dans une folle bravoure, s'était lancé en avant, déchargeant en plein galop son arme au milieu des rangs ennemis.

A son tour, El Hadj Thami se révélait guerrier redoutable. Le sang berbère ne saurait mentir.

Nous sommes rentrés au camp à la nuit noire.

16 novembre. — Pour hâter la soumission des Mesfioua, trois colonnes parcourent aujourd'hui leur pays et doivent se réunir ce soir sur l'oued Iminzat. Les bagages à chameaux suivent avec un détachement la route de plaine; les autres troupes pénètrent en montagne. Le colonel Mangin commande en personne la colonne la plus engagée dans le massif montagneux.

Les hauteurs défendues hier et les orgueilleuses ruines de Tasserimout sont désertes. Ravins et pentes escarpées qui rendent difficile notre marche sont vides d'ennemis. Puis le sentier devient meilleur dans la large vallée de l'oued Tassilit; là, de riches terres à blé sont coupées de bois où poussent les essences de France, frênes, peupliers, au milieu des oliviers et caroubiers qu'escaladent les pampres jaunis des vignes.

Quelques coups de feu ayant été tirés sur la colonne, le canon lance avec un plein succès des obus sur les casbahs haut perchées en montagne.

Nous voyons les défenseurs s'enfuir sous les bois d'oliviers et gagner les crêtes éloignées où s'agitent de minces points noirs. Ce sont d'autres habitants qui, se sachant hors d'atteinte, se distraient à nous regarder passer.

Tous les ruisseaux que nous traversons sont salés ; les indigènes exploitent des salines nombreuses. Nous sommes assez heureux pour trouver une source d'eau agréable à boire ; nous y prenons quelque repos vers midi.

Le soir tombe que nous sommes encore loin de l'endroit où nous avons rendez-vous avec les deux autres colonnes. La lune se lève ; son mince croissant éclaire faiblement la nuit. Un froid vif nous fait grelotter. Il semble que nous ne sortirons jamais de ces montagnes dont l'écran recule toujours.

Mais leurs barrières sombres s'entr'ouvrent enfin d'une large percée ; une palmeraie noire s'étale à nos pieds ; au-dessus de nos têtes, sur un dernier contrefort, un marabout dresse sa coupole blanche. Nos chevaux tendent le col vers l'eau glacée, claire comme une nappe d'argent, de l'oued Iminzat. Nous franchissons une dernière olivette, et voici les feux du camp, où péniblement, dans l'obscurité, à travers les obstacles les plus divers : — cordes à chevaux tendues, lignes de bâts entassés en murailles, bagages amoncelés, chameaux baraqués, séguias qui coupent les labours, — nous parvenons à nos tentes, que notre personnel, arrivé depuis longtemps par la plaine, a déjà installées.

17 novembre. — Il y a repos aujourd'hui pour tout le monde; cela fera l'affaire des Mesfioua, qui auront, s'ils le désirent, le temps de venir faire leur soumission. Nos hommes ont grand besoin aussi d'une détente; certaines unités ont fourni un effort considérable. Un bataillon sénégalais a fait, le 15, dix heures de marche, le 16, treize heures en montagne, avec pour tout repos une nuit glacée sous la petite tente; il fait, le matin, un ou deux degrés au-dessus de zéro, l'herbe des ruisseaux est couverte de givre. Zouaves, coloniaux, Algériens, Marocains et Soudanais grelottent le matin jusque vers neuf heures.

Les Mesfioua se sont décidés à venir présenter leur soumission; nos ennemis, qui nous fusillaient le 6 septembre à Sidi Bou Othman, nous offrent aujourd'hui des moutons et des bœufs. Les Glaoua, El Hadj Thami et son frère Si Madani, sont radieux. L'ex-grand vizir, le seul Berbère qui ait fait figure aux temps modernes à la cour de Fez, où régnèrent autrefois des sultans de sa race, voit enfin son autorité affermie sur une tribu riche et nombreuse qu'il commandait prudemment de son palais de Marrakech.

Les Mesfioua se croyaient invincibles, fiers de ce que toutes les méhallas chérifiennes s'étaient vu arrêter devant l'inexpugnable Tasserimout aux murs orgueilleusement perchés sur une falaise à douze cents mètres d'altitude. Aujourd'hui les cadeaux affluent, le pardon est sollicité.

18 novembre. — Sur le court trajet de cinq lieues,

effectué ce matin, nous avons traversé successivement les confins Mesfioua, puis la tribu berbère Touggana qui dépend de Si Madahi, et nous sommes arrivés enfin chez les Zemrane arabes. Ces Zemrane, qui sont une dizaine de mille, habitent une plaine très fertile, bien irriguée et réputée pour sa richesse.

Les champs d'orge et de blé l'emportent ici sur les olivettes; celles de Zaouïa Sidi Rehal, bourgade d'un millier d'âmes, sont cependant fort étendues. Leur verdure argentée couvre les rives de l'oued Rdat. Les murailles rouges du quartier juif et les ruines pittoresques du quartier arabe, que domine le toit vert de la zaouïa, s'étagent sur les hauteurs de la rive droite, dernières pentes de l'Atlas s'élevant jusqu'à la barrière neigeuse de l'horizon. Dans l'air d'une pureté absolue, la lumière douce du soleil d'hiver teinte les montagnes d'un bleu transparent de cristal qui s'harmonise avec le feuillage pâle des oliviers.

Les Zemrane sont venus à notre rencontre; la tribu est très divisée. Les diverses fractions ont élu des chefs, qui se présentent chacun avec son ban de cavaliers soigneusement séparé des autres. Chacun, espérant le commandement de la tribu entière, présente de lui-même isolément les cadeaux qu'il a faits particulièrement abondants pour prouver son autorité et sa puissance. Rôtis de mouton et de poulet, plats de viande en sauce, couscous, poulets vivants, œufs, galettes de blé, jarres d'huile, pots de beurre, destinés à la colonne française, s'entassent au milieu du camp, à côté des charges de charbon de bois, d'orge et de paille apportées à dos d'ânes. Les friandises ne manquent pas : miel fondu ou en rayons, noix, amandes salées, couffins de dattes, pâtisseries.

Les juifs nous font une réception enthousiaste, femmes en tête; portant des hampes où flottent des mouchoirs de soie, des châles de satin multicolore, des étoffes brochées d'or et d'argent, elles poussent des you-you stridents et battent du tambourin, tandis que leurs maris courbent l'échine et tendent le bol de lait traditionnel.

Le soir, grande réunion : une douzaine de caïds se présentent, s'injurient et se disputent. Deux des plus sérieux sont retenus; mais ils ne réunissent pas le suffrage de toutes les fractions, et celles-ci s'obstinent à vouloir en faire admettre une ou plusieurs couples d'autres. Il n'a pas été possible, dans ces conditions, de s'entendre complètement. L'affaire est à reprendre. Le temps ne compte pas ici.

J'ai visité la ville arabe qui est complètement en ruines, le cimetière aux tombes macabrement effondrées, la zaouïa, qu'on disait ancienne et qui n'a rien de curieux, le mellah enfin, en bon état extérieurement, mais pourvu comme toujours, à l'intérieur des murs, de taudis immondes, où grouille une population crasseuse dévorée de vermine et de plaies.

19 novembre. — Si Madani et son frère El Hadj Thami ont insisté pour que la colonne campât en pays Glaoua, chez eux, à Tazert. Nous n'avons qu'une heure et demie de chemin à faire pour atteindre cette bourgade; la colonne a fait la grasse matinée; le réveil n'a été sonné qu'au grand jour. Bonne aubaine pour des gens qui sont accoutumés à se lever bien avant l'aube, à boire hâtivement un café à peine chaud et à charger les animaux en pleine nuit par le froid qui glace le corps et engourdit les doigts.

Donc, il fait soleil quand nous partons; des centaines de cavaliers glaoua escortent la colonne, caracolent sous la gaie lumière qui rend jolies les couleurs vives des burnous et des harnachements; les boucles de métal étincellent comme les bagues d'argent des longs fusils à pierre, brandis et déchargés à plein galop dans les labours et les buissons d'épines. Les fantassins aux curieux manteaux noirs, en poil de chèvre, à capuchons pointus terminés par une houppette et au dos orné d'un grand dessin rouge, suivent en courant; ils portent la poudre nécessaire aux cavaliers pour recharger leurs armes. Devant nous vont les musiciens, flûtes et tambourins.

C'est une belle journée; dans la plaine de terre grasse verdoyante entre les collines bleues des Rehamma, où nous combattîmes El Hiba à l'occident, et les monts verdoyants de l'Atlas tout proches à l'orient, nous marchons dans la poussière légère, toute dorée de soleil, soulevée par le pas des chevaux.

Et c'est maintenant notre tour de donner une

fête aux Glaoua. La colonne se masse pour défiler; zouaves aux vêtements de toile grise, coloniaux en kaki jaune lavé, artilleurs aux uniformes sombres, Sénégalais noirs sous la chéchia rouge, Algériens vêtus de blanc, cadencent le pas au son des fifres et des tambours. Plusieurs milliers de baïonnettes scintillent au soleil. Derrière viennent les mulets aux oreilles oscillantes, après les chameaux lents et les ânes trottinants. Puis c'est la ruée des cavaliers : chasseurs d'Afrique en veste bleue, spahis rouges à turban blanc évoluent souples et rapides, sabre au clair; derrière suivent au trot, la carabine droite sur la cuisse, les tirailleurs sénégalais montés, géants sur leurs poneys du Soudan.

Le camp a été dressé sur la rive de l'oued Tazert, en face de la bourgade bâtie sur les flancs des montagnes rougeâtres tachées d'herbe verte, au débouché de la vallée que l'Atlas ferme au loin de son énorme barrière teintée de bleu sombre et de violet. Tout près de nous, le château féodal de Si Madani dresse, au-dessus des olivettes verdoyantes, sa masse rouge imposante aux tours carrées, aux murailles crénelées, que percent de petites fenêtres grillées.

Si Madani est resté en arrière, occupé à « arranger les affaires » chez les Mesfioua. El Hadj Thami et son neveu, Si Hamou, nous font les honneurs du donjon. Sous les immenses tentes à dessins noirs, doublées de drap vert, les tapis bariolés, que tissent les femmes glaoua dans la montagne avec la laine de leurs brebis, recouvrent le sol pour la plus grande joie des yeux. Trente officiers se répartissent en petits cercles accroupis devant les énormes plats de viande et de couscous. Si Madani arrive à la fin pour le thé; l'ex-vizir annonce le succès de ses diplomatiques efforts chez les Mesfioua, qui admettent désormais son autorité. Puis survient un courrier du Sous porteur d'une lettre qui dit la grande victoire de la harka glaoua sur les Ait Yaya et l'arrivée des cavaliers jusque sous les murs de Taroudant, la résidence de l'imposteur El Hiba. « Les ennemis ont fui dans la forêt tels des chacals. Nous avons pillé tout ce que Dieu a permis. C'est un grand jour pour la religion, » terminait la lettre.

Suivait une courte énumération des pertes subies par le feu, en commençant, comme c'est l'usage, par les chevaux et les mulets. Les Glaoua ne se tenaient plus de joie.

VII

VERS DEMNAT, EL-KLAA

20 novembre. — Nous nous arrachons aux délices de Tazert pour prendre la route de Demnat. La piste très large, toujours en plaine, traverse les bonnes terres noires bien cultivées des Zemrane; nous passons la belle séguia Sultane, torrent abondant, et nous voici en plein caillou; les chevaux avancent péniblement.

La montagne que nous longeons s'entr'ouvre à nouveau sur notre droite et laisse apercevoir les cimes bleues couronnées de neige de l'Atlas. C'est le passage de l'oued Teçaout, qui, par le pays des Srarna, descend vers l'Oum er Rbia. C'est ici, au débouché de la rivière dans la plaine, qu'en 1908 le sultan Abd el Aziz tenta de barrer la route à Moulay Hafid. Le khalifat rebelle de Marrakech, précédé d'une réputation de sainteté, voulait se rendre à Fez chasser son frère vendu aux Infidèles. Mal appuyé par nous, Abd el Aziz fut battu. Liés par nos engagements avec les puissances, nous n'avions pu lui donner pour tout soutien que la présence lointaine d'une colonne immobilisée à cinq journées de marche en Chaouïa. Les quelques officiers de la mission militaire, noyés dans la mehalla, étaient sans action. Le combat eut lieu dans le petit village juif bâti sur l'oued Teçaout, au pied des monts. Ce fut une déroute terrible. Pourchassés par les hafidistes, pillés par les Srarna, dépouillés de ce qui leur restait par les Beni Meskin, les Azizistes refluèrent en une seule traite jusqu'à Guicer, où était campée la colonne française. Les officiers de la mission arrivèrent, dit-on, complètement nus, entourant le Sultan malheureux qu'ils n'avaient pas abandonné. Aujourd'hui la paix règne sur ce champ de bataille d'antan; les murs rouges du mellah juif se dressent au milieu des champs verts de maïs; toute la plaine, semée de galets roulés, est couverte de labours rougeâtres, de chaumes blonds et de chardons pâles, dont la tige épineuse brille sous le soleil du matin.

Nous traversons l'oued Teçaout, belle rivière d'une cinquantaine de mètres de largeur qui coule entre des berges à pic hautes de cent pieds. Sur la rive droite, le marabout de Si Tami dresse sa coupole blanche parmi les murailles sombres de la zaouïa Taglaou, fondée par le sultan Sidi Mohammed Abdallah pour pacifier les Zemrane, les Ftouaka, et les Srarna, dont les frontières sont voisines.

Vers midi, nous sommes à Tidili; les fermes éparses de ce village se perdent au milieu de l'immense olivette qui borde les rives de l'oued. C'est un défilé de députations : Ftouaka de la plaine qui

Voir page 140.

TAZERT. — RÉCEPTION CHEZ LES GLAOUA
(Novembre 1912)

craignent de payer pour leurs frères de la montagne, rebelles à toute autorité; Srarna que la colonne doit traverser et qui ont à se reprocher leur turbulence au temps d'El Hiba et leur attitude réservée après notre entrée à Marrakech. Les cadeaux affluent pour nos hommes : vivres, bétail, bois, huile, bougies, sucre, thé. Les Marocains disent qu'il faut traiter les affaires après un bon dîner aux lumières.

21 novembre. — La piste de Demnat suit la frontière entre les Ftouaka, tribu de vingt mille habitants, et les Srarna, qui en comptent soixante mille. Le pays est plat, le sol fertile, un peu pierreux. Les chevaux bondissent parmi les broussailles de jujubiers épineux qui leur piquent les membres. Nous tournons vers le sud-est à hauteur des bourgades de Dar Jaquir et de Dar Moudden; la première est au pied de l'Atlas dans une olivette; la seconde, bâtie sur une hauteur de l'autre côté de la route, fut, paraît-il, la demeure d'un puissant caïd qui soumit les Srarna et les Ftouaka. Nous longeons à gauche en plaine les olivettes importantes des Khalloufi, fraction des Srarna, et franchissons l'oued Macer, affluent de l'Oum er Rbia et rivière de Demnat.

La hauteur de la rive droite gravie, Demnat apparaît à nos pieds, allongée toute blanche dans une forêt d'oliviers au centre d'un cirque que forment les hauteurs bleues de l'Atlas. Les cimes lointaines sont couvertes de neiges éclatantes.

La ville, qui compte quinze cents à trois mille

âmes, est l'objet d'attaques fréquentes des tribus voisines; des murailles élevées la défendent, à l'intérieur desquelles le Sultan a construit une casbah aujourd'hui en ruines. J'ai visité cette demeure, qui fut somptueuse; les peintures sont décolorées, les boiseries jouent, les mosaïques ont en partie disparu. Une humidité glaciale règne dans les hautes salles que Si Madani fait ouvrir devant nous. « Autrefois », dit-il en soupirant, « l'ordre régnait dans la tribu et toute cette demeure était en parfait état. »

Nous sortons. Sous la grande voûte deux canons Krupp sont rangés contre la muraille. Des vols de corneilles s'abattent sur les tours en ruines, où bâille la gueule des mortiers de cuivre. Dans les rues, sur les terrasses, les femmes berbères, dévoilées, nous regardent passer.

Et nous campons sur les hauteurs qui dominent la ville en attendant la confirmation d'une nouvelle importante : une harka de Tadla, d'Entifa et de gens d'autres tribus se rassemble à trois lieues d'ici pour nous attaquer. Ce renseignement donné par les habitants, un télégramme de la Chaouïa que nous fait parvenir le poste de Ben Guérir nous l'apporte également. D'ailleurs, quelques coups de feu viennent d'être tirés de l'olivette, assez loin du camp pourtant pour que nous ne nous en inquiétions pas.

Un espion, arrivé ce soir, rapporte que la harka a envoyé des émissaires à toutes les tribus avoisinantes; si les contingents sont suffisants, nous serons attaqués dès demain. Il y aurait déjà neuf cents cavaliers et quinze cents fantassins réunis[1] Selon l'habitude, ils se serrent autour des feux de bivouac, et les douars voisins leur apportent la nourriture. C'est ainsi que les plats qu'une tribu nous destinait ont été donnés à l'ennemi plus proche, donc plus menaçant.

22 *novembre.* — Nous faisons séjour à Demnat. Les bruits recueillis dans la matinée sont plutôt favorables; on affirme que les gens du Tadla ayant refusé de se joindre à la harka, celle-ci a commencé à se dissoudre.

J'accompagne le commandant Benoît à la cascade de l'Im Nfini, à l'est de Demnat. Nous nous rendons en ville auprès du khalifat pour lui demander de joindre à nos spahis un cavalier connaissant la route. Le vieillard lève les bras au ciel : « Que voulez-vous faire? Il y a là une harka des Aït Chitachen et des Idouareden; c'est impossible, c'est impossible! » Sur notre insistance, il nous donne enfin un cavalier, mais il lui adjoint deux fantassins bien armés.

Nous voici en marche. La porte de l'est franchie, nous suivons un chemin bordé d'une séguia; l'eau rapide et claire fait tourner de nombreux moulins, les petits ponts de rondins recouverts de pierres font passer le sentier d'une rive à l'autre. Ce ne sont qu'olivettes magnifiques, grasses prairies de luzerne, haies de peupliers, champs de carottes et de navets.

Le guide manifeste depuis le départ une grosse

inquiétude : il croit apercevoir sur toutes les pentes des fantassins ennemis qui se glissent à travers les oliviers. Le sentier est un véritable coupe-gorge; tantôt il emprunte le lit du ruisseau; tantôt il suit les bords étroits de la séguia, ou franchit des ponts effondrés, et toujours il escalade la montagne, parmi les rocs glissants ou les glaises boueuses.

Un bourg apparaît, perché sur un escarpement qui domine la vallée de l'oued Macer que nous côtoyons; des gens nous observent des terrasses et des jardins. Nos guides parlementent. On vient à nous. C'est la zaouïa Oumrar; les habitants nous conseillent de ne pas dépasser le village, car l'ennemi occupe l'autre versant de la montagne. Sur notre insistance, ils décident de nous accompagner tous, et nous voici engagés à nouveau dans l'étroit sentier. A tout moment, nos compagnons nous font prudemment arrêter, pendant que, agiles comme des chats, ils grimpent les pentes à la course pour observer en avant. On nous fait stationner longtemps près d'un pont de pierre jeté en travers de l'oued; c'est un beau travail; ce vaste barrage de maçonnerie à plate-forme large, sans parapet, laisse passer les eaux de la rivière par deux ouvertures superposées; les habitants nous empêchent de nous approcher de ce pont, car nous serions vus des hauteurs, ce qui n'est pas prudent. Enfin un éclaireur revient, la route est libre. Nous reprenons notre marche à flanc de coteau sous les oliviers. Des noyers énormes, des peupliers, des vignes grimpantes en hautes treilles ou en berceaux apparaissent en contre-bas dans les jardins de l'oued. Brusquement, une masse rougeâtre barre la vallée en avant de nous : c'est le pont naturel de l'Im Nfini jeté entre les falaises hautes de cent vingt pieds de l'oued Macer; de beaux stalactites ruisselants d'eau descendent de la voûte, où des centaines de corneilles ont niché. Sur la droite, une cascade, maigre en cette saison, ruisselle sur la paroi noire des roches.

Les Berbères semblent jouir avec orgueil de notre admiration. Il n'est plus question de harka ni d'ennemis; nos guides nous laissent regarder à loisir. Pourtant leurs sentinelles sont posées sur les sommets, comme s'il y avait vraiment quelque danger à redouter. Et tout à l'heure, quand nous redescendrons vers le village et nous arrêterons au pont pour l'examiner de près, d'agiles jeunes gens bondiront encore sur les hauteurs pour observer. Que se passe-t-il? Avons-nous vraiment couru quelques dangers? Est-ce le perpétuel état d'anarchie qui rend ces gens méfiants?

Rentrés au camp, nous apprenons que la harka existe réellement, mais dans le nord, et qu'elle s'est rapprochée de nous. La nouvelle nous a été apportée par un homme qui, haletant et pâle de terreur, est venu prévenir le chef de Taoudanous, village des environs, en visite au camp : « Tous les Srarna du nord, tous les Entifa sont chez toi; ils te réclament et demandent que la tribu se joigne à eux pour la guerre sainte. » Le vieux chef, affolé, a demandé naïvement au colonel Mangin : « Que dois-je faire? Si vraiment tu veux me protéger, je reste avec toi et j'empêcherai mes gens de se joindre à la harka. » Le colonel l'a engagé à se rendre dans sa tribu, à le renseigner le plus tôt et le plus exactement possible, lui assurant protection pour le lendemain. A la nuit rentrent nos espions, jeunes Berbères d'une dizaine d'années, qu'attirent les douros trébuchants ou le désir de défendre leur pays. La harka existe vraiment, à trois lieues de notre camp. Nous marcherons demain contre elle.

23 novembre. — Rude journée! Dès huit heures du matin, la cavalerie signale la harka en position sur les flancs du mont Gountetti, en pays Entifa. Nous voyons nettement, à mi-pente, un gros rassemblement de cavaliers et de fantassins. Les dispositions sont prises aussitôt. Tandis que le convoi, avec une bonne escorte, file directement sur Souk el Djemaa, où nous devons camper, le reste de la colonne s'établit face à l'ennemi. L'artillerie ouvre le feu. Alors, de tous côtés, fantassins et cavaliers dévalent les pentes au galop, à la course, pour tenter de se ruer sur nous malgré les projectiles qui éclatent sous leurs pas.

Vers dix heures, la résistance paraît brisée. Nous reprenons notre marche pour rejoindre le convoi. A ce moment, l'ennemi se précipite à travers la plaine. Il faut prendre position une heure après à l'oued Macer pour l'arrêter. Puis, au ravin de Sidi Driss, vers midi, les chasseurs d'Afrique, les spahis et les Sénégalais montés, placés à l'arrière-garde, se trouvent à leur tour très engagés. Un brigadier, dont le cheval vient d'être tué, manque de rester aux mains de l'ennemi.

Mais les Sénégalais mettent pied à terre, chargent à la baïonnette, et l'intervention de l'artillerie, rappelée de l'avant, décourage les Marocains. Un lieutenant, un soldat colonial et deux Sénégalais ont été blessés; deux soldats européens sont légèrement contusionnés. Une demi-douzaine de chevaux sont tombés sous les balles ennemies.

Nous déjeunons à quatre heures de l'après-midi à Souk el Djemaa, au bord de l'oued Lachdar aux eaux claires et rapides. Un Sénégalais, entraîné par le courant, a failli se noyer au passage; on ne voyait plus que sa gamelle, qui flottait comme un bouchon; repêché, notre gaillard, heureux d'en être quitte pour un bain glacé, reprenait, un quart d'heure après, sa place dans le rang. L'ennemi, qui a subi de fortes pertes, paraît avoir renoncé à la lutte. Nous verrons cela demain.

La nuit tombe. Aucun bruit ne s'entend dans la plaine; il fait un froid très vif; la pleine lune éclaire magnifiquement la haute chaîne bleue de l'Atlas; les cimes couvertes de neige brillent à l'horizon d'un éclat admirable. Là-bas, la harka pleure ses morts.

24 novembre. — Rien n'est venu troubler notre repos cette nuit; seuls les appels de l'ennemi dans la montagne parvenaient jusqu'à nous. Il y aurait eu un grand conseil de guerre tenu, au cours duquel les Entifa déclarèrent ne plus vouloir prendre l'offensive contre les Français, s'ils se bornaient à parcourir le territoire des Srarna; cette sage résolution, toute de prudence, a été dictée sans doute par la leçon d'hier. Quoi qu'il en soit, nous avons pu atteindre ce matin Souk el Had sans apercevoir l'ombre d'un guerrier. Nous avons campé vers midi sur la rive gauche de l'oued Teçaout, près de son confluent avec le Lachdar. Le pays des Srarna, que nous avons traversé ce matin, est une plaine fertile et bien cultivée; les vallées du Lachdar et du Teçaout sont peuplées de nombreux douars, aux maisons de terre rouge à terrasses plates. Ici, au confluent des deux rivières, les arbres apparaissent, grenadiers, oliviers, palmiers; on dirait de loin une campagne française.

Les Srarna, forte tribu de 60 000 âmes, sont des Arabes; ils revendiquent fièrement leur origine et protestent si on les tient pour Berbères, race non méprisée, mais conquise. C'est El Mansour qui, au onzième siècle, ramena avec lui, sur la rive gauche de la Moulouya, les premiers contingents arabes dont il s'était servi pour faire la conquête de l'Ifrikia. Un siècle plus tard, les Arabes étaient descendus jusqu'au sud du Maroc, repoussant devant eux les Berbères.

A neuf heures du soir, nous parvient la nouvelle que la harka, renforcée par des contingents du Tadla, s'est reformée dans la plaine et menace les tribus qui nous ont laissés traverser leur territoire. Il nous est difficile de nous engager dans une action qui, pour être menée à bien, devrait sans doute se terminer au Tadla, à tout le moins chez les Entifa. La situation en Europe, où la guerre dans les Balkans nous oblige à l'expectative, nécessite au Maroc une politique de prudence.

Nous essaierons donc d'éviter une rencontre et continuerons notre route demain sur El-Klaa à moins d'événements graves.

Une heure avant l'arrivée du cavalier apportant ce renseignement, se présentait un indigène des Senadja, passés à l'ennemi après être venus saluer la colonne en route. Certains indices faisaient croire que c'était un espion envoyé par la harka, sous couleur d'offrir aux Français la soumission de la tribu. A un bruit qui se fit au dehors, l'homme se retourna, effrayé; visiblement, il pensait qu'on allait l'arrêter. Il insista pour savoir si nous irions demain à El-Klaa, où la tribu, disait-il, viendrait se présenter; et cette insistance paraissait étrange; il semblait que cet indigène eût mission de nous tâter sur nos intentions et de s'assurer de notre projet de retour à Marrakech, afin que la harka pût marcher sans danger sur Demnat, où l'opulence des marchands promettait un riche butin. L'accueil fait aux Infidèles était d'ailleurs un bon prétexte pour couvrir le pillage de la ville.

Nous sommes environnés de gens qui jouent double jeu. Les Srarna, chez lesquels nous campons, sont rien moins que sûrs; ils n'ont pas accepté les chefs que nous voulions leur imposer.

Chaque clan présentait le sien et ne voulait rien entendre pour le lâcher. Les injures volaient : « cochon! juif! » se jetaient les candidats. Certains, plus sages, passaient curieusement la main sous la barbe des vieillards irrités pour les calmer. « Celui qui crie si fort pour refuser les chefs que nous présentons est le propre frère du caïd que nous refusons. » — « Les clients qu'amène ce chef sont des étrangers, des vendus. » Il est certain que l'entourage de la plupart de ces personnages se compose de vulgaires piétons, grassement payés pour apporter leur voix et bluffer les Français sur les relations du candidat. Les mœurs électorales sont les mêmes partout.

25 *novembre*. — Dans la nuit, plusieurs espions ont confirmé que la harka, très renforcée, devait se mettre en marche à l'aube pour piller Demnat, coupable d'avoir accueilli les Français. Il nous est impossible de laisser se produire cette attaque, qui porterait une grave atteinte à notre prestige et détournerait de notre cause toutes les tribus de la région. L'insécurité s'étendrait jusqu'aux portes de Marrakech, et des coupeurs de routes viendraient inquiéter la ligne d'étapes vers la Chaouïa.

Nous n'avons malheureusement plus de vivres : nous devions nous ravitailler ce matin à El-Klaa, où un convoi nous a été envoyé par Marrakech. Le colonel Mangin le fait chercher par un bataillon sénégalais et, avec tout le reste de la colonne, se porte contre la harka. Nous pensons la rencontrer vers les douars des Ouled Khalloufi, au nord-ouest de Demnat.

En route, aucun indice ne permet de vérifier l'exactitude de nos renseignements; pas un cavalier, pas un fantassin n'est encore en vue à l'horizon. Les troupeaux paissent dans les campagnes. Des douars, qui paraissent de loin incendiés par l'ennemi, sont, de près, absolument intacts. C'est la brume des vallées qui, retenant au ras du sol la fumée échappée des habitations, nous faisait croire à l'existence de ruines fumantes laissées par la harka dans sa marche triomphante. Vers midi, cependant, trois piétons sont arrivés, haletants. « L'ennemi va atteindre Demnat, il est à Taoudanous, à une heure au nord de la ville; il y a plusieurs centaines de cavaliers et des milliers de fantassins, tous Entifa et Tadla. »

Bientôt, en effet, les crêtes qui dominent les olivettes de Taoudanous se couvrent de défenseurs. Nous franchissons l'Oued Macer. L'artillerie ouvre le feu sur l'ennemi, qui s'écoule aussitôt vers le nord-est sans chercher à combattre. Les obus activent cette retraite. Tandis que le convoi s'arrête avec une partie des troupes au bord de l'oued, le reste de la colonne, précédé de la cavalerie, du peloton monté sénégalais et de l'artillerie au trot, se porte sur les hauteurs que vient de lâcher l'ennemi. De là-haut, c'est dans la vallée de l'oued Lachdar un fourmillement de guerriers en retraite. Les obus s'abattent en pluie de feu sur les cavaliers qui partent au galop et sur les fantassins qui se dispersent au pas de course. Mais un cavalier porteur d'un drapeau blanc a rallié un fort groupement derrière une ligne de rochers, d'où il nous fusille. Un tir à obus explosifs couvre aussitôt la position de nuages épais de fumée; les détonations des projectiles qui éclatent sont formidables et se répercutent dans la montagne comme un roulement de tonnerre. La nuit va tomber. Nous rentrons au convoi. Il faut atteler dix chevaux aux canons pour remonter la pente très dure du marabout de Sidi Yaya. Il fait nuit quand nous atteignons le camp. Là-bas, dans la montagne, des feux s'allument qui sont des signaux de ralliement pour l'ennemi dispersé.

26 novembre. — Nous sommes restés aujourd'hui au camp de l'Oued Macer; l'ennemi, nombreux, toujours en vue, se déplace par petits groupes sans s'approcher de nous. Ce répit est mis à profit pour opérer des réquisitions dans les environs. Les silos des douars sont recherchés, puisque les indigènes refusent de vendre leur orge, sous prétexte qu'ils n'en possèdent pas. Spahis algériens et chameliers marocains déploient tout leur flair; l'oreille au sol, qu'ils frappent de coups répétés, ils devinent les cachettes au son. C'est un jeu pour eux de creuser au bon endroit et de découvrir, à un pied sous terre, la pierre plate fermant le silo. L'orge mise en sac est aussitôt payée aux habitants.

Les détachements vont à Demnat faire des achats de légumes; les choux et citrouilles, les carottes et navets y sont abondants. On trouve dans les échoppes de la petite ville des noix, des amandes, une eau-de-vie juive de fabrication locale extraite de raisins, de figues fermentés, et un vin du cru qui rappelle le Malaga. Il est facile de s'y procurer des œufs, des poulets, des bœufs et des moutons, enfin des galettes de pain arabe. Les juifs vendent même de petits poissons délicieux, pêchés dans l'oued.

L'ennemi ne nous a pas inquiétés; non seulement il n'est pas descendu dans la plaine, mais nous l'avons vu se former en une colonne épaisse et s'enfoncer vers l'est dans la montagne. Il est vrai que des émissaires affirment que ce mouvement de retraite s'arrêtera aux premiers douars, où les gens de la harka ont coutume de se faire donner l'hospitalité la nuit. Les bruits les plus contradictoires nous arrivent : les contingents réunis attendent ceux du Tadla pour nous attaquer; à la dernière des réunions, un parti, celui des Entifa de la plaine, dont les douars sont très près de nous, se serait déclaré pour la cessation des hostilités dans le cas où les Français ne dépasseraient pas le pays Srarna; le second parti, formé celui-là des gens des montagnes, qui n'ont pas à craindre immédiatement pour leurs biens, est pour l'offensive. Quoi qu'il en soit, ce soir, la montagne est vide des feux-signaux aperçus hier.

Nous sommes entourés d'espions; ils apportent des lettres écrites par les chefs des tribus environnantes, qui nous envoient des renseignements insignifiants. Les gens de ce pays, pris entre nous et nos ennemis, qui sont après tout leurs voisins habituels, ont une situation très difficile. Ils trompent les deux partis. Devons-nous leur en vouloir de pactiser avec un ennemi qui n'est pas le leur et peut user de représailles après notre départ? Il paraît que les habitants de Demnat eux-mêmes avaient fait partir leur khalifat, le fils de Si Madani Glaoui, qui les compromettait, et se préparaient à livrer la ville à la harka quand nous sommes arrivés, et que tout se serait passé très bien à la faveur d'une contribution qu'auraient versée les riches marchands et les gras citadins, peu accoutumés au métier des armes et à l'idée d'une résistance. Le cadi de la ville nous a pourtant raconté avec force gestes et extraordinaire mimique l'héroïque défense de la place par ses citoyens. « A peine le fils de Madani eut-il déserté son poste à l'approche de l'ennemi, — un enfant est vite effrayé — », ajoute le bon cadi avec un sourire indulgent, « que nous organisâmes la résistance. Les portes de la ville furent fermées, et les hommes courageux, montés sur les remparts, déchargeaient leurs armes sur tout assaillant qui tentait d'approcher. »

Le gros homme, au crâne puissant, aux traits ravagés, aux yeux cernés de kohl, faisait le geste de tirer un coup de fusil en tournant la tête à la direction de l'adversaire. Avec de pareils défenseurs, Demnat ne craignait certainement rien. Nous ne croyons, bien entendu, pas un mot de cette histoire; le cadi ne trompe personne, même pas lui-même. Il accepte cependant avec grand sérieux le brevet de courage civique que le colonel Mangin lui décerne : « La force de Demnat réside moins dans ses murailles que dans le cœur de ses habitants. » C'est de la politesse marocaine. En cherchant bien, on la retrouverait dans tous les pays du globe.

27 novembre. — Nos troupes ont eu une brillante journée. Les renseignements prêtaient à la harka l'intention de nous attaquer; le colonel Mangin résolut de l'attirer hors des montagnes. La manœuvre était tout indiquée : la majeure partie des six mille guerriers rassemblés étant des Entifa et des Senadja, la colonne s'est portée le long de l'Atlas, dans la direction des douars Senadja établis en plaine; cette menace a produit son effet. Nous avons marché tout d'abord sans rencontrer âme qui vive, jusqu'à la hauteur de Sidi Driss, où nous avons combattu il y a quelques jours. Tandis que la colonne continuait à s'écouler, nous fouillions en vain de nos jumelles la plaine et la montagne, toutes deux vides d'ennemis. Il semblait que la harka découragée se fût subitement dissoute; mais, vers dix heures, enfin, les crêtes se couvrirent à l'est de cavaliers : la harka marchait sur nous. Nous en étions séparés par l'oued Teçaout, dont le courant rapide avait occasionné plusieurs accidents au passage dernier. Nous nous sommes empressés de franchir le dangereux gué avant que l'ennemi eût pu nous y devancer. Sur l'autre rive, les hauteurs du mont

Magoum étaient garnies d'innombrables fantassins et cavaliers qui poussaient des hurlements et tiraillaient à distance sur la colònne : silencieuse et consciente de sa force, précédée de huit cents cavaliers indigènes venus se joindre à elle, celle-ci poursuivait sa route, sans riposter.

L'ennemi pouvait croire que nous nous éloignions sans combattre. Mais, arrivés chez les Senadja, à hauteur du promontoire qui termine la montagne, les troupes, tournant brusquement vers l'est, s'avancèrent vers le pays Entifa. Les clameurs et insultes de l'ennemi redoublèrent; les balles pleuvaient dans la plaine, où cavaliers et fantassins commençaient à descendre, bien que la masse, hésitante encore, continuât à demeurer sur les crêtes. Nous dépassâmes ainsi le marabout de Sidi Mohammed ben Othman. L'ennemi, enhardi, continuait sa descente. La colonne bien engagée dans la vallée des Entifa, l'artillerie se mit brusquement en batterie et ouvrit soudain le feu sur les rassemblements surpris. Ce fut une effroyable canonnade. Les shrapnells couvraient les pentes de petits flocons de poussière soulevés par la pluie des balles; les obus à la mélinite crachaient, en éclatant, des torrents de fumée et, soulevant la pierre et la terre, faisaient entendre leur souffle terrifiant. Les mitrailleuses et une bonne partie de l'infanterie tiraient aussi sur les hauteurs. Partout les groupes ennemis se dispersaient, se reformaient, fuyaient enfin pour revenir encore.

Deux bataillons sénégalais, munis d'artillerie et

Voir page 141.

TELOUET. — CHATEAU FORT DES GLAOUA

de cavalerie, gagnèrent, sous une grêle de balles, les montagnes qui bordaient la vallée suivie par le gros des troupes. Dès qu'ils eurent occupé les crêtes, l'ennemi commença sa retraite vers le village. Les trois colonnes, repoussant devant elles l'adversaire, convergèrent alors vers la gorge au fond de laquelle, au milieu de bois d'oliviers, s'étageaient en amphithéâtre les maisons de Djemaa-Entifa. Des hauteurs et de la vallée, l'artillerie, fouillant les vergers et le village, en délogea l'ennemi. Une attaque à la baïonnette, menée par la colonne du centre, l'obligea à se replier. Une partie des troupes s'installa sur la place du marché. Des bataillons occupèrent les crêtes environnantes. La nuit qui tombait s'éclaira des feux des bivouacs qui couronnaient les hauteurs. Des coups de fusil isolés se firent encore entendre ; bientôt le silence du camp ne fut troublé que par les aboiements ininterrompus des chiens dans les douars.

L'arrivée tardive et la longue marche n'ont pas permis aux troupes de boire ni de manger de toute la journée. Mais les hommes, galvanisés par le succès et l'offensive résolue à laquelle ils le doivent, sont merveilleux d'entrain et de résistance. Nos auxiliaires ne se sentent pas de joie d'avoir vaincu enfin leurs ennemis, les Berbères de la montagne; ils les ont bien un peu pillés, mais ce n'est là qu'un juste châtiment des excès commis de tout temps dans la plaine par ces terribles montagnards, si redoutés qu'ils demeuraient inexpugnables chez eux.

Dans la nuit, un caïd de la région, Sala Aouragh, est venu en conciliateur. Il a avoué ne représenter qu'une faible partie de la tribu Entifa, composée de gens très turbulents, et s'est offert pour s'entremettre auprès des fractions qui lui obéissent. « Mais », a-t-il ajouté, « je ne puis rien faire auprès des autres douars, qui sont ennemis impénitents de l'ordre. Au fond, ce que je demande, c'est qu'on épargne mes biens personnels. Ce que vous avez de mieux à faire avec ces gens-là, c'est de continuer la répression. » Ainsi parla ce vieillard à barbe blanche, qui fit la douloureuse expérience de la difficulté d'établir l'autorité chez les Berbères montagnards. Les juifs du mellah, qui avaient arboré le drapeau blanc à notre entrée dans le village, ont été rassurés et accueillis ; ils ont la réputation de faire le commerce des armes à tir rapide et des cartouches, mais nous ne pouvons leur en faire grief, car cette contrebande est commune à tout le Maroc.

28 novembre. — L'ennemi nous a laissés dormir en paix ; cinq ou six coups de fusil seulement ont été tirés d'une hauteur lointaine sur le mamelon occupé par les goumiers. Tous les renseignements s'accordent à confirmer la débandade complète de la harka et la rentrée des contingents dans les tribus. C'est un coup sensible porté au prestige des montagnards.

Nous avons pu aujourd'hui nous reconstituer. Après le combat d'hier, le bivouac a été établi de nuit, en pays inconnu, sur les positions qui paraissaient propres à assurer la sécurité générale; et les bataillons qui se trouvaient ainsi dispersés, séparés les uns des autres par des ravins profonds, ont dû attendre le jour pour faire reprendre au convoi leurs bagages et leurs vivres.

Tout compte fait, nous avons eu sept blessés dans cette affaire, où notre supériorité en artillerie a empêché l'ennemi d'approcher à bonne portée de fusil et lui a causé de grosses pertes. Notre canon de 75 terrifie les Marocains; celui de 65, beaucoup moins puissant, n'a pas chez eux la même réputation. Une colonne armée de canons à roues est toujours redoutée. Le 75 est merveilleux de rapidité, de précision, et ses obus explosifs sont suffisamment chargés en mélinite; le 65, moins rapide, mais tout aussi précis, a contre lui l'insuffisance de ses projectiles; ceux à balles sont inefficaces contre des murailles. Les deux matériels demandent un réglage très précis, souvent obtenu trop tard, après la disparition de l'objectif. Enfin, les éclatements trop haut des shrapnells rendent les balles peu dangereuses. Les Marocains connaissent tout cela. Ils disent que nos fusils et surtout nos mitrailleuses sont plus à craindre que nos canons. Ceux-ci pourtant produisent un effet moral considérable et les coups heureux prêtent à des récits fabuleux.

La nuit n'a pas été calme pour tout le monde. Le millier de cavaliers des tribus voisines qui s'est joint à nous pour l'opération, a tenté dans la nuit de mettre à sac le quartier juif du village. L'alarme a été donnée dans la soirée par le bruit des madriers lancés contre les épaisses portes de bois, bardées de fer et fermées de lourds verrous et cadenas. Chaque choc retentissait dans la montagne, puissant comme un coup de canon. Les hurlements des juifs apeurés se firent entendre. Les troupes accoururent et s'employèrent énergiquement contre les forcenés, exaltés par l'instinct terrible du pillage. Nous avons eu quelque peine à rétablir l'ordre. Ce matin, femmes en pleurs et hommes gémissants sont venus implorer le commandant de la colonne, qui les a fait généreusement indemniser.

La situation sociale des juifs au Maroc est assez curieuse. Méprisés des Marocains, ils sont parqués dans des mellahs immondes, aux rues étroites et malpropres, aux abords encombrés d'immondices en montagnes accumulées depuis des siècles. Et dans cette fourmilière mal odorante, où s'entasse une population ravagée par les maladies, défigurée par les affections de la peau et du sang, abâtardie par la misère morale, des fortunes énormes existent. Le juif sait qu'il sera pillé par le Marocain à la première occasion. Il enfouit ses richesses, dissimule son or et ses douros au fond de cachettes introuvables. Une menace de mise à sac plane-t-elle sur le mellah? La colonie négocie aussitôt. Souvent elle s'en tire avec un sac d'écus plus ou moins lourd. Parfois le pillage ne peut être évité. Les femmes sont violées, les hommes frappés, à demi assommés par la horde déchaînée, sûre de ne rencontrer aucun danger. Car les juifs ici ne résistent jamais et se laissent opprimer sans se défendre; ils se bornent à hisser le drapeau blanc et à gémir. Mais le pillage n'atteint que les richesses non cachées : les produits du pays, grains, olives, fruits, et les objets d'importation, sucre, thé, étoffes, vêtements. L'argent est sous terre, au fond des puits. Rien ne décidera le juif à avouer sa cachette. Il préférera mourir sous les coups. Et toujours, les mellahs d'aspect misérable restent les grands dépôts d'argent du pays. Le juif, vêtu de loques sordides et coiffé d'une calotte noire crasseuse, demeure le bailleur de fonds du Marocain magnifique et l'usurier détesté, mais indispensable à l'existence fastueuse de ce grand seigneur.

La vallée où nous avons établi le centre de notre camp est splendide et riche. Le pays des Entifa est réputé pour ses arbres fruitiers : oliviers, pommiers, figuiers, abricotiers, grenadiers, amandiers, orangers poussent en des jardins parfaitement irrigués par des canaux qui captent les sources au flanc des montagnes. La plaine fournit de belles récoltes d'orge et de blé. Les habitations sont des casbahs qui ont grand air; riches et massives, elles perchent sur les sommets; mais plus nombreux sont les taudis d'aspect misérable, aux terrasses écrasées contre le sol. Il se fait ici un grand commerce d'échange : olives, grains, fruits, œufs et bétail vont vers la côte, d'où refluent les étoffes, le sucre et le thé.

29 novembre. — Les Entifa ont fait en grande partie leur soumission, et la colonne, escortée des juifs qui se confondent en remercîments et réclament la création d'un poste français, est redescendue ce matin dans la plaine, sans qu'un coup de fusil ait été tiré des crêtes ou des olivettes propices aux embuscades. La terreur s'est emparée des Berbères; les contingents arabes Tadla, en route pour les secourir, ont fait demi-tour sans combattre, à l'annonce des pertes subies par les assaillants : ces Tadla, surpris par le canon d'une flanc-garde établie sur une hauteur, ont perdu beaucoup des leurs. Une tribu a laissé sur le terrain, sans les emporter, — chose inouïe en pays marocain, — trente morts, dont les chiens dévorent la nuit la dépouille, affirment nos espions.

Ce matin, les Senadja, qui s'étaient alliés aux montagnards, nous ont laissés traverser tranquillement leurs douars de la plaine, et nous sommes revenus au confluent du Lachdar et du Teçaout. La journée s'achève; le soleil disparaît sous l'horizon, empourprant le couchant d'une bande sanglante, sur laquelle les silhouettes de nos hommes découpent des ombres violettes. Le soir tombe; tout s'assombrit et se confond. Le camp s'est endormi; un silence profond règne, que trouble seulement le bruit de la rivière. Dans la nuit froide, le ciel noir s'éclaire d'étoiles de glace. Nous grelottons sous nos tentes de toile.

30 novembre. — Le clairon a sonné le réveil bien avant le jour. Une brume épaisse s'étend sur la plaine. Les hommes ont plié les tentes; ils se hâtent au milieu des hennissements des chevaux, des braiements des mulets et des cris des chameaux; des groupes se forment autour des feux de bivouac ranimés avec peine; les mains glacées se tendent vers les braises chaudes. Bientôt, toute la colonne est en route : hommes et animaux défilent indistincts comme des fantômes dans le brouillard. Et la marche se poursuit, monotone. Le soleil s'est levé; ses rayons, qui traversent faiblement le voile opaque tendu sur toutes les choses, n'arrivent pas à réchauffer les soldats transis. Le sommet des montagnes que nous longeons se dégage peu à peu; la brume se dissipe lentement. Vers midi, El-Klaa, but de notre marche, apparaît au débouché d'une colline. La vieille ville des Srarna montre, au milieu d'une olivette verdoyante, la ligne rouge de ses maisons que dominent la coupole blanche d'un marabout et le minaret élancé d'une mosquée.

Cette journée devait être triste. La cité que nous parcourons n'est qu'un monceau de ruines; la jacquerie contre le Sultan, les luttes des caïds rivaux n'ont laissé aucune habitation intacte; le quartier juif est détruit; le palais du Maghzen a ses jardins dévastés; de ses constructions saccagées, il ne reste que quelques pans de muraille que couronnent des nids de cigognes. Une huilerie éventrée montre sa meule de grès renversée et ses voûtes de brique béantes. Les gens nous regardent passer avec des yeux mauvais et des mines renfrognées. Il n'est pas jusqu'aux beaux oliviers du Sultan que ces sauvages n'aient voulu anéantir; au bord de la rivière, où des tortues familières pataugent dans la vase grise dont elles ont la couleur, les arbres dressent leurs rameaux privés de feuilles et leurs troncs mutilés.

La réunion des Srarna a été tumultueuse. Ils étaient là plusieurs centaines autour du commandant de la colonne, qui représente aujourd'hui le maître dont la force doit rétablir au profit du Sultan l'autorité méconnue. Leurs visages bronzés ressortaient sur le blanc des burnous comme ceux des morts sur le suaire : mais des yeux brillants les animaient, des yeux brillants d'attention tout d'abord, puis ensuite de colère impuissante quand la proclamation fut faite des caïds auxquels il faudrait obéir.

La nuit est venue. La pluie s'est mise à tomber; elle cingle les toits de nos tentes qu'un vent froid fait claquer. Le camp est lugubre.

1er décembre. — Ce matin la pluie a cessé; un pâle soleil sèche lentement le sol détrempé et fait fumer la toile mouillée des tentes. Nous devons séjourner ici pour marquer notre emprise sur le territoire des turbulents Srarna. J'ai profité de ce repos pour parcourir à nouveau la ville. Tout y est ruines; les terrasses effondrées des habitations ont disparu; les murs seuls restent. Les habitants sont réfugiés sur les places, dans des huttes de paille qu'entourent d'épaisses haies d'épines. Des vestiges de splendeur demeurent : hautes arcades de brique, portes imposantes, murailles aux fenêtres grillées.

Une des portes de la ville a ses battants de bois plaqués de fer percés par les balles de la guerre civile. Il est temps que la paix règne ici. L'ère des désordres est terminée. Sans doute, les Srarna s'en rendent-ils compte, car les caïds imposés hier ont déjà vu venir à eux leurs rivaux, qui réclament de modestes places de cheikh généreusement accordées. La présence des troupes inspire une crainte salutaire. Ce matin, quand je visitais la ville, une vieille Arabe s'est adressée à moi, chose inouïe en ce pays où le chrétien est méprisé et la femme tenue à une discrétion sévère : « Pourquoi vos soldats font-ils tant de musique? Nous avons peur. » — « Mais ils apprennent simplement. » C'étaient en effet les clairons qui répétaient. Nous vîmes une équipe sénégalaise à l'école au bord de l'oued; devant un cercle d'admirateurs marocains, les braves noirs, qui ne sont nullement exempts de vanité, s'époumonnaient fièrement, le poing sur la hanche; nous crûmes qu'ils y laisseraient leur dernier souffle, tant ils mettaient d'ardeur à sonner sans discontinuer. Le caporal était admirable; campé devant ses élèves, il crânait, la chéchia en arrière, la jambe enroulée dans des bandes molletières, la culotte bouffante; s'efforçant à l'élégance de notre commandant en chef, il portait sous la veste kaki large ouverte un gilet à boutons dorés, déniché je ne sais où, que serrait une ceinture rouge. Souhaitons que ce respect de la force demeure ancré à l'esprit de nos turbulents Srarna.

2 décembre. — Par un froid humide, sous la brume glacée qui couvre le pays, nous quittons définitivement El-Klaa. Jusqu'à Tamelelt, que nous atteignons après sept heures de marche, le terrain est plat, tantôt nu et semé d'éclats multicolores de grès et de silex, tantôt sablonneux, couvert de jujubiers sauvages et de broussailles. Les montagnes dénudées et grises qui bordent à l'est le territoire des Oulad Sidi Raha traversé par la colonne sont, paraît-il, riches en minerais de fer et d'argent.

Tamelelt est une vaste propriété maghzen, située entre les tribus Srarna, Zemrane et Rehamna. Ce magnifique terrain, cultivé en orge à l'extérieur, est couvert en son centre d'une olivette étendue plantée il y a plus d'un demi-siècle. Nous en avons fait le tour à cheval, ce soir. Des murs en ruines font un enclos où le temps a creusé maintes brèches, quand il ne l'a pas entièrement nivelé. Des vols de pigeons bleus tournoient sur la plaine et viennent se poser sur les pans rougeâtres qui demeurent. L'olivette, qui fut prospère, est aujourd'hui délaissée; le Sultan ayant cessé d'abandonner au métayer le quart de la récolte, les paysans arabes ont suspendu leurs travaux. Depuis lors, les canaux ingénieusement aménagés restent à sec; l'eau du Teçaout, autrefois amenée par la séguia Sultane, ne vient plus baigner le pied des arbres, qui végètent et dépérissent. Le pacha de Marrakech fait récolter les olives pour son propre compte.

Moulay Hafid, avant son abdication, s'est fait donner en toute propriété ce domaine, dont il connaît la valeur; il paraît que le terrain s'estime à trois douros (12 fr.) par pied d'olivier, et il existe ici plusieurs centaines de milliers d'arbres. Les métayers de Tamelelt continuent à vivre au centre des jardins, dans les douars aux maisons croulantes qu'enclôt une haute enceinte en ruines.

3 décembre. — Deux étapes nous séparent de Marrakech. Nous faisons la première ce matin à travers le monotone pays des Rehamna, chez les tribus Bérabich des Ouled Slama, dont les guerriers nous harcelèrent jadis pendant notre marche sur Marrakech. Les monts Djebilet, qui séparent les bassins du Tensift et de l'Oum er Rbia, ferment cette plaine au nord. Le chaînon des Kerkour la coupe en son milieu; nous le franchissons en un col pittoresque; la belle lumière d'un ciel pur atténue la sévérité du paysage d'où les arbres sont absents. Les collines arides, déchiquetées, entourent un cirque semé de gros rochers arrondis qui luisent au soleil; au centre, les paillotes grises d'un douar pointent derrière les hautes ceintures d'épines et laissent échapper la fumée bleue des foyers. Les enfants aux cheveux broussailleux, les femmes curieuses, les hommes indifférents, nous regardent passer. Des taches noires ou claires se détachent sur les pentes; ce sont les chèvres du village à la recherche d'un maigre pâturage poussé entre les cailloux. Et, par-dessus les Kerkour, l'Atlas magnifique étale à l'horizon sa masse d'une transparence bleutée et ses neiges éclatantes. Le col Kerkour marque une brusque transition. Au nord, c'est la lande grise; d'innombrables troupeaux de moutons paissent parmi les broussailles épineuses et les cailloux; au sud, ce sont les terres de labour, légères et rouges; le pasteur fait place au paysan qui trace de sa charrue de bois, tirée par un couple d'ânes, les sillons étroits et serrés des immenses champs d'orge et de blé.

VIII

MARRAKECH

4 décembre. — Au trot rapide des chevaux excités par le froid du matin, nous devançons la colonne pour rentrer à Marrakech, dont nous apercevons au loin la majestueuse Koutoubia. L'escorte de chasseurs d'Afrique s'est égrenée peu à peu au passage des séguias franchies sur d'étroits ponceaux. Nous voici sous la palmeraie. Le guide nous fait traverser le Tensift au gué de la zaouïa Ben Sassi; les toits de ce sanctuaire ont les tuiles vertes traditionnelles; l'entrée voûtée, que surmonte une loggia grillée, rappelle le portail de certaines églises. Devant la porte, accroupis contre les hautes murailles de l'enceinte, de pieux Marocains attendent l'heure d'offrir leurs cadeaux de vivres et d'argent au marabout vénéré. Nous continuons notre route à travers les magnifiques jardins du saint lieu, par une allée que bordent des dattiers gigantesques aux lourdes grappes de fruits mûrs. Voici les immenses fours des potiers et des briquetiers; les scories fumantes s'entassent en montagnes noires à l'extérieur de la ville.

Nous franchissons l'enceinte à Bab Ahmar, traversons le quartier nègre qui borde le palais du Sultan, les rues animées, bordées de mille boutiques, et, passant sous la porte intérieure de Bab Aguenaou qui fut rapportée d'Espagne, nous voici devant l'impérissable Koutoubia. A la base de cette masse rose, l'harmonieuse ordonnance du cloître étire la simplicité de ses lignes et l'arête horizontale de ses toits gris vert, que coupent heureusement les alternances des terrasses plates et des chapiteaux bas. Au-dessus des constructions grises, penchées vers la tour puissante, un palmier dresse dans le ciel bleu sa frêle silhouette noire et son gracieux panache vert. Marrakech! la ville que les hommes bleus conquirent et perdirent! la capitale fameuse de leurs ancêtres, les Berbères Almoravides et Almohades de Youssef ben Tachefine et du sultan noir El Mansour! Les chrétiens, qui, en ces temps reculés, formèrent leur milice salariée, sont aujourd'hui les maîtres. Quelle destinée pour ce peuple berbère qui commanda un empire dont l'Espagne et l'Algérie étaient les joyaux!

6 décembre. — En circulant dans la ville, je suis entré par méprise dans une zaouïa. Contre un auvent aux colonnes de terre, plusieurs moribonds agonisaient, au grand soleil de midi, sans une plainte, les yeux vitreux, la bouche tordue, le visage couvert de plaies. La plupart étaient des nègres; l'un, entouré d'un essaim de mouches, devait être déjà mort; les autres ne valaient guère mieux. Et les gens passaient indifférents, se rendant à la prière. A deux pas de là, à côté d'étroits tombeaux, la mosquée dressait ses murs soigneusement blanchis et son toit vert surmonté de boules dorées.

10 décembre. — Nulle part plus qu'ici le spectacle de la rue est attrayant. J'aime voir les habiles âniers, en croupe sur une de leurs bêtes, conduire à toute allure leur troupeau au chantier; les vaillants bourricots, les oreilles tendues au claquement de langue, se rangent des passants, prennent les tournants, se mettent en file indienne ou s'étalent en troupeau, sans ralentir leur train. On les voit repasser peu après, trottinant péniblement sous la lourde charge de briques, de terre ou de pierres à chaux dont est bourrée la double poche de natte jetée sur le bât de paille. J'aime regarder les charmeurs de serpents, qui, entourés d'un public amusé, font sortir doucement du sac de toile, par des paroles magiques, les longues couleuvres rouges et les affreux reptiles à écailles grises, à grosse tête triangulaire où les yeux brillent méchants. Et les conteurs populaires, beaux parleurs aux gestes élégants, qu'entoure un cercle d'auditeurs ébahis. Et les bouffons qui font rire par leurs gestes licencieux, des mots grivois, des invocations irrévérencieuses à des saints inexistants au calendrier musulman. Et les nègres du Sous, qui, ornés de plumes et de coquillages, grimacent et se contorsionnent, battent frénétiquement du tambourin ou des castagnettes de fer sous le nez des marchands, jusqu'à ce que, pour s'en débarrasser, ceux-ci leur aient jeté quelques dattes ou quelques marchandises. Et les mendiants sordides, qui répètent comme une plainte continue et lamentable le nom de leur saint protecteur.

J'aime flâner au souk. Les boutiques des marchands d'armes m'attirent; d'habiles artisans fabriquent des poignards aux étuis de cuivre ou d'argent ciselé, des fusils au canon niellé, à la crosse incrustée d'os et de métal. J'admire au quartier des teinturiers les écheveaux de soie, de coton et de chanvre aux nuances vives ou délicates, qui, frais sortis des cuves, sèchent sur les perches tendues au soleil, au-dessus des rues étroites que recouvrent des claies de roseaux.

Les maroquiniers vendent des sacs de cuir piqué de soies multicolores, des coussins au cuir gratté au couteau en dessins réguliers, des ceintures brodées, des nécessaires à kif. Il y a tout un quartier réservé aux babouches jaunes, rouges, vertes, bleues; certaines sont de couleur orange, grenat, violette ou rose; d'autres, brodées d'argent ou d'or, sont garnies d'une élégante tresse de soie qui s'épanouit en pompon.

Rémouleurs, luthiers, menuisiers, potiers, maréchaux ferrants, marchands de soufflets, forgerons, tailleurs, rétameurs, selliers, chaudronniers, grilleurs de pois chiches, fabricants de beignets, rôtisseurs, marchands de soupe, chaque corporation a son emplacement bien délimité. Dans la même rue sont les vendeurs de nattes, les marchands d'étoffes, les tripiers, les vendeurs de

Voir page 180.

ENTRÉE DU SULTAN A MARRAKECH

fruits, de légumes, d'olives, d'huile et de beurre. Les marchands de sucre, de thé et de bougie ont boutique partout. Il y a le coin des herboristes et des marchands de bric-à-brac. Les médecins ont leur quartier; les devins et les vendeurs d'amulettes opèrent sur la place publique; les arracheurs de cils voisinent avec les barbiers dont la boutique est fermée par une portière de filet bleu.

Je sais un vieux diseur de bonne aventure qui vêt une longue robe rouge sous sa djellaba blanche; des femmes voilées se penchent, recueillies et avides, sur le paillasson de roseaux où il se tient, au grand soleil de midi, devant les fèves grises et l'os plat de mouton qui lui servent à lire l'avenir. Sa bouche édentée chuchote à l'oreille des clientes des paroles mystérieuses. Et quand, pour m'amuser, je feins de m'arrêter près de lui, le vieux Berbère se trouble, suspend sa consultation et me regarde avec des yeux blancs brillants de colère dans sa face tannée où tremble la longue barbiche blanche.

Au milieu de cette ville de brique et de terre, en certains quartiers, les campements des Draoua groupent leurs huttes de roseaux. Et ces villages abritent une population grouillante d'hommes au teint noir, aux cheveux crépus, de femmes et d'enfants au visage bronzé, aux vêtements de toile bleue, population laborieuse qui, chassée par la faim et la misère vers les régions favorisées du Nord, fuit chaque année les rives arides du grand fleuve Draa.

Marrakech a des aspects très divers. Je connais une fontaine enfoncée dans un vieux mur noir où les nègres vendeurs d'eau emplissent leur peau de bouc velue, et les ménagères voilées penchent leurs pots de terre brune. Des mules se serrent vers l'auge de pierre. Un pan de muraille en ruines couronné d'un nid de cigogne domine cette fontaine. A côté, une rue s'étire toute droite, bordée de maisons basses; le soleil en éclaire une rangée rose et laisse l'autre dans l'ombre; et, tout au bout là-bas, le décor magnifique de l'Atlas au bleu foncé barbouillé de neige la ferme.

Je sais des rues étroites couvertes de treilles aux pampres rougis; des avenues assombries par des toits de chaume; et d'autres bordées de boutiques proprettes, où, vêtus d'étoffes fines et blanches, des vieillards graves, à barbe soyeuse et à lunettes, dressent les actes publics.

Au tournant du marché au beurre, près les boutiques meublées de bahuts en cèdre rouge où les marchands débitent de leurs doigts crochus et gras les énormes mottes jaune clair, se tiennent les boulangères. Assises sur le sol, au pied des échoppes, en bordure de la rue où les claies de roseaux éclairées par la lune projettent un lacis d'ombre, elles gardent leur large corbeille de bois entre leurs jambes écartées. Leurs yeux, ombrés de longs cils noirs, brillent dans la fente du voile qui masque leur visage; leurs bras nus cerclés d'argent sortent du long haïk blanc et les tatouages bleus de leurs chevilles tranchent sur la blancheur de la chair. Immobiles, une bougie au poing, elles tendent à la flamme tremblotante leurs doigts aux ongles rougis par le henné. Dans l'air attiédi du soir flottent l'odeur délicate du pain chaud et les senteurs acides du beurre rance.

12 *décembre*. — J'ai accompagné le colonel Mangin dans une visite chez Moulay Boubeker, frère du Sultan. Le khalifat, tel est son titre, reçoit dans un pavillon ouvert sur le verger. Sous les orangers aux fruits rouges, les larges feuilles des bananiers encadrent une vasque de marbre; l'eau claire retombe en bruissant dans un bassin de mosaïque. Des buissons de roses bordent les balustrades de bois découpé. Des géraniums roses et blancs et des narcisses fleurissent les parterres. Un gigantesque lilas du Japon, dépouillé de ses feuilles par l'automne, mais couvert de graines en grappes jaunes, est le roi de ce jardin, qu'entourent, hélas, de hautes murailles.

Dans ce décor ravissant, mais étroit, nous causons, tout en dégustant des tasses de thé et de café et en croquant des cornes de gazelle à la pâte d'amandes et des massepains au beurre. Moulay Boubeker parle de Paris, des ouvrages anciens traitant de l'histoire du Maroc, mais surtout de l'arrivée de son frère le Sultan, qui fera demain son entrée dans Marrakech. « Dites-lui, demande-t-il timidement au colonel, qu'il pense à ma situation et que sa générosité ne m'oublie pas. » Rassuré, il abandonne les questions d'intérêt; mais, visiblement préoccupé de ce sujet, il y revient bientôt : « Quand comptez-vous parler à mon frère? »

Car Moulay Youssef arrive demain. Nous sommes allés voir le Dar Maghzen, qui sera sa résidence à Marrakech. Le palais immense, aux proportions harmonieuses, entoure un vaste jardin que les hommes bleus saccagèrent. Nous l'avons remis en état. El Hiba, qui coucha ici dans un luxueux pavillon, avait campé ses chameaux sur les mosaïques des terrasses. Le bleu, le vert, le rouge sont les couleurs qui dominent dans les pavillons de bois fraîchement peints. Une douzaine de salons de repos sont préparés ; de grands lustres pendent aux plafonds. Les parquets sont recouverts de tapis, de fabrication le plus souvent européenne ; des lits, des harmoniums, des cabinets de tous styles, des psychés dorées, des pendules allemandes, des armoires Empire meublent chacun de ces salons. Un vieil eunuque nègre aux cheveux blancs crépus, au visage ratatiné, nous guidait dans cette visite ; il était suivi de négrillons, porteurs de paniers contenant les énormes clefs de fer, et d'une armée de serviteurs qui veillent à l'entretien des habitations et au repos monastique des femmes des sultans et des parentes de la famille impériale, que la tradition cloître en un strict veuvage en ce palais doré.

13 décembre. — Le Sultan a été favorisé ; le soleil a brillé ce matin pour fêter son entrée dans la capitale du Sud. Hier déjà, tous les notables s'étaient rendus au camp dressé sur les rives du

Tensift. Bien avant le Sultan, le harem est passé ce matin, vêtu de blanc éclatant, chaussé de vert, sur les mules rapides qu'entouraient des noirs farouches caracolant sabre au poing. Puis vinrent les cavaliers loqueteux des tribus, précédés de leurs chefs aux riches burnous de soie, aux harnachements somptueux brodés d'or et d'argent. Aux sons discordants de la musique nègre, le Sultan passa lentement dans un carré de lanciers rouges; des esclaves l'escortaient; ils agitaient des mouchoirs et des éventails de plume pour chasser les mauvais esprits et les mouches; d'autres portaient le parasol grenat à dessous vert. Un palanquin de velours cramoisi suivait. Gardes noirs, cavaliers, se pressaient avec les étendards verts, rouges et jaunes à boules d'or. La foule se précipitait pour baiser le pan du burnous sacré. Tous les miséreux de la ville étaient sortis; ils étalaient sur le parcours leurs infirmités hideuses : lépreux voilés, la tête couverte du large chapeau de jonc imposé à ces malades; aveugles aux yeux vides, ouverts, sanguinolents, qui regardent le ciel sans le voir; manchots aux moignons nus. Et toute cette misère contrastait avec la richesse du cortège, avec la splendeur du ciel lumineux, des murailles roses, des minarets verts, des palmiers fièrement dressés, de l'Atlas au bleu prestigieux apparu sous le manteau de neige. Les you-you des femmes, la musique nègre, les clameurs de la foule, les implorations des mendiants, les détonations des canons gâtaient la beauté du spectacle si harmonieux lentement déroulé dans un cadre majestueux.

15 décembre. — Le Sultan a voulu visiter lui-même les jardins de l'Aguedal, que la tradition réserve aux promenades de ses femmes. La question était délicate : le palais, seul bâtiment important isolé à l'extérieur de Marrakech, avait été nécessairement transformé en hôpital dès notre arrivée; il était impossible de mettre les malades sous la tente ou de les abriter dans une ville que nous nous étions interdit d'occuper afin de la mieux tenir. Et, pour garder l'hôpital, il a fallu placer des troupes à proximité. Mais personne ne doit voir les femmes du Sultan. Heureusement une partie importante du parc, et la plus belle, le Dar Redouane, est enclose de murs et convient parfaitement aux ébats du harem. Dans l'après-midi, Moulay Youssef est arrivé, accompagné simplement de son chambellan, d'un vizir et de quelques serviteurs. Vêtu d'un burnous bleu pâle, il montait un cheval robuste; ses deux fils, âgés de deux ou trois ans, suivaient sur des chevaux maintenus par des esclaves noirs... Le Sultan, ayant pris une route autre que celle prévue, s'est heurté à une porte close, qu'il a fallu enfoncer pour l'ouvrir. Il a ri aimablement de l'aventure; c'est un homme doux et bon. Il s'est déclaré satisfait de voir Dar Beïda abriter les malades. Dar Redouane lui suffit. Le coquet pavillon situé au centre du parc n'avait pas été mis en état, la visite du Sultan ayant été brusquement annoncée. Moulay Youssef, qui est décidément un souverain charmant, a trouvé que la poussière est sans importance puisqu'elle n'est qu'à l'extérieur des belles choses.

19 décembre. — Marrakech est en liesse. La nuit tombe. Des feux de brindilles s'allument aux carrefours. Le bruit de milliers de petits tambourins assourdit l'air. Enveloppées dans leur haïk blanc, les femmes, ordinairement enfermées, circulent librement dans les rues par groupes nombreux. Les enfants se rassemblent et jouent sur les places. C'est l'Achour, le jour de l'an des musulmans.

Au milieu de cette gaieté, de sombres préoccupations nous absorbent. Le commandant Massoutier, qui s'est porté à deux jours de marche au sud de Mogador pour mettre en route vers le Sous la harka indigène formée par nos soins contre le prétendant El Hiba, se trouve bloqué avec son détachement dans une casbah où il avait cherché refuge. Coupé de Mogador, il ne peut faire parvenir de renseignements : des cavaliers ennemis tiennent les routes et dépouillent les courriers qui essaient de passer. Il y aurait eu combat et nous aurions subi quelques pertes. La petite colonne n'a que quelques jours de vivres, et Dar El Kadi, où elle s'est retranchée, est mal pourvu d'eau. La garnison de Mogador, réduite aux malades, ne peut faire aucune tentative pour la débloquer. Un détachement de secours est immédiatement envoyé de Marrakech.

20 décembre. — Dix heures du soir; Marrakech dort. La ville est morte. Dans les rues désertes, le vent soulève la poussière en tourbillons; aucun bruit ne s'entend, si ce n'est, derrière la porte aux ais mal joints par où filtre un peu de lumière, le roulement doux des meules qui broient le blé et la lente chanson, étouffée comme une plainte, du vieux meunier arabe qui pousse son cheval las. Des nuages noirs masquent la lune dans leur course rapide. Je n'ai rencontré, en regagnant mon logis, que des chiens errants. Dans sa cabane de boue adossée au mur, le nègre mendiant aux cheveux tressés en petites cornes joue des airs tristes sur sa guitare. Accroupis dans l'ombre, les gardiens veillent derrière les portes des quartiers. Sur la place du marché, les trente veilleurs, silencieux, rangés en ligne, ont déchargé comme de coutume leurs armes pour annoncer la fermeture des portes; les fusils à pierre ont jeté dans la nuit de longues flammes rouges et la salve a déchiré l'air sinistrement. Marrakech est lugubre la nuit.

22 *décembre*. — Enfin, le commandant Massoutier a pu faire parvenir de ses nouvelles. Il est cerné à Dar El Kadi. Son détachement a eu plusieurs hommes tués et blessés. Les assiégeants interceptent toute communication avec Mogador. La harka des Haha d'Anflous, notre allié, est passée à l'ennemi. Anflous, lui-même, qui nous fit si bon accueil il y a deux mois, a trahi. Le détachement de Marrakech continue sa route et, d'autre part, des troupes ont été envoyées par mer de Casablanca à Mogador. Malheureusement, en cette saison, la houle rend les débarquements lents et difficiles.

Ces nouvelles paraissent peu impressionner la population de Marrakech qui continue à célébrer l'Achour. Le colonel Mangin a reçu la visite de porteurs de lanternes monumentales, bâtis de bois à forme de mosquée, tendus de papier de couleur découpé d'arabesques qu'éclairent mille bougies. Toute une corporation d'amuseurs de foule suivait. Un groupe était déguisé en juifs à longues lévites noires, à lunettes épaisses, à barbe abondante, la tête couverte de la traditionnelle calotte de drap et du mouchoir bleu à pois blancs; des Marocains intervenaient et dispersaient les malheureux à coups de matraque, symbole de l'asservissement de la race courbée sous le joug marocain. Deux hommes travestis en femme singèrent un accouchement arabe, les plaintes de la patiente et les manœuvres de la matrone. Un percepteur des droits arriva, ventru comme il convient à un personnage qui s'engraisse de la sueur du peuple; ce fonctionnaire redouté portait un énorme rouleau de comptes. Un clerc le suivait, agitant des clefs: à leur aspect, la foule s'aplatit sur le sol et simula un profond sommeil, mais en vain, il fallait payer; on discuta, et, vengeance rarement savourée, le percepteur fut rossé. Un muezzin appela à la prière, suppliant le ciel d'accorder la richesse et des repas plantureux. Survinrent un montreur de bêtes qui tenait à bout de corde un pauvre gosse tout disloqué et contrefait, des Aïssaoua qui se déchiraient à coups de couteau, des Derkaoua danseurs, à chapelets dont les grains étaient figurés par des navets et les dizains par des carottes. La foule se gaussa de lettrés graves ânonnant des grimoires. Masques et grotesques s'écoulèrent après une distribution généreuse de douros.

23 décembre. — A Mogador, la tempête retarde toujours le débarquement des troupes. L'aviateur Do-hu a volé au-dessus du détachement cerné à Dar El Kadi. Quel réconfort cette vue n'a-elle pas dû être pour les pauvres assiégés! Et quel beau geste de l'officier risquant sa vie pour donner à ses camarades la certitude que leur situation douloureuse est connue et l'espoir qu'ils seront secourus bientôt! L'eau manque à Dar El Kadi; la pluie qui vient de tomber sur la région a sans doute permis à la garnison de recueillir une réserve d'eau.

24 décembre. — La population de Marrakech est toujours calme. On dit que la harka de Mogador a été « cassée », mais que les soldats français sont demeurés sur place sans vouloir reculer.

26 décembre. — Enfin l'heureuse nouvelle nous est parvenue : la colonne de secours, sous le vigoureux commandement du général Brûlard, a pu débloquer la garnison cernée à Dar El Kadi. L'affaire nous a coûté 25 tués et 45 blessés, mais l'ennemi a subi des pertes considérables.

30 décembre. — Des bruits fâcheux sont mis en circulation dans la ville par des agents qui essaient d'exciter les passions xénophobes de la population. Les Français ont été battus. Le « sultan » El

Hiba s'avance du Sous sur Marrakech pour chasser les Infidèles, et ceux-ci ont peur puisqu'ils ont hissé des canons sur la montagne du Guéliz qui domine la ville. Ces bruits sont colportés parmi la lie de la population, les habitués des cafés maures, les protecteurs des filles publiques qui sont légion ici, et les errants toujours prêts à défendre le dieu qui les laisse mourir de faim. La nouvelle, heureusement fausse, a couru qu'un officier avait été assassiné chez une juive. Les notables et la grosse masse de la population restent calme. La garde du Pacha, miliciens aux pantalons orange, à la veste vieux rose à col jaune, demeure fidèle. Le Pacha et le Sultan ne s'inquiètent pas.

La source de ces bruits fâcheux doit être cherchée, paraît-il, à la Bourse du mellah où la panique fait baisser le change. Pauvres juifs marocains! L'appât du gain serait-il si fort chez eux qu'il les pousse à créer des désordres dont ils sont les premiers à pâtir! Leur courage n'est pas tel en effet qu'il les empêche d'être les victimes habituelles des pillards. Proie facile. Au printemps dernier, une mule grasse et bien nourrie, comme il convient à toute mule de caïd, échappa au jeune lad marocain qui la conduisait et partit au galop par les rues grouillantes de Marrakech. Amusés, des enfants, puis des jeunes gens, lui donnèrent la poursuite; la bande joyeuse allait, poussant de grands cris. Il y eut quelques bousculades. Au tournant du Souk, un groupe de juifs s'effraya; les temps étaient incertains; des rixes éclataient fréquemment entre les partisans divisés des caïds M'tougui et Glaoui. Les juifs, pris de frayeur, crurent à une émeute et s'enfuirent dans leur quartier. Quelques-uns de ces malandrins marocains qui inondent la ville jugèrent l'occasion belle et se lancèrent à leur suite en tirant des coups de feu pour accroître le désordre. Tout ce monde s'engouffra par la porte du mellah; les juifs épouvantés tentèrent de fermer leurs échoppes, mais en vain. La populace déchaînée se mit à piller. Les coups pleuvaient sur les malheureux boutiquiers. Une immense clameur partie du mellah emplissait Marrakech. Un peu tard, les soldats du Pacha intervinrent pour rétablir l'ordre, après s'être attribué selon l'usage une part du butin.

1er janvier. — Tout s'est apaisé. Les gens inquiets ont repris confiance, l'alerte est passée. Deux personnages notables qui répandaient de fausses nouvelles ont été incarcérés dans la prison du Pacha et cet exemple a produit un effet salutaire. Le débarquement de quatre mille hommes à Mogador n'est pas non plus sans avoir contribué à ce revirement d'opinion. Des lettres sont arrivées aux juifs de Marrakech; leurs coreligionnaires de Mogador annoncent les réquisitions d'animaux préparatoires au mouvement en avant de nos troupes contre les Haha rebelles.

Cette population du Maroc, toujours agitée au cours des siècles par des guerres intestines, perpétuellement remuée par des agitateurs, ambitieux de la politique ou hallucinés de la religion, a les nerfs à fleur de peau ; dans une grande ville comme Marrakech la masse est particulièrement versatile et doit être surveillée. Ce n'est pas quelques mois d'occupation qui peuvent changer cela. La conquête du Maroc nous coûtera de gros efforts, et l'occupàtion nécessitera ensuite des effectifs importants. Non qu'on doive disperser des troupes partout, mais il faudra en tout temps avoir la prudence de réserver en des centres bien choisis des groupements de force toujours prêts à se déplacer pour écraser dans l'œuf le germe de toute rébellion. Marrakech, au milieu de la plaine, est tout particulièrement indiquée pour recevoir les troupes qui contiendront le Maroc du Sud. Sur les deux versants de l'Atlas, Agadir qui surveille le Sous où, l'histoire nous l'apprend, se sont toujours levés des prétendants, et Mogador, qui menace les Haha, de longue date réputés aussi pour leur turbulence, devront être organisées en points d'appui et dépôts de vivres et de munitions gardés par de petites garnisons. A l'abri d'une telle organisation, cette partie du Maroc connaîtra, avec la sécurité, une prospérité digne des temps jadis, où le Sous, le Haha, le Dir et le Haouz exportaient non seulement les huiles, les peaux, les grains et les amandes, mais le sucre, qui faisait leur richesse et donnait à El Mansour des revenus employés à l'embellissement de ses capitales, Marrakech et Taroudant. Époque point si lointaine, bien que le populaire l'entoure de légendes, telle celle du palais fameux que fut la Badiaa. Ses ruines imposantes se voient encore dans la casbah, et une de ses portes de cuivre, aux reflets verts, ferme aujourd'hui l'enceinte de la ville à Bab Khemis.

Moulay Ismaïl, le sultan qui brigua la main de la princesse de Conti, résidait à Meknès, sa capitale préférée, qu'il embellissait jalousement. Dans un voyage à Marrakech, il fut surpris de la richesse et des proportions de la Badiaa, dont il prit ombrage. Le palais, dit la tradition, comprenait autant de pièces qu'il y a de jours dans l'année. Épuisé par sa visite, Moulay Ismaïl se jeta dans un fauteuil pour reposer ses membres las; la salle où il se trouvait était ruisselante de dorures; les lambris s'ornaient de fraîches peintures; les murs étaient fouillés de sculptures délicates; d'épais tapis de laine feutraient les dalles de marbre. L'air était imprégné de l'exquise odeur d'un bloc d'ambre que supportait une chaîne d'or descendue du plafond richement décoré. Et, tandis qu'il se délassait, le Sultan vit entrer des nègres porteurs d'aiguières : « Qu'est cela? » dit-il, surpris. — « Seigneur, répondirent les esclaves, il est d'usage d'apporter en ce lieu l'eau des ablutions. » Alors seulement Moulay Ismaïl remarqua en quelle retraite il était entré. Il lui prit une violente colère : « Il est coupable, s'écria-t-il, de prodiguer ainsi la richesse et le luxe en un lieu réservé aux plus basses fonctions humaines. Le Prophète ne saurait tolérer ces erreurs. Ce palais sera rasé. » Et les bois précieux, les colonnes et les vasques de marbre, toutes les belles choses réunies à la

Badiaa prirent la route de Meknès. Du palais enchanté, il ne resta que des ruines, au centre desquelles sont trois bassins à sec, dont l'un fut autrefois toujours empli d'eau de rose.

Janvier. — Marrakech est maintenant lancée en plein progrès. Sous la direction du colonel Mangin, le pacha El Hadj Thami, énergique, intelligent, fait merveille et déploie une prodigieuse activité. Un officier guide les services municipaux. Des travaux assainissent la ville. Plus d'égouts béants, de mares putrides, de charognes puantes. Les immondices sont évacuées à l'extérieur. Les boucheries ont été transportées hors des remparts. En attendant la création d'une municipalité mixte, une commission de notables indigènes, d'officiers et de médecins se réunit régulièrement pour l'étude des questions d'hygiène et de voierie. Chaque chef de quartier est rendu responsable de l'application des mesures édictées. La population voit d'un très bon œil ces utiles changements. Elle est d'ailleurs pliée depuis longtemps à la vieille administration marocaine, rigoureuse aux pauvres gens et que nous tâcherons de rendre plus humaine et plus honnête.

Une école franco-arabe est créée; la vieille mosquée des « hommes bleus » l'abrite. Près de la Koutoubia, dans un parc magnifique, les murs de l'hôpital indigène Mauchamps — du nom du médecin massacré à Marrakech en 1907 — s'élèvent. Un dispensaire, au centre du quartier populeux, accueille libéralement tous les malades. Les juifs ont au mellah une école française et une salle de consultations.

Une vaste enquête a permis de retrouver les biens Maghzen, terrains, immeubles, jardins et olivettes dilapidés et vendus à vil prix.

Des pistes carrossables, construites en collaboration par la main-d'œuvre indigène et militaire, relient Marrakech à Casablanca, à Mazagan et à Mogador. Les automobiles circulent nombreuses; entre Casablanca et Marrakech le trajet dure moins d'une journée et, avec la concurrence, le prix de la place est tombé à cent francs. Des hôtels s'élèvent; le Pacha lui-même en fait construire un. Bientôt, les touristes afflueront, pour jouir du magnifique contraste de l'Atlas neigeux et de la ville soudanaise entourée de palmiers. Les pistes carrossables sont poussées jusqu'au pied de la montagne. Un large boulevard permet de faire le tour des remparts.

Déjà, au milieu des 80 000 indigènes que compte la ville, quelques centaines d'Européens sont fixés. Des minoteries s'ouvrent; le commerce du bétail, des laines, des grains, des peaux, des huiles, des œufs, des cires est florissant.

Pour recevoir la population européenne qui viendra s'établir, de vastes terrains ont été réservés à l'extérieur des murs, entre le camp militaire et la ville, en bordure de la palmeraie. Sur cet emplacement, devenu entièrement maghzen et libéré de toutes charges par échanges, la ville nouvelle a été tracée, abornée. Gare, théâtre, écoles, jardins, tout a été prévu pour que dans l'avenir la spéculation ne puisse entraver le développement de la cité. La vente des terrains entraînera pour l'acheteur l'obligation de construire. Le chemin de fer ne peut tarder de relier Marrakech à la mer. Située au centre d'une plaine riche et bien arrosée, dans un climat chaud, mais salubre, à deux pas de l'Atlas, Marrakech doit devenir rapidement un centre important de colonisation.

Février. — Nos troupes ont pris possession de deux portes, au nord et au sud de la ville. Mais la police intérieure continue à être faite par la garde du Pacha. Aucun incident ne se produit entre les Européens et la population indigène. L'énergie et la loyauté d'El Hadj Thami ne se démentent pas. La fête des Aïssaoua, cette secte fanatique qui se taillade le visage et le corps à coups de couteau, avait pu faire craindre des complications. Appelé devant le colonel Mangin, El Hadj Thami, interrogé sur l'opportunité d'interdire les manifestations dans la rue, répondit : « Vous avez affirmé à la population que les Français ne gêneraient pas l'exercice de la religion musulmane. Les Aïssaoua ont leur rite particulier, qu'il vaut mieux respecter. Pourquoi faillir à ce libéralisme en punissant des gens qui n'ont pas fauté? Laissez-les donc descendre dans la ville. Mes miliciens veilleront. D'ailleurs, j'ai déjà prévenu le moqqadem des Aïssaoua que je le ferais emprisonner au moindre accroc. Je réponds de tout. » Et, de fait, tout s'est passé parfaitement.

A plusieurs reprises d'ailleurs, cette population nous a donné déjà la mesure de sa bonne volonté. On nous a amené des Européens, écume de l'émigration, qui, ivres, avaient pénétré dans les mosquées, y faisant des ordures et insultant les fidèles; ceux-ci s'étaient bornés à pousser dehors ces répugnants personnages et à les remettre aux mains du Pacha.

Si nous opérons avec tact, nous devons voisiner à Marrakech en excellents termes avec les indigènes. Cela ne doit nullement d'ailleurs nous empêcher de veiller et d'être forts pour prévenir les effets toujours possibles de la surexcitation religieuse.

Mars. — Les harkas s'éternisent devant Taroudant. Il faudrait à leur tête un énergique pour entraîner résolument à l'assaut de la capitale du Sous ces bandes mal commandées : — « Laissez-moi partir là-bas, » a dit à maintes reprises El Hadj Thami au colonel Mangin, « et un mois plus tard je serai dans Taroudant, et El Hiba aura pris la fuite dans le désert. » — L'homme est capable de mener l'affaire à bien. Sa prodigieuse activité, son intelligence, son amour-propre font de lui un chef. Et c'est de plus un brave. Nous l'avons vu à deux reprises, transfiguré par le combat, exalté de bravoure. C'était le matin de notre entrée à Marrakech, quand il revenait de donner la poursuite aux bandes d'El Hiba chassées de la ville et montrait fièrement son burnous traversé par une balle. Puis nous le vîmes deux mois après, en novembre, charger avec impétuosité les guerriers Mesfioua qui tiraillaient sur la colonne; rien n'était beau comme ce visage animé par le feu de l'action.

Et le général Lyautey a décidé d'envoyer El Hadj Thami au Sous.

Mars. — Au contraire des Arabes, les Berbères ont le respect de la femme. Maintes fois, les grands caïds ont convié les Européennes de Marrakech à venir rendre visite à leurs épouses. Enfermées dans des harems somptueux, entourées d'esclaves, elles vivent une vie monotone, se parent de bijoux, élèvent leur marmaille et font de la musique. Il y a là des Circassiennes qui jouent au piano des airs turcs. Le désœuvrement rapproche les Berbères ravissantes et vives des Arabes alourdies et nonchalantes. Leur conversation ne dénote aucune culture, et leur indiscrète curiosité va uniquement aux choses de l'amour, qui seules les intéressent.

IX

AU TADLA

Mardi, 18 mars. — Un télégramme du Résident Général arrivé dans la nuit désigne le colonel Mangin pour prendre le commandement des forces concentrées vers l'Oued Zem, face aux Tadla en insurrection, qui menacent nos postes. Le colonel devra se mettre en route dès le jour. J'ai le bonheur d'être du groupe d'officiers dont le colonel Mangin est autorisé à se faire accompagner. Quelle nuit! Il a fallu réveiller les officiers qui devaient prendre le service, passer en consigne les paperasses, préparer les bagages, chercher dans la ville endormie les voitures. Après cette nuit blanche, nous sommes montés dans l'une des deux automobiles réquisitionnées; la seconde porte le matériel indispensable : cantine, lit, selle; il a été impossible d'emporter les tentes et les popotes, qui suivront par étapes à dos de mulet. Nous demanderons aux camarades là-bas de nous permettre de partager leur modeste installation de route en attendant que notre convoi nous rejoigne. Dans combien de jours?

Notre Charron, souple, légère, silencieuse, roule à travers le pays Rehamna au sol rouge troué de mille galeries, où les gerboises surprises s'enfoncent prestement, après avoir, dressées sur leurs pattes de derrière, regardé très vite le monstre qui approche. Passé l'Oum er Rbia, voici la Chaouïa aux terres noires. A trois heures de l'après-midi, nous atteignons Ber Rechid, où le général Ditte et le commandant Daugan attendent le colonel avec deux auto-mitrailleuses qui doivent nous conduire à l'Oued Zem. Elles nous déposent vers cinq heures à Ben Ahmed, après un parcours intéressant dans un pays fertile de terres noires, couvert de champs d'orge verdoyants, et accidenté de collines aux tons mauves et violets. Le ciel est chargé de nuages de pluie. Il fait froid, nous grelottons sous nos vêtements de toile. Il est trop tard pour pousser ce soir jusqu'à l'Oued Zem. D'après les renseignements que nous recueillons ici, la colonne serait partie en opérations dans le nord, sans laisser de troupes pour assurer notre sécurité pendant le voyage en auto sur cette route que vient de couper l'ennemi. On entendrait le canon dans la direction du poste de l'Oued Zem. Il y a quelques jours, un combat violent a eu lieu, les morts nombreux viennent d'être ramenés ici, où on les a enterrés. Quelques blessés arrivent de l'arrière; le médecin du poste fait suivre les plus atteints sur l'hôpital de Ber Rechid. Les camarades nous logent aimablement dans leur petit poste. Je reçois l'hospitalité à l'infirmerie-ambulance, où l'on m'a réservé un lit dans une salle de malades. J'entre dans la cour, alors qu'on descend d'une charrette une des victimes du dernier combat, un tirailleur sénégalais tout raidi dans le sac à distribution de toile grise où l'on a dû le ficeler faute de cercueil.

Aucune nouvelle de l'avant! Que ferons-nous demain? Il y a entre le poste de Ben Ahmed et celui de l'Oued Zem, distants de 75 kilomètres, un blockhaus intermédiaire, Bir Mezoui, tenu par une compagnie à trois lieues de l'oued Zem. Nous pourrons sans doute pousser jusque-là sans escorte; c'est du moins ce qu'affirme le commandant de ce blockhaus, avec lequel nous sommes reliés par téléphone. Entre Bir Mezoui et l'Oued Zem les communications sont coupées; le fil télégraphique a été détruit, les poteaux arrachés; les courriers passent difficilement; hier encore, l'ennemi a attaqué un douar ami sur cette route. Mais l'Oued Zem est relié par la télégraphie sans fil à Casablanca, qui peut ensuite nous transmettre ici des nouvelles par le fil. Sans doute recevrons-nous cette nuit des nouvelles sur la situation et sur ce que nous pouvons faire.

19 mars. — Aucune nouvelle n'est arrivée cette nuit; nos bagages nous ont rejoints. Nous partons avec les deux auto-mitrailleuses pour Bir Mezoui; la route qui relie ce poste à Ben Ahmed est, nous a-t-on dit, à peu près sûre. Nous constatons en effet que la tranquillité la plus absolue y règne. Les convois de chameaux et de voitures y circulent en toute quiétude; les Marocains nous saluent en souriant; les voituriers espagnols guident tranquillement leurs attelages de mules aux colliers pittoresques, recourbés à la pointe et garnis de grelots; les braves bêtes tirent à pleins traits, en remuant leurs longues oreilles, les lourds chariots qui rayent la terre noire de la piste.

Les orges vertes, semées de fleurettes jaunes, tapissent les collines; partout sont des jardins de figuiers qu'entourent des murs de pierres sèches, des tentes brunes, des troupeaux de bœufs, de moutons, que gardent des pasteurs vêtus de gris. Le pays est fertile et riche. Les auto-mitrailleuses filent bon train malgré la terre grasse, sous la pluie fine qui traverse le brouillard. Nous croisons un convoi de blessés évacués des avant-postes sur l'infirmerie de Ben Ahmed.

Partis vers huit heures, nous trouvons le fortin des Ouled Abdoun, où sont retranchés la compagnie marocaine du capitaine Fumey et un peloton de soldats coloniaux. Une heure après, nous arrêtons à Bir Mezoui; une compagnie de zouaves, la fanfare d'un bataillon alpin et des éclopés de toutes armes laissés par le colonel Simon, y gardent les approvisionnements de la colonne d'opérations.

Trois lieues nous séparent de l'Oued Zem; mais le pays est moins sûr. Il y a quelques jours, le 15 mars, le détachement du lieutenant-colonel Magnin a été attaqué par des milliers d'ennemis près du douar fortifié des Beni Smir, non loin d'ici.

Le 17 mars, ce douar lui-même a été pris d'assaut par une harka de guerriers Tadla. Les Arabes de Bir Mezoui ayant affirmé que nous pourrions passer et offert de nous escorter avec quarante cavaliers, nous nous sommes lancés à bonne vitesse en auto-mitrailleuses vers l'Oued Zem. A l'emplacement de l'engagement du 15, une centaine de cadavres de chevaux et mulets gisaient sur le sol; beaucoup sont déjà déchirés par les chiens; quelques bêtes blessées, qui achèvent de mourir, lèvent leur tête au passage bruyant des autos.

Aux Beni Smir, de nouveaux cadavres de chevaux encombrent les abords. Le corps d'un combattant est encore étendu, parmi les pierres qui couvrent le sol; une balle l'a mortellement frappé au cours de l'assaut, et l'homme est resté là, les yeux ouverts, la mâchoire blanche ricanante.

Des Beni Smir, le poste de l'Oued Zem nous apparaît avec ses toits de tôle qui brillent au soleil sur un mamelon rocheux. Quelques rares buissons marquent le lit du ruisseau qui donne son nom au poste. Sur ce dernier tronçon de la route, c'est un actif va-et-vient; les habitants qui, au moment de l'attaque, se sont réfugiés dans nos murs, reviennent aujourd'hui au douar pour ensevelir leurs morts et transporter ce que l'ennemi a épargné de leur modeste mobilier vers les misérables tentes dressées parmi les cailloux contre l'enceinte du poste. Là, au moins, ils seront en sécurité. Les malheureux auraient eu cent dix-sept morts au cours de l'affaire du 17 mars. C'est parmi les femmes et les enfants qu'on compte le plus de victimes. Quelques blessés gisent sur des brancards improvisés. Des femmes pleurent leurs morts; d'autres vont courbées, portant sur leur dos d'énormes charges d'épines sèches, de paillasson roulé ou de toile de tente; toutes ont le visage découvert; de longues mèches de cheveux s'échappent du mouchoir qui serre la tête; leur teint est jaune; le nez et les pommettes sont peints en rouge vif, le menton est tatoué de bleu. Elles portent de longues robes grises serrées à la taille par une cordelette.

Le colonel Simon ne rentrera que dans quelques jours : les opérations sont en cours. La présence du colonel Mangin n'est pas nécessaire ici en ce moment; le général Ditte l'emmène demain sur Casablanca.

20 mars. — Nous quittons l'Oued Zem à sept heures. Voici à nouveau la casbah des Beni Smir; le corps du guerrier Tadla est toujours là, le visage grimaçant, les dents découvertes; près de lui gît une matraque, avec laquelle les femmes du douar l'ont achevé. Voilà le champ de bataille du 15. Tous les chevaux blessés sont morts aujourd'hui. Nous dépassons les Ouled Abdoun, Ben Ahmed, Ber Rechid. A une heure de l'après-midi, nous sommes à Casablanca. C'est pour y apprendre que le Résident Général a décidé de faire repartir demain matin le colonel Mangin pour l'Oued Zem.

21 mars. — Nous sommes partis en deux échelons, la première auto-mitrailleuse a quitté Casablanca dès le matin. J'ai pris la seconde à midi et, moins heureux que mes compagnons, je n'ai pu arriver le soir à Bir Mezoui. Toute une série de pannes est venue ralentir la marche. J'ai dû passer la nuit au camp des Ouled Abdoun, où le capitaine Fumey et ses compagnons m'ont aimablement offert l'hospitalité.

22 mars. — J'atteins Bir Mezoui à huit heures. Il tombe une pluie fine qui rend le camp très triste; toute la nuit l'eau fouette les tentes.

X

EN COLONNE CONTRE LE ZAÏANI

23 mars. — Le Zaïani, qui commande la tribu la plus organisée et la plus redoutable du Maroc, se préparerait à marcher contre nous. Le colonel Mangin porte en avant tous les approvisionnements du camp de Bir Mezoui sur le poste de l'Oued Zem, à trois heures à l'est d'ici. La journée tout entière sera employée à cela. Le bataillon alpin protège cette opération et la réfection de la ligne télégraphique détruite par l'ennemi. Des cavaliers ennemis rôdent dans la plaine. Les patrouilles de nos amis, les Ouled Brahim de Bir Mezoui, les tiennent à distance; le caïd Omar de ce douar paraît très dévoué.

Demain nous gagnerons tous l'Oued Zem et, Bir Mezoui ayant disparu, nous n'aurons qu'un seul poste de ravitaillement à garder; nous aurons ainsi plus de troupes disponibles pour le combat.

La pluie a cessé dans la matinée; le ciel est encore chargé de nuages, mais un soleil radieux éclaire l'immense plaine couverte à l'infini de champs d'orge et de blé parsemés de fleurettes jaunes.

24 mars. — La colonne lève le camp et fait route vers l'Oued Zem. Les corbeaux tournoient au-dessus des chevaux morts qui achèvent de pourrir sur l'emplacement du combat que livra le 15 mars le lieutenant-colonel Magnin aux bandes Tadla. Près du douar fortifié de Beni Smir, qui a subi le 17 mars l'assaut de l'ennemi, un spectacle atroce s'offre à nos yeux. Les Beni Smir ont placé sur le bord de la route une douzaine de cadavres de leurs ennemis Tadla; les chiens déchirent les corps à pleines dents, fouillent les ventres, tirent les os qui apparaissent blancs sur la chair rouge; une odeur suffocante nous vient au passage. C'est une barbare coutume marocaine qui veut laisser aux oiseaux et aux bêtes les corps des vaincus. Le colonel Mangin doit insister auprès du cheikh pour qu'il consente à donner une sépulture aux débris répugnants abandonnés près du douar. Le cheikh reproche à la harka d'avoir vaincu par trahison; les assaillants avaient appelé, dit-il, les défenseurs par leur nom, ce qui fit suspendre le feu et permit à l'ennemi de se jeter par les brèches à l'intérieur de l'enceinte.

25 mars. — Nous voici dans le poste de l'Oued Zem. Le petit blockhaus est bâti sur la pente d'un coteau qui domine le lit de l'oued où court un mince filet d'eau; tout autour, des collines rocheuses et nues le dominent; aussi l'ennemi en profite-t-il pour venir depuis plusieurs mois tirer sur les murailles.

A l'intérieur, se serrent, autour de quelques

baraques de planches, les tentes et les approvisionnements. Bêtes et gens vivent pêle-mêle parmi les tas de bois et les piles de caisses. Le télégraphe est établi sous une tente. On est prêt ici à subir un siège. Des ballots de paille pressée barrent les ouvertures de l'enceinte; un large réseau de ronces artificielles, qui entoure le poste, interdit toute surprise; les étroits passages qui y sont pratiqués sont fermés soigneusement le soir. Un couloir miné conduit, à l'abri des coups de feu, jusqu'à la source où la garnison prend l'eau. Toutes ces précautions ne sont pas inutiles. Depuis sa fondation, en décembre 1912, le poste a été maintes fois attaqué. Aujourd'hui même, nos vedettes ont échangé des coups de feu avec l'ennemi.

La grosse colonne que nous amenons n'a pu songer à se loger dans le blockhaus; elle campe à l'extérieur en deux carrés qui tiennent les hauteurs voisines. Des espions affirment que Moha ou Hamou, le Zaïani, se trouve à six lieues du poste, dans la forêt, avec deux mille fusils, au camp de Botmat Aïssaoua. Le colonel Mangin décide d'aller les surprendre; nous partirons à minuit.

Moha ou Hamou est notre adversaire irréductible. Établi dans un pays boisé et montagneux, le Zaïan, véritable citadelle au cœur du Maroc central, il nous défie depuis longtemps, se croit à l'abri de nos armes et pousse contre nous les tribus voisines, qu'il menace de piller si elles ne font pas la guerre sainte. Son action se fait sentir sur nos postes du nord, El Hadjeb, Sefrou, sur lesquels il lance les Beni Mtir et Beni Mguild, et sur nos postes du sud, Oued Zem et El Boroudj, qui voient se dresser contre eux les harkas des Tadla et des Berbères de la montagne. En pays Zaër, le poste de Camp Christian aussi est souvent menacé.

Les hommes sont pleins d'enthousiasme à l'idée de prendre l'offensive. A dix heures trente, au moment où, après un court sommeil, nous nous préparons au départ, un télégramme du général Lyautey prescrit d'attendre. Ce contre-ordre provient du retard d'un télégramme qui n'est pas encore arrivé à destination et soumet au Résident Général, pour approbation, tout un programme d'action. L'ordre est donné aux troupes d'arrêter les préparatifs et nous nous apprêtons à regagner nos lits, mais presque aussitôt un autre télégramme arrive : cette fois c'est l'autorisation de châtier le Zaïani. Un nouveau contre-ordre est envoyé aux troupes ; nous partirons à minuit trente au lieu de minuit.

La colonne compte trois mille fantassins, — Sénégalais, zouaves, alpins, coloniaux, tirailleurs algériens, — quatre mitrailleuses, dix canons et quatre cents cavaliers. Huit cents chameaux portent les vivres et les munitions de réserve. Elle est fractionnée en deux groupes indépendants; celui du lieutenant-colonel Magnin forme la troupe de manœuvre, et celui du colonel Gueydon de Dives assure la protection du convoi. Jusqu'au jour, la marche se poursuit sans incident. La lune voilée par des nuages éclaire faiblement. Nous parcourons un terrain mamelonné couvert de plaques blanches rocheuses; puis, c'est une immense prairie, où les chevaux tendent le col pour happer en passant les herbages fleuris. Parfois des aboiements de chiens signalent la présence de douars invisibles.

Aux premières lueurs de l'aube, les guides signalent une Dechera; les habitants désignent ainsi une enceinte de pierre crénelée et percée de meurtrières, à l'intérieur de laquelle d'innombrables silos creusés dans le roc abritent l'orge et le blé de la tribu. Seuls, quelques gardiens habitent ces Dechera, tandis que la population vit sous la tente au milieu des troupeaux et nomadise dans la plaine. Comme toutes ces Dechera, celle des Brakça, petite tribu des Smala, qui est devant nous, couronne le sommet d'une colline. Les guides disent que ces murailles sont vraisemblablement défendues par quelques veilleurs Smala. La cavalerie reçoit l'ordre de cerner l'enceinte, afin d'éviter que les défenseurs ne prennent la fuite vers l'est pour donner l'alarme au camp de Moha ou Hamou. Spahis et goumiers marocains partent au galop sur les pentes qui montent vers la Dechera. Des coups de feu éclatent, tirés par les défenseurs. La cavalerie, qui a pris position sur les flancs et en arrière, met pied à terre et répond à ses adversaires; l'avant-garde de la colonne s'élance à l'assaut de la Dechera. L'ennemi s'échappe hors des murs et s'enfuit par le ravin abrupt qui la borde du côté opposé; la cavalerie est, dans ce terrain difficile, impuissante à poursuivre autrement que par son feu.

Le jour s'est levé. Vers l'est, par delà la Dechera où nous nous sommes arrêtés, le pays se creuse brusquement; il apparaît couvert de rides montagneuses bleuâtres; elles sont orientées du nord au sud et, par suite de cet affaissement de la région, les crêtes ne dépassent guère le sommet du plateau que nous venons de parcourir. Une chaîne plus élevée barre l'horizon.

Tout ce chaos est piqué çà et là de pitons pointus. Derrière l'un d'eux, que le guide nous désigne, serait le camp de Moha ou Hamou. Tandis que l'infanterie de l'avant-garde tient en respect par son feu l'ennemi, que la fusillade de la Dechera a fait surgir de la montagne sur toutes les crêtes, la colonne et le convoi se sont massés sur le plateau. Devant l'impossibilité de s'engager dans ces ravins avec l'artillerie montée, le colonel Mangin prend la résolution de laisser les pièces dans la Dechera à la garde du bataillon alpin. Les chameaux sont également poussés derrière ces murailles.

Toute la colonne ainsi allégée se porte résolument vers l'est. Le gros des troupes est descendu dans un long ravin et refoule l'ennemi; sur la gauche, le bataillon sénégalais qui tient les crêtes repousse les attaques des contingents Smala; à droite, sur les hauteurs, les zouaves et les soldats auxiliaires marocains chassent de crête en crête les défenseurs. Les canons de montagne aident l'infanterie à progresser dans la vallée, où l'ennemi, renforcé par les guerriers Zaïan qui commencent à arriver, apparaît de plus en plus nombreux. La colonne hâte sa marche et laisse en arrière, sur sa gauche, devant les Smala qui essaient de la ralentir, le bataillon sénégalais.

Un de nos auxiliaires Beni Smir, qui a imprudemment dépassé la ligne des tirailleurs pour s'emparer d'un mouton aperçu à l'avant, se voit pris pour un ennemi. Les balles pleuvent autour de lui. En vain, nous avertissons les tireurs les plus proches, la fusillade est continuée par les plus éloignés. Soudain, l'homme s'affaisse dans les rochers. Il est fort étonnant qu'il n'ait pas été tué plus tôt! Mais nous le voyons se relever vivement et prendre le pas de course pour rentrer dans nos lignes, sous une nouvelle grêle de balles qui saluent cette résurrection. Par miracle, notre Beni Smir n'a aucun mal. Il peut se vanter de l'avoir échappé belle et d'avoir une présence d'esprit peu ordinaire; pour faire cesser le feu, il avait imaginé ce stratagème de simuler la mort.

A dix heures, le camp de Moha ou Hamou est en vue; trois cents tentes blanches ou noires sont dressées dans la vallée, à une lieue de nous. Le colonel Mangin ordonne à la cavalerie de s'élancer à la charge sur le camp ennemi; les cavaliers d'escorte, les ordonnances à cheval se joignent à l'escadron de spahis dans le couloir qui conduit à l'objectif. Malgré le terrain rocheux et raviné, les chevaux bondissent sous les coups de feu partis des crêtes; en moins d'un quart d'heure, nous avons atteint les grandes tentes de guerre en cotonnade blanche ou en épaisse étoffe noire de poil de chameau, que l'ennemi sabré nous abandonne. Nous dépassons rapidement le camp; la cavalerie met pied à terre et, répartie sur les hauteurs qui le dominent, répond carabine au poing au feu de l'ennemi, qui s'est ressaisi et qui, revenu de sa surprise, s'avance pour reprendre son campement.

Les balles pleuvent de tous côtés. Le cheval du lieutenant Le Bihan, qui commande l'escadron, est tué; six chevaux sont blessés; celui d'un spahi qui vient de tomber mort s'échappe vers l'ennemi, qui s'en empare; quatre spahis sont blessés. Les munitions font défaut. Le peloton du lieutenant Fortoul va être obligé de lâcher la hauteur du sud et de se replier devant le nombre sans cesse croissant des adversaires. Le brigadier Barthélemy place en travers de sa selle le corps du spahi tué. Mais le canon de l'avant-garde se fait entendre; les obus sifflent au-dessus de nos têtes et vont faucher les rangs ennemis. L'infanterie, goumiers marocains et coloniaux en tête, s'avance au pas de course et réoccupe la position.

Les Zaïan se replient vers l'est par la grande vallée boisée de broussailles sèches qui court vers l'oued Grou. Toute la colonne se lance à la poursuite par les crêtes et par le fond. L'ennemi démoralisé ne tire presque plus. Le canon hâte sa fuite. Déjà nous avons gagné une lieue au delà du camp de Moha ou Hamou, quand un cavalier, à bout de souffle comme son cheval, arrive de l'arrière. Il signale que le bataillon sénégalais de l'aile gauche est complètement entouré par les Smala; il aurait, dit le messager, subi de fortes pertes et ne pourrait se dégager sans le secours de la colonne.

Abandonnant la poursuite au moment où l'ennemi va être rejoint pour la seconde fois, les troupes font demi-tour et se portent au secours des Sénégalais. Il est deux heures de l'après-midi quand un caporal d'infanterie coloniale arrive seul, très crâne, par la vallée, au-devant de la colonne, sans se soucier du danger qu'il peut courir. Il remet un mot du commandant Duchemin; son bataillon sénégalais lutte contre un millier de Smala qu'il tient en respect; il n'a perdu que deux tués et trois blessés et attend sur place le retour de la colonne. Tout va donc bien, le cavalier avait exagéré. Voici le bataillon sénégalais sur son piton; l'arrivée de l'artillerie met en fuite les Smala. A quatre heures, nous sommes tous de retour à Dechera Brakça, où nous retrouvons les alpins qui ont, dans la matinée, repoussé une petite attaque.

Nos pertes sont de sept tués et quatorze blessés. Les troupes n'ont ni mangé ni bu depuis minuit. Elles ont marché ou combattu sans arrêt pendant seize heures. Les hommes, qui n'ont pas dormi la nuit du départ — ils ont commencé leurs préparatifs à dix heures pour partir à minuit, — tombent de fatigue. Les animaux sont épuisés par l'effort. Nous camperons ici demain. Un bataillon occupe une seconde Dechera à douze cents mètres de celle tenue par les alpins. Le camp est établi en carré entre ces deux fortins, au milieu de la plaine tapissée d'herbe et couverte de champs d'orge.

Nos troupes peuvent être fières de leur victoire; la charge des spahis et la hardiesse avec laquelle ils se sont tenus sur la position en attendant l'arrivée de l'infanterie, ont démoralisé l'ennemi. Moha ou Hamou, qui se croyait inexpugnable dans sa montagne et sa forêt, est vaincu. Il a repassé en déroute l'oued Grou pour rentrer en pays Zaïan. Orgueilleux de sa puissance, le Zaïani traitait avec les sultans d'égal à égal. C'était un personnage très redouté. Moulay Hafid, pour s'en faire un allié, avait épousé une de ses filles. Le général Moinier, qui avait écrit à Moha ou Hamou, n'en avait pas reçu de réponse, et sa lettre avait été l'occasion d'un geste outrageant pour nous. En 1910, le Zaïani avait menacé la colonne Aubert, à son entrée au Tadla, de lui barrer la route à coups de fusil si elle dépassait sa frontière.

Le retentissement de l'échec que vient de subir le chef des Zaïan va être considérable.

XI

CHEZ LES SMALA

27 mars. — Les soumissions commencent à se produire. Pour les hâter, des détachements rayonnent dans les environs, visitent les Dechera abandonnées par les Smala et rapportent au camp les grains des silos. Une partie de la tribu des Beni Smir nous a suivis et campe près de nous sous des abris de pierre ou de broussaille. Les femmes broient le blé sous des meules de grès qu'on tourne à la main à l'aide d'une poignée de bois enfoncée dans un trou de la pierre. Elles vendent à nos troupes des galettes fraîches; leurs hommes se bourrent de nourriture. Les silos contiennent des charrues à socle de bois, des vivres de toutes sortes, du bois de chauffage. Les malheureux Beni Smir, razziés de tout ce qu'ils possédaient lors de l'attaque du 17 mars, reconstituent leurs approvisionnements et dirigent sur leur Dechera d'énormes convois de grain; ils ont mis la main sur les tentes et les bagages du Zaïani, qui, revanche inespérée, vont meubler leurs douars dépouillés par les excitations de ce chef.

Aux avant-postes, quelques coups de feu sont échangés avec les cavaliers Tadla, mais nous sommes à peu près tranquilles. Le marabout de Boujad, personnage considérable qui jouit dans cette partie du Maroc d'une réputation de sainteté, patrimoine de sa famille depuis des siècles, est venu voir le colonel. C'est de longue date un ami des Français; il veut s'entremettre pour négocier la soumission des tribus, opération fructueuse, car il est d'usage pour les vaincus de payer cher les intermédiaires. Le marabout est accompagné d'un personnage énigmatique, un Druse, qui lui sert de secrétaire et parle l'anglais et le français.

30 mars. — Le temps est toujours très mauvais. Avant-hier, le lieutenant de La Morlais, venu de Casablanca en aéroplane, a dû s'en retourner aussitôt. Hier, la pluie a tombé toute la journée, et, cette nuit, des torrents d'eau se sont abattus sur la région; le vent a couché nos tentes à terre. Aujourd'hui, la tempête continue à faire rage; le camp est transformé en une mare de boue. Il fait froid, les hommes grelottent. Beaucoup ont la fièvre. Les chevaux tremblent de tous leurs membres et tendent la croupe à la pluie qui les cingle et au vent qui balaie leurs crinières ruisselantes. Il nous a été impossible de partir ce matin, comme nous voulions le faire, pour visiter les Smala toujours hostiles. Le sol est trop glissant pour les chameaux. Nous avons dû organiser tout notre convoi à mulets et reporter notre départ à demain.

31 mars. — La pluie a cessé cette nuit. La colonne s'est mise en route ce matin, dans la brume épaisse qui couvre le pays. Hommes et chevaux enfoncent dans les terres rouges et boueuses des cultures. Les champs d'orge sont tout fleuris ; asphodèles mauves, chardons roses, jacinthes violettes, bourraches bleues, pâquerettes blanches, soucis jaunes, renoncules vieil or, font au sol un tapis richement bariolé. Les fenouils aux touffes de feuillage fin comme une mousse dressent leurs tiges gonflées dont la grappe fait éclater la gaine. La moutarde sauvage déroule à l'infini ses fleurettes jaunes. Les gouttelettes de rosée brillent sur toutes les feuilles. Nos chevaux arrachent en passant l'herbe tendre des orges naissantes.

A droite, au loin sur les crêtes, des cavaliers ennemis immobiles nous observent. Sans doute quelques éclaireurs chargés d'avertir les campements de notre approche. Mais, soudain, le canon se fait entendre dans cette direction : c'est le détachement du camp Christian, en route pour nous rencontrer, que l'ennemi vient d'attaquer. Tous, nous n'avons plus qu'une pensée, marcher au canon pour dégager nos camarades. Le convoi est laissé dans les murs d'une Dechera à la garde de deux compagnies sénégalaises, et la colonne allégée poursuit sa marche à bonne allure. Rien n'est en vue. Nous allons de crête en crête sans apercevoir ni ami ni ennemi, et toujours le canon tonne au loin dans la montagne. Enfin les spahis nous montrent aux flancs des coteaux des points blancs nombreux qu'ils disent être l'ennemi. Nous regardons dans nos jumelles; tout cela nous paraît immobile; ce sont sans doute des rochers éclairés par le soleil, que nos hommes prennent pour des Marocains en burnous blanc. Comme nos cavaliers maintiennent leur affirmation, nous nous portons en avant pour mieux voir.

Le pays, depuis que nous avons quitté la Dechera où est resté le convoi, est devenu aride, montueux; il est couvert de rochers et d'une broussaille de jujubiers épineux, que les indigènes dénomment pompeusement forêt. Perdrix, lièvres et serpents peuplent cette lande inculte, où les Smala font paître leurs troupeaux.

Nous voici sur une dernière hauteur, à deux mille mètres des points blancs; cette fois, il n'y a pas de doute, ce sont des Marocains qui campent là. Nous distinguons la laine rouge des tapis de selle, le blanc des burnous, la tache noire que font les animaux sur le sol étincelant au soleil. Des flocons de fumée s'échappent de ce camp. Sans doute tire-t-on sur nous? Dans les montagnes, au loin, nous entendons le crépitement des mitrailleuses et le grondement du canon; c'est bien le détachement de Christian qui continue le combat pour s'ouvrir la route vers nous. Mais que sont ces Marocains immobiles sur la pente? S'ils étaient ennemis, ils marcheraient sur nous; amis, ils viendraient à notre rencontre. L'approche d'une troupe de cavaliers partis de ce piton va nous donner la clef de ce mystère. Le capitaine Kerré, qui les commande, nous explique que nous avons devant nous l'avant-garde du détachement de Christian, attendant, à la sortie des montagnes, le gros qui combat toujours; elle tire elle-même, de temps à autre, sur l'ennemi qui tient les crêtes voisines; c'est l'explication des coups de feu qui nous paraissaient dirigés sur nous.

Une heure après, les deux colonnes se sont rejointes; le détachement de Christian, qui a dû repousser les Smala, a perdu un tué et treize blessés. Nous campons tous près de la belle source de Jarrah, à la limite des terrains de labour et des pâturages.

1er avril. — Pas un coup de feu n'a été tiré cette nuit sur le camp. Un détachement est parti à l'aube chercher de l'orge dans la Dechera Ould Kerda voisine; les Beni Smir l'accompagnent pour sonder les silos de notre vieil ennemi : Ould Kerda est le chef de guerre de la tribu Smala.

La brume est si épaisse qu'on ne se voit pas à dix mètres. Mais il fait un temps doux très agréable. La colonne du commandant Ibos nous quitte à midi pour rentrer au camp Christian. Les hommes sont remplis d'entrain; les blessés les moins gravement atteints sourient sur leur cacolet en nous disant au revoir. D'autres sont étendus sur une litière au flanc du robuste mulet qui les porte. Nous saluons au passage un mort, pauvre marsouin tombé hier, que ses camarades escortent jusqu'au cimetière du poste où il reposera en paix, dans sa tombe, à l'abri des profanations coutumières aux Marocains.

La petite colonne s'éloigne. Nous rentrons au camp tout ensoleillé. Les tentes de toile grise forment un long rectangle sur un mamelon rocheux qui domine la vallée. Les hommes lavent leur linge dans l'eau courante du ruisseau étroit qui se perd dans son propre lit à quelques centaines de pas plus loin. Tout autour de nous, des collines pelées et rousses, aux flancs couverts d'une herbe rase et de buissons d'épines, ferment l'horizon; elles s'entr'ouvrent vers le nord pour laisser passer la rivière; par la large échancrure apparaît le moutonnement bleu des montagnes Zaër, derrière lesquelles, à huit lieues d'ici, se cache Camp Christian. De grands éperviers tournoient dans le ciel bleu.

Nous séjournerons aujourd'hui à Jarrah. Hommes et animaux ont besoin de ce repos bien gagné.

2 avril. — Dans la fraîcheur du matin, la colonne quitte le camp. Laissant le désert pierreux de montagnes arides où les Smala paissent leurs troupeaux, elle s'engage dans le col qui donne accès au plateau fertile du Sud, où ces pasteurs cultivent d'immenses champs d'orge et de blé.

Arrivés sur la hauteur, nous avons arrêté nos chevaux et nous sommes retournés. Pareilles à ces chenilles jaunes qu'on dénomme processionnaires, les petites colonnes parallèles de nos soldats vêtus d'uniformes kaki escaladaient la pente. En arrière, un brouillard violet estompait la vallée; au-dessus de ces vapeurs couleur d'améthyste, la crête rectiligne de l'autre versant montrait, tout éclairée par les premiers rayons du soleil, l'étroite bande rose de ses grès arides et verte de son maigre gazon. Nous avons repris notre marche à travers le plateau aux herbes toutes trempées de rosée, bariolées de mille fleurs campagnardes.

Les tribus voisines refusent de nous vendre du grain. Nous avons dû, pour faire vivre nos animaux, fouiller, en passant, les silos des Dechera voisines. Goumiers marocains et spahis algériens sondaient le sol à coups de pierre ; quand le son laissait deviner une cachette, l'homme enfonçait sa baguette de fusil dans la couche de terre jusqu'à la pierre qui ferme l'ouverture. C'était bien un silo! Alors on voyait le chercheur gratter hâtivement jusqu'à la dalle qu'il enlevait, puis se pencher et se redresser, ravi ou déconfit, selon qu'il apercevait au fond du trou béant le vide noir ou la masse jaune des grains. La colonne a regagné son ancien camp de Dechera Brakça.

4 avril. — Le repos au camp est monotone. Depuis deux jours que nous sommes ici, la pluie tombe; jour et nuit, sans discontinuer, elle fouette nos tentes que le vent fait claquer. Il fait froid.

Les tribus, effrayées par les pertes qu'elles ont subies lors des derniers combats et désagréablement affectées par le vidage méthodique de leurs silos auquel nos troupes s'emploient activement, sont venues demander l'aman. La paix leur a été accordée sous condition qu'une amende de guerre nous serait payée. Certains des délégués envoyés par les campements pour offrir leur soumission ont leurs vêtements troués de balles.

Mais il y a encore de nombreux irréductibles. Tous les Aït Roboa des rives de l'Oum er Rbia, qui habitent à l'est de notre camp, se groupent sous leur chef Moha ou Saïd pour la guerre sainte. Les Beni Amir du Sud veulent se joindre à eux. Il va nous falloir marcher contre Moha ou Saïd. Ses contingents sont à moins d'une journée de notre camp. Son fils Houssa ou Hamou le seconde activement et prêche la guerre sainte. Un agent de renseignements nous a remis une lettre curieuse qu'une tribu adressait à ce jeune Berbère en réponse à un appel aux armes contre les chrétiens : « Nous avons reçu votre lettre et sommes très « heureux de vous savoir en bonne santé; nous « avons compris tout ce qui est relatif aux infi-« dèles et aux harkas musulmanes qui doivent « combattre dans la voie de Dieu. Samedi, après « l'assentiment de tous, les musulmans ont atta-« qué les mécréants, leur ont enlevé trois têtes « et un certain nombre de fusils. Le dimanche, les « guerriers ont pris du repos. Le lundi, ils ont « attaqué les Beni Smir et ont fourni le plus « grand effort pour pénétrer dans la Dechera. Les « Beni Smir ont été mangés; un grand nombre « de gens ont été tués des deux côtés. Des che-« vaux ont disparu, les blessés sont nombreux... « Mardi les musulmans se sont séparés; les uns « ont ramené les morts; les autres accompa-« gnaient les blessés jusqu'à leurs tentes... Après « cette dispersion, les Moujahed (guerriers) sont « restés calmes et ne se mangent pas entre eux.

« Tous s'associent parfaitement et restent saints.

« Nous n'espérons qu'en la miséricorde de Dieu « et du Prophète (que Dieu le bénisse et le sauve) « de qui viendra tout notre bien.

« Vous saluerez pour nous tout votre noble « entourage. Puissiez-vous durer en paix.

« Mohammed ben M'Hammed
« dit Ould Kerda. »

A la nuit, on nous annonce que l'agitation s'étend. Les Beni Amir ont réuni trois mille fusils, les Aït Roboa et les Chleuhs se sont encore rapprochés, toujours plus nombreux. Deux cents cavaliers sont venus tirer sur le poste de l'Oued Zem. Moha ou Saïd fait répandre le bruit qu'il rejettera les Français jusqu'à la mer. Nous prendrons bientôt l'offensive.

5 *avril.* — Il y a aujourd'hui repos au camp, sous la pluie, hélas! Un de nos chevaux est tombé en reculant au fond d'un puits étroit et profond. Il a été impossible de sauver la pauvre bête; au moment où nos efforts allaient être couronnés de succès, les cordes se sont rompues. Dans la journée, ce sont trois bœufs qui, aveuglés sans doute par la pluie, disparaissent dans le même silo. La Dechera où nous avons nos tentes est devenue dangereuse, maintenant que sont béantes les cachettes vidées de leur grain; le sol est percé comme une écumoire.

Certains de ces silos, pourtant creusés dans le

roc, sont si vastes, que nos hommes, pour se garantir de la pluie, y ont établi leur campement.

Malgré le mauvais temps, le peuple de cantiniers qui campe sous notre protection grossit chaque jour : Français, Marocains, Grecs surtout, affluent. Ces marchands que nul danger ne saurait arrêter — ils nous assiègent de demandes d'autorisation pour suivre les opérations — nous approvisionnent du superflu : tabac, bougies, sucre, thé, vin, conserves; ils ont des initiatives hardies et font venir de Marrakech à dos de chameau d'énormes charges de choux. La vente de l'alcool leur est interdite; la discipline et la santé des troupes s'en trouvent également bien. Nos hommes puisent dans ce bazar de tentes l'utile et l'agréable, tricots précieux par ces temps de pluie, cartes que s'arrachent, plus encore que nos Sénégalais et nos Algériens pourtant si passionnés de jeu, les soldats auxiliaires marocains. C'est l'intendance qui nous fournit le nécessaire : officiers et soldats prennent au convoi, contre remboursement par les popotes et les ordinaires, une ration journalière de viande, pain, légumes secs, sucre, café et bois de chauffage; c'est encore l'intendance qui délivre l'orge que consomment mulets, chevaux et chameaux.

Aussi le convoi est-il tout un monde. Il y a là des bouchers en toile bleue, des commis aux écritures, des boulangers avec leurs fours démontables. Embrigadés trois par trois avec un chamelier indigène, et formés en groupes que commandent des cavaliers notables propriétaires, les chameaux vont en bon ordre. Des officiers du train ont la direction de cette masse : chameaux de vivres, chameaux de grains, chameaux de munitions, chameaux d'allégement portant les sacs de l'infanterie, tout cela est à sa place. Il y a un deuxième groupe, celui des mulets : sections de munitions portant la réserve d'obus et de cartouches, ambulances avec les litières, les cacolets, les tentes et les médicaments, compagnie de conducteurs sénégalais, trains régimentaires avec les bagages des corps. Puis vient le groupe des mercantis que surveille la prévôté, et qui marche militairement à l'emplacement fixé dans le convoi. Quelques spahis, caracolant autour du troupeau, aident les bouchers à maintenir parmi les bœufs et les moutons récalcitrants une exacte discipline de route.

Les colonnes comptent d'autres éléments imprévus : journalistes, explorateurs, savants, délégué de la régie des tabacs, adjudicataire des peaux...

XII

LE COMBAT DE CASBAH TADLA

6 avril. — La colonne s'est mise en route vers Boujad. Les rassemblements Aït Roboa de la plaine et Chleuh de la montagne, sous le commandement du fanatique Moha ou Saïd, l'homme à l'étendard blanc, et sous l'impulsion d'un illuminé, le Tidjani, menacent les tribus soumises au saint marabout de Boujad, le Sîd (seigneur) qui nous appelle à son secours.

Il fait un temps radieux. La pluie des jours précédents a fait épanouir, sur le fond vert des fenouils délicats, des mandragores vigoureuses et des tapsias dentelés; mille fleurs au coloris admirable, soucis jaunes, glaïeuls rougeâtres, pavots écarlates, mauves rosées, goutte-de-sang aux mignonnes corolles d'un rouge sombre, étalent sous nos pas un tapis d'une richesse magnifique. Au flanc des coteaux, le soleil éclaire en vieil or ou en orange les vastes champs de soucis pressés et lustre le vert tendre des orges. Lès cailles chantent dans les sillons; les alouettes s'envolent vers le soleil.

Voir page 231.

DERNIÈRE PHASE DU COMBAT DE CASBAH TADLA

(Bombardement de Mechra Nefad. 7 avril 1913)

Les cavaliers Smala, soumis d'hier seulement, nous accompagnent. Leur étonnement est comique; la vue de cette colonne marchant en ordre parfait les plonge dans une stupeur qu'ils ne cherchent pas à cacher. Ils posent mille questions naïves. La taille gigantesque des chevaux français de notre artillerie les ahurit. Pourquoi nous arrêtons-nous toutes les heures? Quel silence règne dans les rangs! Ils constatent avec satisfaction qu'on fait du bruit au convoi « comme chez nous », déclarent-ils. Les pasteurs ont vite remarqué notre troupeau de bœufs et de moutons. « Alors vos soldats mangent de la viande tous les jours, interrogent-ils? » Et dans leurs yeux s'allume une lueur d'envie; ils ont peine à croire à notre nourriture généreuse, ces pauvres hères accoutumés à une maigre pitance, souvent à un repas frugal de grains de blé grillés au feu ou de galettes d'orge indigestes.

A mesure que nous avançons, la richesse du sol diminue; l'herbe est moins haute, le terrain se couvre de cailloux qui font trébucher nos chevaux. Puis les fleurs mêmes disparaissent; nous suivons un ruisseau bordé de coteaux pelés, arides, où paissent les nombreux troupeaux de moutons des Ouled Youssef. Leurs tentes pointues et basses, établies en cercle sur les pentes, semblent de gros tas de cendre noire sur le sol grisâtre. Nous quittons la vallée et passons le maigre ruisseau. Le plateau que nous gravissons est une vaste étendue de roc blanc, rongé par les pluies, percé de mille alvéoles et semé de gros blocs qui rendent la marche difficile.

Devant nous, les marabouts et les murs blancs des habitations pressées apparaissent. C'est Boujad. Sur la petite ville, qu'entourent des jardins verdoyants d'oliviers et de figuiers, un minaret dresse sa tour carrée; le soleil qui décline fait briller les toits verts surmontés de boules d'or des mosquées. Au loin, l'Atlas barre l'horizon de sa chaîne bleue, si nettement éclairée que, sur les pentes abruptes qui semblent toutes proches, se distinguent les moindres détails.

Le camp est établi à la tombée de la nuit dans un ravin planté d'orge; le carré entoure cinq puits abondants, où l'eau monte claire entre les parois revêtues de pierre. Le rebord du plateau, rocheux et escarpé, nous masque de l'ennemi; d'en haut, nous apercevons ses feux dans la plaine en avant de la montagne. Les campements s'étalent sur dix lieues de largeur et quatre de profondeur. On nous dit que l'alarme n'est pas donnée. Nos hommes ont reçu l'ordre de ne pas allumer de lumières.

Le colonel Mangin est allé, dès l'arrivée, faire une visite au sîd, très malade. La petite ville a des rues boueuses, mal tenues. La population nous accueille avec joie, les femmes nous saluent d'un sourire ou s'arrêtent au bord du chemin pour nous parler. C'est que nous arrivons en sauveurs. Tous les Ouled Youssef, menacés par les gens de l'Est, ont replié leurs campements de la plaine autour de Boujad; les tentes sont établies sous les murs mêmes de la ville. Déjà l'ennemi s'est emparé de troupeaux et a fait quelques prisonniers.

Il paraît que Moha ou Saïd, le chef de la harka, a son camp à deux heures d'ici. C'est un vieillard boiteux, presque aveugle, à demi impotent. Nous essaierons de le surprendre de nuit par une attaque à la baïonnette. Le sîd nous offre cinquante fantassins Beni Zemmour, résolus, prêts à marcher à l'avant-garde, sans fusil, le couteau à la main, pour cerner les tentes de ce chef. Et nous avons accepté cette proposition.

7 avril. — A deux heures du matin, par une nuit noire, la colonne abat ses tentes et charge son convoi. Les chameaux font un vacarme assourdissant, les chevaux ruent, les hommes crient. La mise en route d'une pareille masse de quatre mille hommes et de deux mille animaux par une obscurité complète n'est point une petite affaire; on n'y voit pas à deux mètres et les hommes échappent à toute direction. Enfin tout s'ébranle lentement; mais des fractions s'égarent qu'il faut ramener sur la piste; le terrain rocailleux et difficile ralentit encore la marche. A l'aube nous ne sommes qu'à quelques kilomètres du camp.

La cavalerie passe en tête; les hauteurs en avant de nous se sont garnies en quelques instants de cavaliers marocains, avec lesquels elle échange des coups de feu. Ce sont les Chleuhs de l'Atlas et les Aït Roboa de l'Oum er Rbia, qui, prévenus de notre marche, accourent au combat. La surprise est éventée. Sur notre droite galopent d'innombrables points blancs qui grossissent, et la fusillade éclate aussi de ce côté : ce sont les Beni Amir qui arrivent à la rescousse.

Il ne nous reste plus qu'à essayer de devancer l'ennemi au pont de Casbah Tadla, passage obligé des campements et des troupeaux sur l'Oum er Rbia grossi par les pluies. Et la colonne refoule résolument l'ennemi; celui-ci, qui semble avoir compris la manœuvre et veut donner le temps à ses biens de franchir le fleuve et de se mettre à l'abri dans l'Atlas, s'acharne à nous retarder. Fusils et mitrailleuses crépitent, sans diminuer l'audace des cavaliers, que leurs chefs, porteurs d'étendards blancs ou rouges, encouragent par leur bravoure et entraînent toujours en avant. Le canon a raison de cette témérité; les shrapnells frappent d'une pluie de balles les groupes les plus importants; les obus explosifs éclatent en dégageant une épaisse fumée noire sous le pas des cavaliers.

Nos troupes continuent sans arrêt leur marche vers le pont de Casbah Tadla. Vers dix heures, les minarets de la ville sont en vue, à une lieue en avant de la première ligne. La cavalerie reçoit l'ordre de charger pour s'emparer du pont. Nous partons au trot, suivis par l'artillerie qui doit protéger ce mouvement. Les obus sifflent par-dessus nos têtes et vont éclater dans les murs de la cité et sur les rives garnies de nombreux défenseurs. Les berges sont noires de troupeaux en fuite. Deux ravins très profonds sont franchis; enfin le pont de pierre apparaît, à quelques centaines de mètres de nous; nous nous engouffrons au galop dans le couloir qui y conduit. Des berges du fleuve et des murailles de la ville les Marocains nous fusillent. Aux abords de la rivière, c'est une mer de moutons pressés que nos chevaux écrasent en bondissant. Les spahis se lancent sur le pont, au pavé inégal, au parapet ruiné, et gagnent sabre au clair la hauteur opposée. Arrivés aux crêtes, ils mettent pied à terre et répondent coup pour coup à la fusillade venue de la plaine voisine où l'ennemi s'est arrêté.

Derrière nous, la ville étage sur la rive droite ses murs de pierre rose et grise, dentelés de créneaux et flanqués de bastions où perchent les cigognes, que le combat laisse impassibles. Deux minarets dressent sous le soleil de midi leurs boules de cuivre étincelantes. Le fleuve miroite au fond de la gorge où il serpente. Dans le lit encombré de rapides, l'eau se précipite en écumant sous les arches de brique du vieux pont. En avant, la plaine étale ses verdoyants pâturages jusqu'à l'Atlas, qui montre à trois lieues de nous sa masse bleue tachée de neige.

Mais l'ennemi n'a garde de nous laisser goûter en paix le charme de ce merveilleux tableau. Les balles pleuvent de tous côtés; les défenseurs encore établis dans la ville nous tirent dans le dos. Rien n'arrête cependant nos alliés, les Beni Zemmour, qu'exalte la vue des troupeaux; ils sont un millier de tous âges, vêtus de djellabas sordides et montant des chevaux trop vieux, trop jeunes ou trop maigres, à se ruer en criant de joie sur les moutons bêlants qui s'enfuient en tous sens. L'enthousiasme entraîne même nos amis à des imprudences; nous les voyons s'engager en avant sur notre droite à la poursuite des troupeaux en fuite, pour revenir brusquement à toute allure, serrés de près par les cavaliers ennemis accourus en grand nombre. Une partie de la cavalerie remonte à cheval, s'élance au secours des Beni Zemmour et rejette les Marocains dans la plaine. La colonne, qui n'a pas encore atteint le pont, mais a pu voir de loin cette scène, appuie nos cavaliers par un tir d'artillerie qui hâte la déroute de l'ennemi.

Pendant ce temps, l'infanterie de l'avant-garde arrive enfin et prend pied avec ses canons sur la rive gauche. La cavalerie peut se reposer et faire boire ses chevaux. Vers une heure de l'après-midi, toute la colonne a atteint Casbah Tadla et fait halte sur les deux rives du fleuve, à l'abri des avant-postes qui observent les cavaliers en retraite vers l'Atlas. Sur notre gauche, des masses importantes apparaissent et s'éloignent également; ce sont les guerriers qui, coupés du pont par notre marche rapide, ont franchi le fleuve à gué en aval de la ville; bon nombre se sont noyés, entraînés par le courant et la hauteur des eaux.

Malgré la fatigue des troupes, il importe de compléter le succès par une poursuite énergique. Les Beni Zemmour disent que Moha ou Saïd s'est réfugié dans son donjon de Mechra Nefad, où naît le ruisseau dont l'eau abondante et claire fait tourner ici plusieurs moulins. La colonne se remet en route après une heure de repos. .

Dans la grasse prairie bariolée de fleurs que nous parcourons, l'ennemi a abandonné dans sa fuite des morts qu'il n'a pas eu le temps d'emmener. Un cheval qui hennit, immobile à notre approche, a un membre cassé par une balle : la selle, que le cavalier a essayé d'emporter, a été jetée à quelques pas de là. Des tentes, des ustensiles de ménage jonchent la piste qui conduit à Mechra Nefad; nous apercevons les murs rouges de ce gros bastion carré, au pied de la montagne, près du Ksar de Rhorm el Alem, entouré de figuiers. L'Atlas apparaît merveilleusement bleu; ses flancs désolés, arides et nus, tombent à pic sur la plaine; des failles noires mènent aux vallées de l'intérieur où seraient les forêts de cèdres. Des trous percent la falaise où les Chleuhs abritent leurs grains; des champs d'herbe verte couvrent les ressauts; des jardins croissent près du marabout blanc de Sidi Ben Daoud sur un contrefort; mais le véritable grenier à grains, c'est cette plaine magnifique, où coulent, parmi les herbes hautes, les eaux rapides de la séguia Mechra Nefad.

Des murs de la casbah, une centaine de cavaliers s'avancent à notre rencontre et ouvrent le feu sur nous. L'artillerie les disperse à coups de canon et, bientôt, les obus à mélinite font crouler l'habitation à étage qui domine l'enceinte; des torrents de fumée noire s'en échappent. Au loin, l'ennemi est en pleine déroute. Des grappes humaines escaladent l'Atlas et, poursuivies par les feux d'artillerie, vont se réfugier hors de portée, dans des vallées où nous ne saurions les rejoindre.

Le camp est dressé à Mechra Nefad. Moha ou Saïd croyait que la colonne, après son succès, allait s'établir à Casbah Tadla; cette nouvelle marche en avant l'a obligé à s'enfuir de la demeure où il pensait se reposer des fatigues de cette rude journée. Dans sa hâte de partir, il a laissé entre nos mains sa correspondance, ses bagages, son étendard de satin blanc donné par le sultan Moulay Hassan, et son dîner — mouton, poulet et galettes de blé — que nous trouvons tout préparé. Son fils, qui se trouvait à ses côtés, a eu le bras brisé par un obus.

Le combat nous coûte deux tués et trente-sept blessés. Nos hommes ont été admirables d'entrain et d'endurance. Du 6 avril à onze heures du matin au lendemain cinq heures du soir, ils ont fait soixante kilomètres et combattu pendant onze heures.

8 avril. — Notre sommeil n'a nullement été troublé cette nuit, bien que les feux de bivouac de l'ennemi n'aient cessé de briller dans la montagne, tout près de nous. Notre but n'étant pas d'inquiéter les Chleuhs de l'Atlas, il ne nous reste qu'à revenir en arrière, à Casbah Tadla, centre du pays Aït Roboa, dont la soumission nous importe.

Nous quittons Mechra Nefad à huit heures, par un temps splendide. La montagne resplendit dans la belle lumière du matin comme un joyau. Avant le départ, pour indiquer de façon durable le châtiment infligé au promoteur du mouvement, la casbah de Moha ou Saïd a été incendiée, et la mélinite a ouvert de larges brèches dans l'enceinte. Le camp présente un aspect curieux. Nos hommes, qui avaient à se remettre des rudes fatigues du combat et n'avaient pas mangé à leur faim depuis trente heures, ont fait ripaille hier soir avec les troupeaux pris à l'ennemi. Les panses de mouton brillent par centaines, au soleil, dans l'herbe verte, comme d'énormes gouttes de rosée; têtes et carcasses de béliers grattées de leur viande jonchent la prairie.

Nous arrivons vers midi à Casbah Tadla, où la colonne campe sur les deux rives du fleuve. Notre marche n'a été inquiétée que par une centaine de cavaliers, avec qui les spahis de l'arrière-garde ont échangé des coups de feu sans même descendre de leurs montures.

La ville présente un aspect lamentable. Derrière nous, toutes les tribus voisines sont venues la mettre à sac. La plaine est couverte, au loin, de gens poussant chevaux, chameaux, mulets et ânes chargés lourdement du grain des silos. Toutes les portes ont été enfoncées; ces pillards musulmans n'ont même pas respecté la mosquée. La casbah du Sultan n'a pas non plus été épargnée; c'est d'ailleurs une ruine imposante, avec des vestiges de colonnades et de mosaïques, témoins de son ancienne splendeur. Tout a été vidé dans les vingt-quatre heures qu'a duré notre absence. Les habitants ont fui après le combat; la ville n'a gardé que ses chiens menaçants, ses cigognes immobiles sur les murs, ses pigeons et émouchets voletant effarés. Quelques mendiants sordides sont demeurés dans un vieux marabout, près du fleuve, au sommet d'une falaise écroulée, aux flancs de laquelle apparaissent les ossements blanchis, saillis des tombes ouvertes.

Une garde est mise dans la ville, avec mission d'en interdire l'accès et d'en expulser quelques incorrigibles pillards, venus pour ramasser les restes.

Nous sommes rentrés de notre visite, le long de l'Oum er Rbia, par un étroit sentier qui court parmi les roches. Nos hommes sont déjà activement occupés à pêcher barbeaux et anguilles, qui abondent dans les eaux jaunes et écumantes du fleuve. Le vieux pont de brique est encore solide, malgré les ravages du temps et les assauts du courant; mais la négligence des habitants a laissé les parapets crouler, et le tablier, en partie privé de son pavage de pierre, se creuse de trous, où gisent encore les malheureux moutons écrasés par la charge des spahis.

XIII

POINTE SUR CASBAH BENI MELLAL

9 avril. — Toute la colonne jouit ici, à Casbah Tadla, d'un repos bien gagné. Les animaux pâturent à loisir. Les hommes se baignent au bord du fleuve, lavent leur linge ou pêchent à la ligne. Des corvées de « prospecteurs » s'occupent de rechercher les silos, pour recompléter notre réserve de grains. Les avant-postes et les vedettes surveillent les groupes ennemis, qui tiraillent sur le camp. Des fumées-signaux montent dans le ciel dans la direction du sud-est; ce sont les Aït Roboa et Beni Amir, qui appellent les douars à la guerre sainte.

10 avril. — Deux alertes ont réveillé le camp cette nuit, un peu avant minuit, et plus tard vers deux heures du matin. Une bonne fusillade des postes de veille aux tranchées a repoussé ces attaques. Tout près de nous, les feux-signaux de l'ennemi éclairaient la nuit d'une lueur rouge. Il nous faut marcher contre les rassemblements en formation.

A midi, toute la colonne se met en route. L'ennemi tire de tous les côtés, même par-dessus l'Oum er Rbia, dont nous longeons la rive gauche. Le combat est assez vif. Nous passons au joli douar des Beni Madane; les habitations de terre rouge, à étages percés de petites fenêtres, et les paillotes grises, entourées d'épines sèches, sont établies sur les berges. L'Oum er Rbia forme à cet endroit une boucle presque complète, fermée par un gros bastion, d'où descend vers l'eau jaune du fleuve une belle plage de gravier. Des jardins de figuiers ombragent les replis des falaises sur la rive gauche. La colonne s'empare du douar auquel les auxiliaires mettent le feu, après avoir sorti les ruches d'osier, qu'ils enfument pour en retirer sans danger le miel. Encore doivent-ils se voiler la tête de leur burnous, pour éviter les piqûres des vaillantes bestioles en furie, et les éloigner d'une main, pour sucer de l'autre les exquis rayons de couleur ambrée.

Le combat continue contre les Marocains, de plus en plus nombreux, jusqu'à l'arrivée à Casbah Zidania, important village Beni Amir, boisé de jardins de figuiers, de mûriers et de grenadiers. Une forte casbah en ruines, aux murs rouges, dentelée de créneaux, surplombe le fleuve. Avant de camper sur la position, il nous a fallu repousser à l'arrière-garde une violente attaque de huit cents cavaliers, venus de Casbah Beni Mellal, que le canon a dispersés.

Abdallah ben Djabeur, le chef de guerre des Beni Amir, dirigeait en personne le combat. Il avait fanatisé ses bandes; la harka comprenait plusieurs milliers d'hommes; les cavaliers étaient bien armés, mais une bonne partie des fantassins étaient venus à notre rencontre avec des matraques qui, leur avait affirmé un marabout, devaient suffire pour mettre en déroute les Infidèles. Un de nos spahis en flanqueur a reçu des coups de fusil en même temps que des invectives. « Que venez-vous faire chez nous, chiens de chrétiens ! Qui vous a appelés? » Le spahi aurait pu lui répondre que c'étaient les Aït Roboa qui avaient pénétré chez nous pour attaquer le poste de l'Oued Zem et nos convois, alors que nous les laissions en paix. Il s'est contenté, pour tout argument, de décharger sur lui sa carabine, du haut de son cheval. Nous marcherons demain sur Casbah Beni Mellal, au pied de l'Atlas, pour punir les habitants de leur participation à l'agression d'aujourd'hui. Nous avons eu un zouave tué, six hommes blessés, une dizaine de chevaux et mulets hors de combat.

11 avril. — L'affaire a été chaude. Arabes de la plaine et Chleuhs de la montagne s'étaient donné rendez-vous à Casbah Beni Mellal pour y attendre notre attaque. Établie sur le dernier contrefort de l'Atlas, entourée de murailles et de vergers fort étendus, la petite ville se prête à une bonne défense. Des milliers de fantassins et de cavaliers étaient postés à la lisière des bois et dans un ravin en avant du mur d'enceinte. La plaine était couverte de groupes en marche vers Casbah Beni Mellal, pour se joindre aux défenseurs. Tout un fourmillement de piétons dévalaient, fusil en main et djellaba flottante, les pentes de la montagne.

L'artillerie avance avec pèine dans les terres lourdes des labours détrempés par les pluies et coupés de canaux à fond de vase. D'épaisses gaines de glaise noire, auxquelles collait l'herbe verte des orges, s'attachaient aux roues et les bloquaient contre le caisson, on eût dit les chars fleuris d'une fête de printemps. Pauvres canonniers! Les servants devaient à tout instant sauter à terre et dégager à la pelle l'épais enduit toujours renouvelé. Les malheureux chevaux des attelages donnaient à plein collier et, mouillés d'écume blanche, s'essoufflaïent à tirer les lourdes voitures dont les roues glissaient sans tourner dans les ornières profondes. On avançait quand même. Les fantassins, à la vue de l'ennemi, oubliaient leurs brodequins alourdis par le *tirs* (terre noire) tenace, et les Sénégalais les portaient sur l'épaule, préférant marcher pieds nus.

A un millier de mètres de l'ennemi, obéissant à un signal donné, artillerie, mitrailleuses et infanterie ouvrirent subitement un feu terrible. Couverte par la cavalerie, une batterie envoyée sur la droite prenait la position d'enfilade. Les défenseurs ripostèrent; mais, malgré tout leur courage, reculant devant cette trombe de fer, ils se replièrent dans les bois et derrière la muraille de l'enceinte pour continuer la lutte.

A onze heures, le village était enlevé d'assaut, clairons sonnant. Mais à peine y étions-nous entrés, que, de la montagne dominante, les balles se mirent à pleuvoir dru comme grêle dans les étroites rues boueuses et sur les places encombrées de gigantesques tas d'immondices puantes accumulées depuis des siècles, merveilleuses positions où l'artillerie et les mitrailleuses s'installèrent aussitôt pour tirer par-dessus les terrasses. La cavalerie, sortant par la droite à la faveur des bois, chargea vaillamment pour déblayer la hauteur qui rendait dangereuse l'occupation du village. Cinq spahis roulèrent sous leurs chevaux, abattus par les balles; un sous-lieutenant marocain culbuta, le ventre troué. L'infanterie arriva à la rescousse pour garder la position, et le combat continua contre les tireurs embusqués dans les vergers lointains et derrière les rochers de l'Atlas.

Du tas d'immondices qui nous servait d'observatoire, nous voyions tout autour de nous les terrasses de Casbah Beni Mellal surmontées d'étages à fenêtres étroites grillagées. Les ruines imposantes de la casbah, verdies par le temps et couronnées de cigognes indifférentes au bruit du canon et de la fusillade, et immobiles sur leurs nids de brindilles, s'harmonisaient avec le somptueux décor de l'Atlas aux premières pentes couvertes de prairies jaunes, aux gorges sombres enfoncées dans le massif nu et sévère, malgré la tache noire des chênes et des cèdres lointains et les traînées blanches des neiges. Les remparts rouges de la ville découpaient leur ligne crénelée sur le front sombre des vergers. Les portes de bois ouvertes sur les rues tortueuses laissaient voir des cours inondées d'eau croupissante et brune. Une odeur pestilentielle se dégageait de cette ville, vaste tas de fumier humain où les mouches vivaient en essaims compacts et répugnants. Tous les hommes valides avaient fui; il ne restait que les juifs toujours barbus, l'air apeuré sous leur lévite noire et leur mouchoir de tête bleu à pois blancs, et quelques vieillards infirmes des deux sexes, lépreux ou fous, horrifiants échantillons d'une belle race de montagnards, dégénérés dans l'ordure d'une ville de plaine. Nous avons trouvé dans plusieurs maisons juives des distilleries d'alcool et des Marocains ivres-morts.

Nous avons quitté Casbah Beni Mellal, après avoir détruit les habitations des principaux meneurs. A peine étions-nous au bas des pentes, qu'une ruée de fantassins, accourus des montagnes sur nos talons, jaillissaient des brèches de l'enceinte et nous fusillaient à courte distance. Le cheval d'un spahi d'escorte dut être abandonné, la jambe brisée d'une balle. Quatre hommes furent blessés. Un de nos hommes, attardé dans le village, dut, pour nous rejoindre, traverser au pas de course la ligne ennemie; mitraillé par les deux camps, il arriva sans être touché, mais sans souffle, au milieu des marsouins d'arrière-garde qui le recueillirent. L'émotion de ce rescapé avait été telle, qu'il fallut le porter sur un cacolet.

Mais l'artillerie veillait dans la plaine; prévenue aussitôt d'avoir à ouvrir le feu, elle rejeta en

Voir page 273.

CASBAH TADLA. — PARTIE SUD-OUEST DE LA CASBAH

arrière, par son tir bien repéré, la horde des assaillants. Ils se cachèrent dans les ravins, mais revinrent bientôt, suivant de près alpins et coloniaux qui, rivalisant de calme, se retournaient de temps en temps pour riposter contre les plus enragés. A une lieue de là, nos adversaires découragés abandonnèrent la partie pour retourner à Casbah Beni Mellal.

Au loin, dans la plaine, une imposante colonne de cavaliers en burnous blancs était en marche; elle s'avançait au pas et en bon ordre sans paraître se soucier de nous; c'étaient les Beni Amir, qui, arrivés trop tard pour prendre part au combat, allaient rejoindre les défenseurs du village.

L'affaire nous a coûté un homme tué, douze blessés et deux douzaines de chevaux et mulets hors de combat. A six heures, par la plaine couverte de liserons roses et de glaïeuls rouges, nous rejoignons notre convoi, laissé en arrière sur l'oued Derna à la garde du lieutenant-colonel Magnin, avec deux bataillons et une section d'artillerie. La colonne a campé sur la berge qui domine de quarante pieds la large vallée plantée de figuiers et semée d'orge, dans laquelle serpente, sur un lit de gravier, l'eau claire et rapide de la rivière. Le déjeuner nous attendait depuis midi; nous l'avons pris à la tombée de la nuit. Hommes et bêtes sont harassés de fatigue.

12 avril. — Après la leçon infligée aux Aït Roboa de la montagne, nous n'avons plus rien à faire du côté de l'Atlas; la colonne se dirige vers le gué de Casbah Zidania pour passer sur la rive droite de l'Oum er Rbia chez les Beni Amir; nul doute que leur harka ne nous rejoigne dans la journée sans que nous ayons à la relancer vers Casbah Beni Mellal, où nous l'avons vue arriver hier soir.

Le fleuve a cent mètres de largeur; le courant est rapide; les eaux jaunies par les pluies sont hautes de plus d'un mètre. La corde que nous avons jetée en travers a arraché les piquets enfoncés dans les rives. Les équipes de nageurs volontaires marocains et sénégalais se dévouent à aider le passage des troupes; ils saisissent les fantassins pris de vertige dans les remous, les animaux entraînés par le courant, les hommes qui perdent pied. Grâce à leur dévouement, en cinq heures d'efforts l'opération est terminée sans accident sérieux. Hommes, chameaux, chevaux, mulets, canons et bagages, tout est sur la rive droite. Seules quelques caisses ont été emportées à la dérive; un canonnier disparu sous l'eau a pu être repêché à temps; tout un groupe de chameaux qui se laissaient stupidement pousser vers les grands fonds a été sauvé par nos infatigables nageurs tout grelottants et claquant des dents de ce bain prolongé. Nos soldats marocains ont même passé sur leur dos nos moutons, nageurs déplorables, au contraire des bœufs qui se sont lancés bravement dans le courant et ont accosté l'autre rive par leurs propres moyens. La note comique était donnée par quelques Sénégalais, nus comme vers, qui, leur besogne de nageur terminée, déambulaient fièrement, fusil sur l'épaule, chéchia sur la tète et cartouchière sur le corps, regagnant leur compagnie où leurs vêtements étaient déposés.

La harka Beni Amir, arrivée vers midi, s'était heurtée à l'arrière-garde ; mais, voyant le passage terminé, elle avait franchi le fleuve à un gué voisin pour attaquer les troupes sur l'autre rive. Notre déjeuner, déjà retardé par le passage du fleuve, a été écourté par cette affaire. Les balles pleuvaient dans le camp; un cheval de spahi fut tué au piquet. Un projectile, trouant la tente de l'ambulance, alla blesser au ventre un malheureux malade. L'artillerie, après avoir laissé les assaillants s'approcher et se grouper, leur fit bientôt perdre confiance par un effroyable tir à obus à la mélinite. Les troupes désignées pour exécuter une sortie y mirent une telle énergie, les zouaves et les auxiliaires marocains en particulier, qu'elles délogèrent à l'arme blanche l'ennemi des ravins où il s'était réfugié. De nombreux Beni Amir et Beni Moussa furent embrochés à la baïonnette; d'autres, surpris par la vigueur de cet assaut, furent faits prisonniers. Vers cinq heures du soir, tout était terminé et nous avions regagné le camp. Parmi les dix blessés que nous coûtait ce combat, le commandant Brunet, qui avait si vaillamment entraîné son bataillon mixte de zouaves et de Marocains, avait le pied traversé par une balle.

XIV

A LA RENCONTRE DES TROUPES DE MARRAKECH

13 avril. — La vigoureuse sortie d'hier nous a permis aujourd'hui de gagner sans incident les pâturages de Mohammed Nefati, dans la vallée de l'oued Bou Guerroun, où nous devons camper pendant quelques jours en attendant un ravitaillement. C'est à peine si l'arrière-garde a répondu aux quelques coups de fusil tirés par une centaine de cavaliers venus pour reconnaître notre direction de marche.

Nous avons fait une route exquise, par un beau soleil tiède, à travers une immense plaine couverte d'une herbe serrée et fine, riche pâtis où les Berbères de la montagne descendent chaque année avec leurs troupeaux. Dans ce merveilleux tapis de gazon vert tendre, doux au pied des hommes et des chevaux, mille fleurettes délicates et pressées font des taches lilas.

14 avril. — Tous nos blessés sont partis ce matin pour l'Oued Zem, où ils ont dû arriver à midi. Nous avons passé la journée au repos. L'ennemi, qui a tiré cette nuit quelques coups de fusil sur le carré, — sans avoir d'ailleurs dérangé personne autre que les sentinelles — n'a pas reparu. Seul un orage violent est venu rompre cet après-midi notre oisiveté. Une crue subite de l'oued a emporté la ligne des tentes établies en bordure du ravin, et inondé une partie du camp : nous avons dû le transporter en entier sur une colline caillouteuse, peuplée d'inoffensives couleuvres.

La détermination de l'emplacement du camp semble à première vue être chose facile. De fait, rien n'est plus simple que de tracer sur le terrain, avec des cavaliers aux quatre angles, le carré de sept à huit cents mètres de côté habituellement occupé ici par une colonne de quatre à cinq mille hommes; l'infanterie s'établit sur les faces; l'artillerie, la cavalerie, les ambulances et le convoi se placent au centre. Mais des considérations d'ordres divers interviennent pour compliquer la question; tantôt le sol rocheux empêchera de planter les tentes; tantôt existe un bois qui, pour son ombre bienfaisante, mériterait d'être englobé, alors que les conditions de la défense s'y opposent; parfois un mamelon présente au point de vue sécurité la solution séduisante, mais il est distant des puits, et certaines corvées devront faire une demi-heure de marche pour aller à l'eau, ce qui est beaucoup pour des hommes fatigués; souvent encore le camp est dominé par une hauteur, ou voisin d'un douar, d'un ravin, circonstance qui obligera à détacher de jour un poste de surveillance qu'on retirera la nuit, car, plutôt que de le voir cerné, on préférera recevoir quelques balles dans le carré. Enfin, en terrain accidenté, il faut se résoudre quelquefois à former deux ou plusieurs camps, d'où inconvénients pour le commandement, difficultés pour les distributions, et danger de voir en cas d'attaque de nuit les carrés se tirer les uns sur les autres.

L'officier d'état-major, qui, sous la protection de la cavalerie ou d'une petite escorte, devance la colonne pour arrêter le bivouac, doit, sans chercher l'impossible perfection, prendre une solution rapide, qui permette aux troupes fatiguées par l'étape de s'installer sans retard au fur et à mesure de leur arrivée sur le terrain.

15 avril. — Nous sommes aujourd'hui ravitaillés. Les Beni Amir sont toujours hésitants. Les renseignements les plus contradictoires nous parviennent sur leurs intentions. Pour presser leur soumission ou faire éclater nettement leur hostilité, nous nous mettons en route à l'aube, vers le sud, dans la direction des douars de Souk el Arba, où de gros rassemblements sont signalés.

Le pays serait privé d'eau et les puits très profonds ne sauraient alimenter une grosse colonne comme la nôtre. Nous emportons donc une réserve de cinq mille litres sur les chameaux du convoi; nous pourrons ainsi faire au besoin une bonne poursuite. Mais une surprise agréable nous est réservée. La séguia Harrar, canal généralement à sec en cette saison, et qui conduit de

Mohammed Nefati à Souk el Arba, a été remplie par l'orage, et l'eau coule rapide dans la direction du sud, en bordure de la route que nous suivons. Cailles grises striées de noir, ramiers bleus, canepetières blanches s'envolent sous nos pas dans la plaine d'herbe courte, couverte par places d'un tapis de fleurettes roses ou violâtres, qui rappelle le sol jonché de pétales doucement fanés après la défloraison des lilas. Mais ici, hélas! il n'y a pas d'arbres. Toute cette plaine est absolument nue. Sur cette pelouse verte, bariolée de fleurs, rien ne vient limiter la vue; aussi loin que l'œil peut porter, s'étalent de merveilleux pâturages que le mirage peuple de mensonges; la vibration de l'air surchauffé sur ce sol trempé par les pluies récentes fait naître au loin des lacs immenses que bordent de hauts palmiers; l'image curieuse et voilée de notre colonne apparaît en marche, à l'horizon, parallèlement à nous; les chameaux s'y distinguent des cavaliers; l'illusion est complète. Mais les pasteurs, en quittant la houlette pour le fusil, ont mis leurs troupeaux à l'abri loin d'ici; le pays est désert. Nous dépassons d'anciens campements qu'indiquent les foyers noirs abandonnés, la place des tentes nette d'herbe et les squelettes d'animaux. Des vautours énormes et blancs cherchent provende sur ces charognes desséchées.

Après une halte pour déjeuner au bord de la séguia où l'eau court sous les touffes de faux cresson, peuplées de grenouilles vertes, luisantes, nous avons repris notre marche. Les auxiliaires

Beni Zemmour, sentant l'approche de la proie, se sont placés en tête de la colonne et forment un escadron pressé, impatient de s'ébranler sur les douars de Souk el Arba, aperçus en avant de nous dans un miroitement qui les rend encore indistincts. Tous ces Marocains, qu'on se représenterait volontiers unis étroitement par une même haine confessionnelle contre l'Infidèle envahisseur, sont en réalité profondément divisés. Les Beni Zemmour, de la même grande tribu Tadla arabe que les Beni Amir, ne songent qu'à piller leurs frères avec l'appui des chrétiens! Les Smala, autre fraction de la même tribu, sont dans les mêmes dispositions; leur chef de guerre, Ould Kerda, jusqu'alors irréductible, nous a rejoints cette nuit, a offert sa soumission et marche maintenant dans nos rangs. Sera-ce pour longtemps? Nous n'en savons rien, il nous est permis de l'espérer. En tout cas, au signal donné, aucune hésitation ne s'est produite. Cette horde de burnous gris sale déferle en trombe, tant que les chevaux peuvent marcher, contre les douars inoccupés. De grandes flammes rouges s'élèvent des paillotes, d'épaisses fumées blanches s'échappent des toits pointus. C'est la seule vengeance que nous puissions tirer des Beni Amir, qui ont repoussé nos avances, fait le vide devant nous et évacué leurs troupeaux vers l'Atlas.

La perte de leurs douars leur importe moins que celle de leur bétail; mais elle leur sera quand même sensible, matériellement et moralement; le procédé, pour paraître barbare, n'est pas inhumain en ce pays, et déterminera sans doute une soumission que la mansuétude complète écarterait, et qui entraînerait tôt ou tard une rencontre, suivie de part et d'autre de pertes considérables de vies humaines.

Le village de Souk el Arba des Beni Amir est une grosse agglomération; les paillotes rondes ou carrées, aux murs de torchis entourés de haies d'épines sèches, sont étalées dans la plaine sur une large étendue autour de la coupole blanche d'un marabout.

Les puits creusés dans le roc sont profonds de cinquante à cent pieds, mais très abondants. La séguia Harrar vient mourir ici en mille ramifications parmi les champs d'orge.

J'ai visité le marabout. Dans le petit enclos que ferment des murs de terre, un maigre olivier a poussé. Franchi le seuil, c'est une cour des miracles qui s'offre à nos yeux. Dans la demi-obscurité de l'endroit, grouillent, sur de sordides loques, des vieillards et des vieilles femmes, infirmes, ridés, cassés par les ans et la maladie. Les mouches forment des plaques noires sur leurs plaies immondes et leurs yeux purulents. Une odeur atroce règne dans le saint lieu. Sur le tombeau du marabout, un baldaquin est dressé que recouvre un satin de couleur grenat. Les malades sont attachés par des cordes au bâti. Aux murs, de grands chromos allemands représentent un superbe cavalier arabe, la barbe noire et les yeux fendus en amande, qui transperce de son sabre un ogre français, encorné et piteux.

17 avril. — Il nous faut revenir vers l'Oum er Rbia, pour pacifier le Tadla sud et donner la main sur l'Oued el Abid aux troupes de Marrakech qui doivent nous aider dans cette tâche.

Les guerriers Beni Moussa se sont établis près du fleuve, à la garde des gués qui conduisent aux troupeaux mis en sûreté sur l'autre rive.

Les Beni Amir que nous laissons derrière, effrayés par notre arrivée au cœur de leur pays, nous ont promis hier leur soumission ; nous donnons rendez-vous à leurs notables à Sidi Salah, dans la vallée où nous allons combattre leurs frères les Beni Moussa, la dernière tribu qui nous reste à réduire dans le Tadla sud.

Le pays est magnifiquement plat. La terre est douce au pas des chevaux, qui happent avidement en marchant les épis d'orge déjà formés. L'œil est réjoui par le coloris chaud des fleurs. De même que la couleur et le dessin des tapis varient au Maroc avec les tribus, de même la flore change avec les contrées. Ici dominent les larges champs de soucis orange, que strient les bandes jaunes des moutardes sauvages et que piquent au premier plan les points violets des chardons. Plus loin, toute l'étendue prend la couleur uniformément verte des orges, et, plus loin encore, reparaissent les larges taches jaunes des moutardes pressées. Et toujours, masquant l'horizon, le mirage voile la terre d'une brume flottante qui rend les objets indistincts. Entre l'immense plaine bigarrée et la masse bleue de l'Atlas, les murs rouges des douars qui bordent la rive de l'Oum er Rbia apparaissent flous, baignés dans un lac aux eaux calmes...

L'inévitable combat a eu lieu. Beni Moussa de la plaine, Chleuhs de la montagne ont fait parler la poudre. Notre canon, nos mitrailleuses et le tir calme de notre infanterie, non moins qu'une vigoureuse marche en avant à la française, ont eu raison de nos audacieux et imprudents adversaires, qui ont repassé le fleuve en désordre sous une grêle d'obus et de balles. Le caïd, Ould Zidouh, vieillard corpulent et borgne, qui, en 1910, avait fait bon accueil à la colonne Aubert, est arrivé au galop dans nos lignes, sous une grêle de balles, au cours du combat. Il brandissait inutilement un drapeau blanc; nos hommes, trop souvent victimes des ruses de guerre marocaines, continuaient à tirer. C'est miracle que notre vieil allié n'ait pas été touché. Il a protesté de son dévouement à notre cause et expliqué que, au milieu de l'hostilité de sa tribu, il n'avait pu la quitter pour venir plus tôt à nous. Il apportait la nouvelle de la présence de la colonne de Marrakech sur l'Oued el Abid, où elle avait eu un combat hier avec les Beni Moussa.

Et, se plaçant à l'avant-garde, Ould Zidouh nous avait guidés vers le gué.

Nous avons à notre tour franchi l'Oum er Rbia pour camper sur l'autre rive. Le clair de lune a facilité l'opération, qui s'est terminée vers dix heures du soir. Le courant, très rapide, a entraîné un certain nombre de bagages et d'animaux. Un tirailleur algérien s'est noyé avec son mulet.

Le combat, terminé à sept heures par la déroute éperdue de l'ennemi en retraite vers l'Atlas, nous a coûté un tué et cinq blessés.

Le tir de l'artillerie a dû causer de grosses pertes à nos adversaires, qui, découragés, n'ont pas reparu dans la nuit.

18 avril. — Le caïd Ould Zidouh a conduit la colonne jusqu'à son douar, où, après une courte étape, nous campons près d'une casbah en ruine sur un plateau pierreux semé de tombes et percé de cavernes et de silos. L'Oum er Rbia roule au pied des falaises ses eaux rapides, épaisses et rouges. Nos hommes ont passé la journée dans le fleuve à pêcher les barbeaux et à s'ébattre au grand soleil.

Les tribus Beni Moussa environnantes, effrayées par notre marche en avant, par la présence au sud de leur région du détachement venu de Marrakech et par la destruction successive des harkas, impuissantes contre nos merveilleuses troupes, envoient des offres de soumission. Les délégations affluent, apportant toutes le bœuf de « targuiba » auquel elles tranchent les jarrets à coups de sabre devant la tente du vainqueur, symbole de la faiblesse qu'avoue l'adversaire.

19 avril. — Ce matin, à neuf heures, la colonne Mangin du Tadla et la colonne Savy de Marrakech se sont trouvées au rendez-vous fixé à Dar Caïd Embarek.

Le village perche ses maisons de terre rouge, à étroites tours carrées formant étage, sur le chaos de roches et les falaises des ravins en bordure de l'oued el Abid; les cigognes familières ont construit leurs nids de brindilles sur les murs; la population a déserté en partie le village; les portes sont jalousement closes par de grands tas d'épines sèches. En bas, le fleuve contourne ses eaux grises et rapides entre les murailles roses des rives encaissées, aux rochers surplombants, cadre grandiose d'une beauté sévère. Le plateau de roc affouillé de ravins, en bordure de l'oued el Abid, contraste par son aridité avec la fertile plaine qui commence à moins d'une lieue des rives. Ici, sur les bords, les habitants font ingénieusement pousser, étagés au flanc des falaises, de maigres champs d'orge, qu'arrose l'eau du fleuve péniblement montée à la corde dans d'étroites rigoles de terre cuite, du haut des bastions appuyés à la berge abrupte. A l'horizon, le Moyen Atlas abaisse ses derniers contreforts aux pentes anguleuses et pelées.

Les habitants ont fui avec leurs troupeaux dans la montagne. Il ne reste, pour nous accueillir, que quelques vieillards qui ont fait le coup de feu avant-hier contre la colonne Savy. Ils ne s'en cachent même pas : « Il y avait toute la tribu au combat, » disent-ils pour toute excuse!

L'empressement à nous recevoir n'a rien d'excessif. On sent que ces gens-là, qui nous ont vus deux fois déjà visiter leur pays pour en repartir aussitôt, ne nous craignent nullement et pensent que nous allons cette fois encore évacuer la région. Il n'y a donc pas de frais à faire avec nous.

Les eaux de l'oued el Abid sont hautes et le courant violent; la colonne Savy doit renoncer par prudence à passer le gué qui a plus d'un mètre ; elle reprendra la route de Marrakech, après avoir séjourné quelque temps encore chez les Srarna.

XV

RETOUR SUR L'OUM ER RBIA
LES TROIS COMBATS DE SIDI ALI BOU BRAHIM

20 avril. — Nous rentrons de notre côté à Dar ould Zidouh par le pied du Moyen Atlas. La plaine, bien que fertile, est couverte d'une orge maigre ; sans doute, la sécheresse de l'année a-t-elle fait manquer la récolte? Nous nous arrêtons pour déjeuner près de la belle olivette d'Erfala. Nous prolongeons la halte pour puiser aux silos l'orge qui nous fait défaut. Malgré nos demandes et le paiement généreux, les quantités de grains que nous avons pu nous procurer chez les Beni Moussa de Dar Caïd Embarek n'ont pas permis à nos animaux de manger à leur faim hier; et les recherches entreprises pour trouver les cachettes n'ont donné aucun résultat; les gens de la plaine déposent ici leurs récoltes en des abris souterrains dissimulés sous une épaisse couche de terre labourée et qui ne sauraient être découverts qu'au moyen d'alignements connus du seul propriétaire. Ici, nous serons plus heureux; les silos, placés dans une clairière au milieu des oliviers, ont leurs ouvertures apparentes au ras du sol.

Le douar d'Erfala est établi à l'entrée du col qui donne accès à l'intérieur des montagnes par une route que suivaient autrefois les mehallas chérifiennes se rendant de Marrakech à Fez. Une séguia déverse dans l'olivette par mille canaux l'eau abondante et claire qui sourd à flanc de coteau. Par l'échappée du col que barre une coquette tour de terre rouge, les pentes du Moyen Atlas apparaissent couvertes d'amandiers et de champs verdoyants. Alpins et Marocains se sont établis sur les sommets qui dominent la plaine de leurs rocs surplombants, dénudés ou couverts d'euphorbes serrées. Dans les falaises à pic sont creusées des cavernes. Des habitations de torchis perchent sur les hauteurs; vues des sommets élevés, elles montrent leurs toits plats percés d'une ouverture centrale qui donne sur une cour intérieure.

Nous sommes en butte à la curiosité inquiète et malveillante d'un certain nombre de montagnards berbères; sur de nombreuses crêtes, des silhouettes de cavaliers et de fantassins surtout s'agitent. Des coups de feu retentissent; les détonations des gros fusils à pierre ébranlent les échos de l'Atlas; les balles de petit calibre viennent siffler au-dessus du camp; nous ne répondons pas. Des groupes de forcenés poussent des clameurs hostiles qui nous arrivent jusqu'ici. Les délégations Entifa et Aït Aïad, venues pour solliciter l'aman et protester de leur amitié pour nous, déclarent que les gens qui tiraillent là-haut sont des Aït Attab de l'intérieur des montagnes. Toutes ces démonstrations

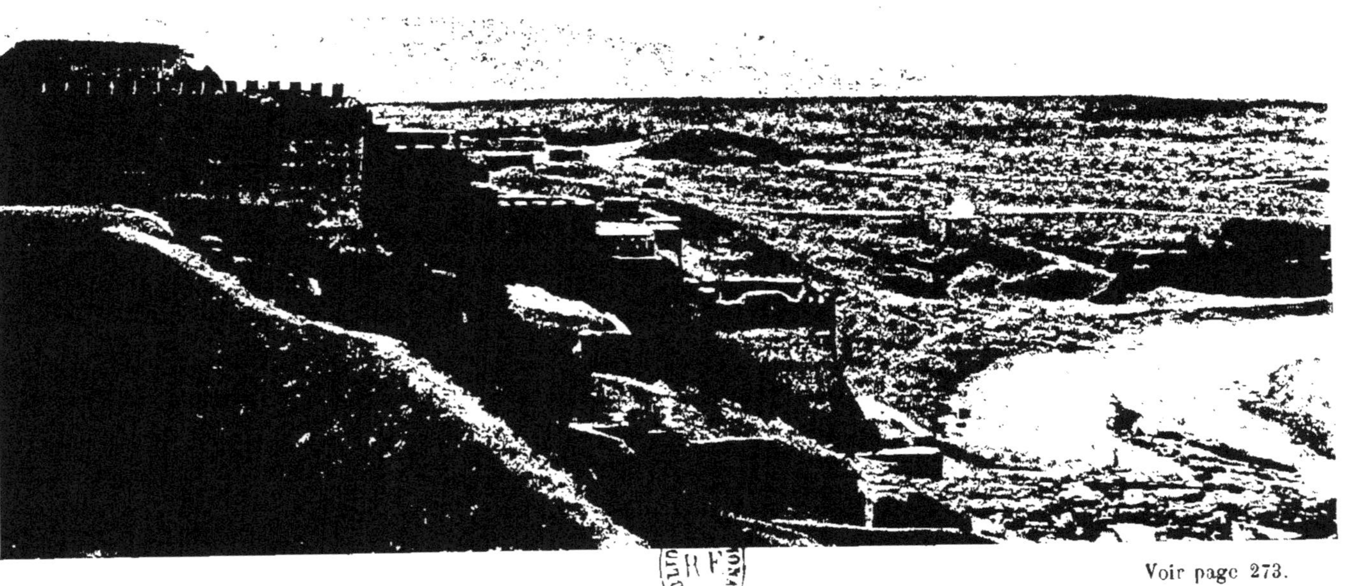

Voir page 273.

CASBAH TADLA. — SUD DE L'ENCEINTE

lointaines et inoffensives n'ont aucune importance. Malheureusement, une balle perdue tirée par un de ces énergumènes a atteint mortellement à la nuque un alpin tranquillement à sa place au convoi, près de son mulet.

Notre chargement d'orge terminé, nous payons le grain aux Entifa, auxquels il appartient en partie; leur caïd Sala Aouragh, que nous avions vu en novembre à Djemaa Entifa, de l'autre côté de l'Atlas, accompagne la colonne depuis plusieurs jours, et nous nous remettons en route, sans être inquiétés autrement que par les clameurs et les coups de feu de quelques dizaines de Berbères descendus timidement de leur perchoir, qu'ils n'ont pas tardé à regagner. A la nuit, la colonne a repris son camp d'Ould Zidouh.

22 *avril.* — Les troupes savourent depuis hier à Dar ould Zidouh un repos bien gagné; hommes et bêtes en ont grand besoin. Il a fallu cependant envoyer à l'arrière, au poste d'El Boroudj, un détachement chargé de nous ramener un convoi de vivres.

Cet arrêt permet aux assemblées des tribus de venir présenter leur soumission, et nous fait prendre le contact des populations. Un petit marché commence à se former auprès du carré. Les indigènes apportent du bois, de l'orge, du bétail, des galettes, des œufs et des poulets; les pêcheurs du village viennent vendre du poisson. Tout ce monde s'entend parfaitement avec nos troupes et ne cède d'ailleurs sa marchandise qu'à bon prix.

Diseurs de bonne aventure et charmeurs de serpents font résonner leurs tambourins; mendiants et marabouts en quête d'aumônes circulent dans le camp; un chirurgien-barbier saigne les occiputs de ses pipettes de fer-blanc, rase les crânes et taille la barbe. Jamais le Tadla n'a été si calme. Il semble extraordinaire qu'on ait pu tirer des coups de fusil dans cette région il y a quelques jours. Et pourtant nous sommes chez les terribles Beni Moussa! Il n'y a rien de tel que de bons coups pour rendre sages les gens turbulents.

23 avril. — Le colonel Mangin se rendra demain à El Boroudj pour y rencontrer le général Lyautey et discuter l'organisation militaire à donner au Tadla pour y assurer la paix. La colonne demeurera à Dar ould Zidouh, pas pour bien longtemps d'ailleurs. C'est Casbah Tadla qui, plus au nord, paraît décidément être le centre politique de la région et l'emplacement tout désigné du futur poste. L'endroit y est plus pittoresque qu'ici et le paysage moins sévère. Dar ould Zidouh, avec son sol rocheux, les rives désolées du fleuve, les maisons de terre et les lamentables ruines de la casbah, rasée au niveau du sol par la population révoltée il y a trois ans contre le caïd, est rien moins qu'intéressant. Pourtant le soleil a paré aujourd'hui l'Atlas d'une luminosité merveilleuse. La montagne, d'ordinaire grise et pelée, a pris une teinte bleue ravissante et laisse voir aux creux des pentes le vert limpide des champs d'orge. Les villages apparaissent si nets au milieu des jardins qu'on les dirait tout proches.

25 avril. — Nous sommes rentrés ce soir d'El Boroudj, où le bruit d'une attaque prochaine contre le camp laissé à Dar ould Zidouh avait couru. Le poste est fort joli. Après la traversée de cette plaine monotone, plate, privée d'arbres et couverte d'une orge courte ou d'une herbe rare, c'est une délicieuse surprise que de trouver, au milieu des collines grises et dénudées — qu'on dit riches en phosphates, — une fraîche oasis où les constructions blanches nichent au milieu de ravissants vergers, grenadiers aux fleurs éclatantes, figuiers verts, cactus aux raquettes fleuries, palmiers élancés, vignes grimpantes que peuplent mille oiseaux.

Le général Lyautey, arrivé de Casablanca en auto-mitrailleuse hier dans l'après-midi, est reparti aujourd'hui à midi. Nous avons dit adieu à la verte El Boroudj, pour revenir au camp sévère de Dar ould Zidouh. Escortés par le bel escadron de spahis marocains du capitaine Deschamp, nous avons fait nos neuf lieues rapidement par la plaine qu'ont minée les rats et les gerboises. Nos pauvres chevaux enfonçaient à chaque pas dans les galeries traîtresses. La tranquillité paraît revenue dans cette région. Moutons, chameaux, chevaux, ânes et mulets paissent l'herbe rase et fine, sous la garde des bergers pacifiques. Tout cela est fort bon signe. Le seul incident de la route a été la poursuite d'un lièvre forcé à la course par les chefs indigènes qui nous ont accompagnés à El Boroudj.

Nous avons trouvé le camp très calme, malgré l'annonce d'une attaque de nuit qui ne s'est pas produite hier, mais qui doit avoir lieu aujourd'hui. Les Berbères de la montagne sont, paraît-il, décidés à nous chasser à coups de fronde, de bâton et de couteau. Un émissaire, revenu du camp ennemi établi à Sidi Ali Bou Brahim, confirme que l'attaque est prévue pour cette nuit ou demain matin. L'homme, tout tremblant d'émotion — les sentinelles, sur lesquelles il est arrivé de nuit, ont failli tirer sur lui, et peut-être aussi, espion à la solde des deux camps, craint-il de voir sa traîtrise découverte, — reprend confiance et rit en comparant nos forces à celles de l'ennemi. D'un geste expressif et méprisant, il souffle dans le creux de sa main en parlant du nombre de nos adversaires. Avec les renforts récemment reçus, nous avons maintenant plus de six mille hommes, trois escadrons, quatre batteries, répartis en trois groupes, commandés respectivement par le colonel Gueydon de Dives, le lieutenant-colonel Magnin et le commandant Bétrix. Un de ces groupes, désigné chaque jour, assure en marche et pendant le combat la protection du convoi : les deux autres mènent le combat sous la direction du commandant de la colonne.

30 avril. — Les harkas ennemies étaient plus importantes que ne l'avait rapporté notre homme. Il nous a fallu quatre rudes et longs combats en plaine, le 26 avril à Aïn Zerga, en montagne les trois jours suivants à Sidi Ali Bou Brahim, pour disperser les milliers de combattants, arabes et berbères surtout, auxquels nous avons eu affaire et qui sont audacieusement venus nous attaquer dans nos camps, en plein jour le 26 et de nuit le 28. Les Chleuhs de la montagne, Aït Atta, Aït Attab, Aït Bou Zid, ont montré un acharnement redoutable dans la lutte. Nous avons perdu dans ces quatre engagements trente tués et soixante-dix blessés. Trois de nos hommes ont été lardés de coups de couteau dans les tranchées du camp le 28. Et, dans la même nuit, les Sénégalais aux avant-postes dans l'Altas ont dû livrer plusieurs violents corps à corps pour se dégager de leurs adversaires qui avaient escaladé des falaises presque inaccessibles. Quelques noirs laissés morts sur le terrain dans la nuit et retrouvés le lendemain seulement avaient été effroyablement mutilés, le corps brûlé, tout tailladé de coups de couteau, la gorge ouverte et la tête écrasée à coups de pierre. Leurs camarades ont juré de les venger.

Les marabouts de la zaouïa de Sidi Ali Bou Brahim ont une responsabilité particulière dans ces événements. Agents du prétendant El Hiba que nous rejetâmes dans le Sous, et prêcheurs de guerre sainte, ces pieux personnages guident le mouvement à distance, prodiguent des encouragements aux guerriers, mais se tiennent à l'écart des coups loin du champ de bataille. Ce sont les zaouïas qui ont propagé le mouvement hibiste. De Taroudant, où le bloquent les harkas des grands caïds de Marrakech, El Hiba continue à enflammer les populations de ses écrits, que colportent impunément maints émissaires, sous la protection de ces monastères de l'Islam.

Nos hommes ont montré un entrain, une endurance, un courage admirables. Marocains, Algériens, Sénégalais ou Français, tous nos soldats ont rivalisé de dévouement et de valeur. La cavalerie, dans la vigoureuse poursuite qui a terminé le combat d'Aïn Zerga le 26, a tué plus de soixante Berbères au sabre. L'infanterie a joint à plusieurs reprises l'adversaire à la baïonnette. C'est un plaisir que de mener au feu de pareilles troupes. Notre règlement de manœuvres, celui qui nous servirait en Europe, est merveilleux de simplicité et de souplesse, et si bien adapté aux nécessités du combat que l'application en est spontanée; point n'est nécessaire d'édicter des prescriptions pour les formations à adopter. La seule chose qu'il soit assez difficile d'obtenir, c'est que nos tirailleurs prennent entre eux les intervalles de quatre à cinq pas nécessaires pour diminuer la vulnérabilité. La troupe mal dressée a tendance à se serrer, et le chef a besoin d'autre part de s'habituer au commandement de longues lignes qui semblent échapper à son action. Sans que les circonstances aient été jamais absolument critiques, il y a eu de nuit dans l'Atlas quelques corps à corps impressionnants. Nos morts portaient des traces de coups de couteau ou de lance. Nous vécûmes quelques heures saisissantes lors de l'attaque de notre camp le 28 par une obscurité profonde, que perçaient seules la lueur des feux-signaux allumés par l'ennemi et celle des fusils à pierre. Sauvage vacarme que les clameurs terribles de l'ennemi mêlées au crépitement des mitrailleuses et de la fusillade, et dominées par la canonnade et le bruit du clairon sonnant la charge pour repousser l'adversaire arrivant aux tranchées.

En trois combats livrés sur le même terrain, nous sommes venus à bout de ces fanatiques Berbères, qu'encourageaient sur la ligne de feu de vieilles mégères, des jeunes femmes et des vieillards égarés. Parmi les morts abandonnés par l'ennemi, nous trouvâmes une fillette de treize ans venue au milieu des guerriers; une femme âgée, tuée également, portait en bandoulière une musette remplie de cartouches; le matricule porté sur cet objet permit de reconnaître qu'il avait été pris à un tirailleur sénégalais tué en 1910 au Tadla, lors du passage de la vaillante colonne Aubert.

Ce matin, nous avons quitté les olivettes fleuries et embaumées de Sidi Ali Bou Brahim et le village pittoresque, bâti à mi-pente à l'entrée d'une gorge boisée, au pied d'imposantes falaises. Longtemps encore, en nous retournant, nous apercevons les toits verts de la zaouïa et la coupole blanche du marabout. Nos yeux conserveront l'inoubliable spectacle des cimes de l'Atlas, où nous combattîmes dans les rocs couverts d'euphorbes serrées en plaques vertes, et des vallées verdoyantes où, parmi les champs d'orge et les bois d'amandiers, se dressent, châteaux forts imposants ou fermes coquettes, les maisons aux murs rouges et aux terrasses plates des Berbères. Il nous restera de ces dures journées le souvenir de la solidité au feu de nos soldats de toutes races. Quels beaux exemples n'ont-ils pas eus sous les yeux! Le capitaine Réquiston tué en brave à l'assaut des crêtes, alors que, le premier en tête de ses zouaves, il gravissait les pentes balayées par les balles! Le médecin-major Mallet, atteint mortellement d'une balle, au moment où, penché sur un blessé, il lui prodiguait ses soins de nuit, aux avant-postes, dans un terrain parcouru par l'ennemi et si exposé que l'infirmier sénégalais avait cru devoir lui dire : « Ne va pas là, docteur, les Marocains vont te prendre. » — « Ma place est partout où il y a des blessés, » avait répondu Mallet.

Nous sommes rentrés sur les rives de l'Oum er Rbia, à notre ancien campement d'Aïn Zerga, sans être inquiétés par l'ennemi découragé, qui n'a même pas paru. Nos hommes s'amusaient, en cours de route, à glisser au fond des innombrables trous de scorpion qui percent la plaine, de longues tiges d'herbe barbue, et à tirer hors de son logis l'affreuse bête qui, furieuse d'être chatouillée, saisissait de ses pinces le piège tendu à sa colère.

3 mai. — Nous sommes au repos depuis hier près de Casbah Zidania, où nous combattîmes le 12 avril. La vieille forteresse dresse au fond de la vallée, au bord du fleuve, ses hautes murailles; ruines imposantes qu'habitent seuls aujourd'hui des milliers de pigeons et quelques douzaines de cigognes.

Nous avons évacué ce matin sur l'ambulance de l'Oued Zem cent vingt blessés ou malades. L'escorte nous ramènera un convoi de vivres et de vêtements. Les hommes sont vêtus de guenilles et n'ont plus de chaussures. Le tabac manque. Mais nul ne se plaint. Chacun jouit tranquillement des plaisirs de la baignade, de la pêche et du doux farniente sous les grenadiers aux fleurs éclatantes et les figuiers ombreux des vergers qui bordent le fleuve.

De temps à autre, un cavalier tire sur nos vedettes. Personne ne s'en inquiète autrement. Il nous semble qu'il nous manque quelque chose lorsque les coups de feu cessent. La harka de Casbah Beni Mellal est toujours sous les armes ; elle aurait, nous dit-on, renoncé à nous attaquer, mais se préparerait à défendre la ville si nous y retournons. Les habitants, renouvelant le stratagème de la guerre de Hollande, ont inondé la plaine en lâchant les séguias afin de la rendre impraticable à l'artillerie et à la cavalerie.

4 mai. — Des coups de fusil ont été cette nuit encore tirés sur le camp. Nous avions été prévenus de l'attaque. Aux premières détonations, les hommes de garde aux tranchées ont envoyé quelques bonnes salves. Les mitrailleuses, braquées dès l'après-midi sur les crêtes dangereuses, les ont balayées en un rien de temps. Le cri de détresse d'un blessé ennemi a déchiré la nuit et tout s'est tu. Dans l'après-midi, une centaine de cavaliers sont venus tirer sur nos vedettes et se sont enfuis à l'approche d'une compagnie sénégalaise.

Les soumissions sont longues à venir. Les tribus du Tadla voisines de la montagne, Aït Roboa, Beni Amir, Beni Moussa, croient à la dislocation prochaine de la colonne et se soucient fort peu de subir les représailles des Chleuhs après notre départ. Tant que nous ne manifesterons pas nettement par la création d'un poste notre intention d'occuper le pays, nous ne verrons venir à nous que quelques douars sans importance ; tous nos efforts resteront vains ; l'argent dépensé, les fatigues demandées aux troupes, le sang versé, tout cela aura été inutile et sans résultat. La besogne sera à refaire.

Il est fort curieux de voir que ces Chleuhs, élément autochtone repoussé dans l'Atlas par l'invasion arabe, dictent aujourd'hui la loi aux gens de la plaine. Et pourtant ces montagnards vivent de la plaine ; ils ont besoin de ses pâturages, lorsque la neige chasse les troupeaux de la montagne ; ils ont besoin de ses grains, que l'Atlas, infertile en dehors de quelques vallées, ne leur donne qu'en quantité insuffisante. Une sorte de pacte lie les Arabes de la plaine aux Chleuhs de la montagne ; ceux-ci, guerriers courageux, acceptent, contre le droit de pâturage et de labour, de prêter aux premiers, en cas de danger, le secours de leurs armes et l'abri de leurs retraites. Ces Chleuhs primitifs sont redoutés des Arabes, plus affinés, pour leur cruauté et leur audace ; les razzias des montagnards sont la terreur des douars de la plaine.

Notre venue ici a délivré un certain nombre de femmes Benir Smir, faites prisonnières le 17 mars et emmenées dans la montagne. La jeune Bent Biga, qui promène ses seize ans vêtus de guenilles sur un palefroi maigre, que recouvre une misérable couverture à raies blanches et rouges, n'a revu que depuis quelques jours son père, chef du douar, venu avec nous dans l'espoir de la délivrer. Notre entrée à Sidi Ali Bou Brahim lui a rendu une liberté que l'habile ravisseur chleuh avait commencé à lui rendre moins chère. Bent Biga se défend d'avoir été maltraitée et prétend avoir été l'objet, pendant sa détention, des attentions les plus délicates.

Nous avons des Chleuh français dans la colonne :

Le 14e bataillon alpin a émerveillé les indigènes par son escalade de l'Atlas à l'attaque de Sidi Ali Bou Brahim. Nos auxiliaires marocains ne voulaient pas croire que c'étaient nos soldats qu'ils voyaient si petits, là-haut, sur les crêtes jusqu'alors inviolées et jugées inaccessibles à d'autres qu'aux montagnards du pays. Il leur a été expliqué que ces soldats se recrutaient en bonne partie chez nous parmi les populations qui habitent des montagnes plus hautes que l'Atlas. Le surnom de Chleuh a été aussitôt donné à nos alpins par les indigènes.

XVI

LE CAMP DE CASBAH TADLA

5 mai. — Nous voici de retour à Casbah Tadla. Le fleuve a baissé ; toujours aussi rapide, il n'a plus qu'une douzaine de mètres de largeur aux endroits où le lit est resserré entre les roches. Mille poissons blancs brillent sur les bancs de galets. Nos hommes font des pêches miraculeuses.

La ville a été réoccupée par les vieillards ; les jeunes gens, leur laissant le soin de nous duper et de préserver les maisons, sont partis à la harka de Beni Mellal, au pied de l'Atlas, prêts à nous combattre. Un rideau de cavaliers établi dans la plaine nous a adressé quelques coups de feu à notre arrivée. Un ou deux obus bien placés ont produit une débandade ; les cavaliers sont partis vers les montagnes emportant des blessés.

Nous avons le sentiment que la situation politique est encore incertaine. Il nous faudra atteindre les habitants du pays dans leurs biens pour les soumettre. L'Atlas leur offre un abri sûr contre nos colonnes. Nous n'avons que deux moyens de les réduire. Nous enfoncer dans la montagne, ce qui serait dangereux, ou tenir définitivement par un poste la plaine dont ils ne peuvent se passer. Il y a en ce moment des pâturages dans la montagne qui peuvent suffire aux troupeaux, mais nous tenons la récolte d'orge et de blé qui sera mûre dans quelques semaines. L'incendie des céréales peut effrayer les Arabes et les amener à composition. Moyen barbare, mais inévitable, dans une guerre contre des gens insaisissables que des combats sérieux ne suffisent pas à amener à nous.

8 mai. — Voici trois nuits marquées d'incidents. Des Tadla se sont glissés nus jusqu'aux tentes. Trois fusils ont disparu sans que leurs propriétaires se soient aperçus de rien. Un quatrième a été enlevé dans des circonstances plus tragiques; le zouave qui le détenait l'avait attaché par une courroie à son poignet; le Marocain, sentant une résistance, a planté par deux fois son poignard dans le dos du soldat. Les premiers coups de feu sont tirés chaque soir vers onze heures. Presque aussitôt la réponse arrive : quelques salves brèves qui déchirent l'air, le crépitement d'une bande de mitrailleuse, et un ou deux coups de canon dont le bruit sourd se répercute au loin jusqu'à l'Atlas. Hier soir, la séance a été particulièrement chaude et longue. Les balles sifflaient sur nos tentes. Cela a duré la nuit entière avec des accalmies qui rendaient le réveil encore plus désagréable.

Et ces exploits sont commis par quelques douzaines d'assaillants à peine qui ne valent pas une sortie. L'ennemi, reconnaissant son infériorité dans les batailles rangées, a cessé de nous offrir le combat en grosses harkas. Il nous faudrait, pour l'atteindre, aller le chercher au pied de la montagne où il se tient rassemblé. Pourtant notre présence à Casbah Tadla le gêne. Il a juré, paraît-il, de nous en déloger en nous rendant le séjour impossible par d'incessantes tirailleries. La ville est non seulement le grenier du pays, mais encore un port important. Les trains flottants de bois de cèdre qui descendent du pays zaïan s'amarrent ici en attendant de poursuivre jusqu'à Termast, au confluent de l'oued el Abid; de là, ils sont dirigés à dos de chameau vers Marrakech et les autres villes de l'intérieur. Les madriers de cèdre se vendent par couple à raison de trois douros en pays zaïan, cinq à Casbah Tadla et sept à Termast, où la Compagnie marocaine les achète.

Nous avons eu hier la visite attendue d'un avion piloté par le lieutenant de La Morlais. L'atterrissage a été mouvementé. L'aviateur, au lieu de se diriger sur le terrain préparé à l'avance et délimité par des feux, a piqué droit sur un drapeau blanc qu'agitaient dans un ravin des indigènes venus pour offrir leur soumission. L'appareil a été brisé; le pilote et son mécanicien s'en sont tirés avec des contusions heureusement peu graves. Les monoplans, trop rapides, sont inférieurs ici pour l'atterrissage aux biplans; ceux-ci peuvent planer et se laisser tomber doucement, manœuvre interdite aux monoplans, qui viendraient immédiatement s'écraser sur le sol, aussitôt l'allumage coupé. Les avions ont besoin de postes organisés, avec dépôts d'essence, ateliers de réparations et abris surtout, pour éviter aux fragiles appareils de bois et de toile les détériorations causées par les variations de température, considérables et brusques, de la journée à la nuit. Il est difficile à des colonnes qui doivent être très mobiles de s'encombrer de ces lourds impedimenta. Ainsi l'appareil mis à la disposition de troupes en opérations est condamné à regagner chaque jour son gîte fixe de l'arrière. Si le temps est incertain ou si, pour toute autre cause, l'avion qui a atterri dans un camp en pays ennemi ne peut repartir en même temps que la colonne, il l'oblige à séjourner sur place pour assurer sa sécurité, ou à lui laisser une garde qui, au Maroc, doit toujours être très forte. Peut-être des appareils métalliques, qui n'auraient pas besoin d'abri, rendraient-ils ici des services; ces avions devraient être démontables; mais encore le temps nécessaire au montage et au démontage et la difficulté de transport gêneraient-ils certainement l'emploi de ces avions et la marche de la colonne. La solution actuelle, incomplète, de la question reste celle des postes-abris à l'arrière, reliés aux troupes en opérations par la télégraphie sans fil, qui permet au commandement de donner ses ordres aux avions et de recevoir leurs renseignements d'exploration.

9 mai. — Le lieutenant de La Morlais, revenu hier de l'Oued Zem sur un nouveau monoplan, le

Garros, a atterri cette fois sans incident. Il a pu exécuter aujourd'hui un vol hardi au-dessus de la plaine qui sépare l'Oum er Rbia de l'Atlas et dans la montagne même. Le pays est vide; la population s'est réfugiée, tentes et troupeaux, au pied de la chaîne, près de Casbah Beni Mellal, dans les olivettes et les prairies. Toutes les routes venant de Casbah Tadla sont gardées par des postes prêts à donner l'alarme. L'aviateur est passé à sept cents mètres au-dessus des douars.

La journée s'est écoulée sans alerte; comme chaque jour, une reconnaissance de cavaliers ennemis est venue observer le camp, mais sans tirer un coup de feu. La nuit même a été calme; les rôdeurs se méfient de nos sentinelles, qui n'hésitent pas à leur courir dessus à la baïonnette. Avant-hier, un zouave a transpercé la jambe de l'un d'eux, qui a pu s'échapper en laissant une traînée de sang. Les Sénégalais surtout sont de sévères observateurs de la consigne. N'ont-ils pas arrêté hier soir le caïd Djilali, qui se rendait au fleuve à la tombée du jour pour ses ablutions. Le pauvre caïd des Beni Zemmour, qui nous accompagne depuis le commencement des opérations, a été amené par les noirs, malgré ses protestations, devant le colonel Mangin. Djilali riait en disant : « Alors on ne me connaît plus ici? »

Les cavaliers ennemis ont pu constater d'étranges choses; par exemple, la transformation du vieux minaret en observatoire de guerre, poste de télégraphie optique et plate-forme de mitrail-

Voir page 274.

L'AMAN AUX CHEFS DU TADLA

leuses; tout cet appareil militaire ne dérangeant nullement d'ailleurs la cigogne qui, impassible, continue, à deux mètres au-dessus du remue-ménage, à couver tranquillement ses œufs et à faire claquer son bec en imitant de façon parfaite le bruit de la mitrailleuse sa voisine. Ils ont pu voir aussi qu'une activité extraordinaire régnait chez nous. Nos Sénégalais élèvent des gourbis avec les poutres du village et le jonc des séguias. Des corvées s'emploient à abattre les maisons en ruines pour créer autour de la casbah un chemin de ronde qui facilitera la surveillance des abords du futur poste.

La vieille forteresse, construite par le sultan Moulay Ismaïl, contemporain de Louis XIV, a grand air avec ses hautes murailles grises patinées par le temps, ses créneaux imposants et ses bastions carrés. Perchée sur les rochers de la rive droite, elle domine le fleuve aux eaux rapides qui fuient vers l'antique pont de pierre et se brisent aux arches massives. A l'intérieur des remparts, la vieille mosquée dresse son minaret aux murs festonnés de briques en relief, près d'une belle colonnade ruinée, vestige d'un palais luxueux qu'attestent encore le dallage de mosaïque et les pierres sculptées au cintre des portes. Des étourneaux criards d'un noir bleu nichent dans les trous et les fissures. Une mosquée neuve et blanche s'élève tout près de l'ancienne. La salle de prière est profonde et fraîche; piliers et murs sont soigneusement peints à la chaux; les lampes ont disparu, les chaînes pendent encore au plafond. Une chaire grossière et les nattes de jonc très propres où se prosternaient les fidèles meublent seules la grande pièce. Dans un angle, une citerne donne une eau claire et pure, préférable à l'eau jaune du fleuve ou à celle magnésienne et traîtresse de la séguia qui, de Rhorm el Alem, vient se jeter ici dans l'Oum er Rbia. Une partie de la casbah est creusée de souterrains, greniers à grains appelés « rhorfas », qui prennent jour par des ouvertures rondes pouvant donner passage à un homme. Dans l'enceinte sont les gourbis de paille et les misérables huttes de terre où s'abritait un peuple de serfs indépendants de la population, dont les maisons se serrent à l'extérieur sur les rochers qu'elles semblent escalader pour prendre d'assaut les murailles. Du haut des minarets, la vue s'étend au loin sur la plaine privée d'arbres où le fleuve disparaît, profondément encaissé. Seule, la masse bleue de l'Atlas, maintenant privée de neige, rompt la monotonie de cette immense étendue que couvrent des champs d'orge et des pâturages.

10 mai. — Abdallah ben Djabeur, notable des Beni Amir, une des plus importantes tribus du Tadla, est venu offrir sa soumission. Une centaine de cavaliers, tous gens influents, armés de fusils à tir rapide, l'accompagnaient.

Ce vaincu a prétendu poser ses conditions : restitution des troupeaux que nous lui avons confisqués, nomination au commandement de la tribu dont il était le chef de guerre. Abdallah ben Djabeur a la figure énergique, ravagée, tannée par le soleil; il tire d'un geste machinal sa barbe grisonnante; les paupières bouffies ferment à demi les yeux. Ses vêtements douteux de couleur grise contrastent avec ceux très blancs de sa suite. Il a été répondu à Abdallah ben Djabeur qu'il y a quelque temps il eût obtenu tout cela très facilement. Mais il a commis un grave manquement à la parole donnée. Il avait promis, il y a un mois, de venir demander l'aman; c'était le lendemain du jour où la colonne avait occupé le gros village de Souk el Arba, au centre de la tribu; ses frères étaient venus parler en son nom; et la colonne était partie sans rien détruire, comme nous en avions pris l'engagement après cette promesse. Abdallah ne s'était pas présenté, c'est pourquoi ses troupeaux avaient été confisqués. Il avait cru prudent et habile de les confier à des tribus de l'arrière, en territoire soumis de Chaouïa, où il ne croyait pas que nous irions les trouver. Mais l'argent est un puissant moyen de découverte. Donc la restitution des troupeaux est chose impossible. Et, pour obtenir le caïdat de la tribu, Abdallah ben Djabeur devra auparavant donner des preuves d'attachement en nous aidant à soumettre les Aït Roboa et les Chleuhs de la montagne que commande son ami Moha ou Saïd.

11 mai. — La nuit est venue. Quelques coups de feu tirés par l'ennemi retentissent. Le vent s'élève, la pluie fouette nos tentes où nous avons dû nous réfugier, écourtant le dîner sous le gourbi de paille hâtivement bâti par les Sénégalais et que la tempête rend inhabitable.

La journée a été intéressante. L'arrivée récente d'Abdallah ben Djabeur consacre la soumission de tout le Tadla à l'ouest de l'Oum er Rbia. Le moment de la réorganisation du pays est venu; les candidatures au commandement des tribus, au caïdat comme on dit ici, sont âpres; les rivalités se font jour; les jalousies s'exaspèrent, et cela au spirituel comme au temporel. Il y a au Tadla deux centres rivaux d'influence religieuse : la zaouïa de Boujad et celle de Termast. Le chef de la zaouïa de Boujad, le Sîd (seigneur), tout puissant dans la région, détient la baraka (grâce) que Dieu a placée en cette famille Derkaoua et qui se transmet comme un héritage ou une couronne. Le Sîd est mort il y a une quinzaine en désignant son fils, Abd-el-Kader, un jeune homme de vingt ans, de physionomie intelligente, fortement teinté de sang noir, le visage troué par la variole, comme héritier de cette baraka.

Une vieille rivalité s'est réveillée à cette occasion. Abdallah Ben Larbi, opulent commerçant et cousin du Sîd, se dit véritable héritier de la baraka, usurpée autrefois par une branche rivale. Pour qui l'autorité française, à laquelle les deux partis en appellent, prendra-t-elle position? A qui le « Gouvernement Victorieux » donnera-t-il son appui pour l'obtention de la baraka? Le « Gouvernement Victorieux » a décidé dans sa sagesse d'observer une stricte neutralité et de laisser ces choses du spirituel s'arranger toutes seules. Pour l'instant, c'est le jeune Abd-el-Kader qui l'emporte; la faveur des foules est allée à lui et a ratifié le choix de son père. Mais, dans son triomphe, le jeune homme n'a-t-il pas voulu s'immiscer dans les affaires de la zaouïa voisine de Termast et détrôner le noble moine à barbe respectable qui nous accompagne fidèlement depuis que le succès de Sidi bou Brahim a décidément consacré notre force. Le « Gouvernement Victorieux » ne l'a pas voulu. Boujad et Termast voisineront, mais continueront dans leurs circonscriptions indépendantes — le spirituel s'allie ici de très près au temporel — à prélever les grasses prébendes qui s'attachent au prestige maraboutique.

La figure la plus curieuse de cette comédie est un énigmatique jeune homme, un Druse, Si Lhassen, au visage sympathique, doux et régulier, aux yeux de gazelle timide, au parler onctueux, à la démarche lente et noble. Venu ici on ne sait comment, ce personnage jouissait auprès du Sîd d'une influence d'origine inexpliquée, encore qu'on en donnât diverses causes. Si Lhassen, qui parle l'arabe, le français et l'anglais, joue dans toutes ces rivalités, au milieu de ces intrigues, un rôle mystérieux. Que fait cet étranger ici? Comment et pourquoi s'est-il fixé à Boujad? Il donne cette raison que le Sîd l'avait pris en affection, et qu'il est resté auprès du vénéré marabout parce que, mystiques tous deux, ils étaient seuls à pouvoir agiter les spéculations philosophiques élevées qui occupaient leur esprit. Lhassen prétend descendre d'une famille princière; il a voyagé en Europe; il dit avoir fait la guerre aux Turcs lors de la dernière révolte arabe et être resté en correspondance avec les siens. Que fait cet homme perdu au fond du Tadla? Le Sîd est mort, nul ne peut comprendre ici le mysticisme de Si Lhassen, et Si Lhassen demeure pourtant.

12 mai. — Encore une nuit troublée. A la faveur de l'orage et de l'obscurité, les Chleuhs ont organisé le vidage des silos de la plaine à quelques centaines de mètres du camp. Ils ont eu l'imprudence de ne pas conserver le silence qui convient à ce genre d'opération. Les bruits de voix sont parvenus jusqu'aux sentinelles. Une salve a dispersé les maraudeurs, qui n'étaient point tous pacifiques : l'un d'eux a été trouvé cette nuit à quelques pas de la tranchée, dans un ravin où il se glissait, le couteau à la main, pour surprendre une sentinelle; celle-ci a tué l'homme d'une balle dans la poitrine. Enfin, dans l'intérieur même de la casbah, que garde un bataillon, un factionnaire moins vigilant a reçu cette nuit un coup de poignard et s'est laissé voler son arme; les assaillants étaient entrés par un trou creusé par eux sous la muraille.

14 mai. — Les Chleuhs incorrigibles continuent à braver chaque nuit le tir des mitrailleuses, les coups de canon et les balles de nos sentinelles. La mitrailleuse de la mosquée en a encore tué un hier, et, aux abords du camp, nous relevons à l'aube les flaques de sang des blessés et des morts emportés par leurs camarades.

Abdallah ben Djabeur, qui ne quitte plus notre

camp, s'intéresse aux choses de la guerre. Après avoir, en connaisseur, admiré hier le beau spectacle de nos cavaliers, algériens, marocains ou français qui, lancés à plein galop, s'exerçaient à traverser d'un coup de pointe assurée les mannequins plantés sur le parcours, a demandé à voir de près le fonctionnement de nos canons. L'occasion s'est présentée cet après-midi. Une batterie de 75 tirait sur un groupe de cavaliers apparu dans la vallée. Abdallah s'est étonné de ne point voir nos artilleurs mettre le feu avec une allumette. Il jouissait de la propreté des longues cartouches au cuivre luisant; il vanta les effets terribles de notre artillerie. Dans un des combats qu'il nous livra, un de ses cavaliers, atteint d'un obus en pleine poitrine, fut jeté à terre avec selle et sangles brisées, tandis que le cheval continuait à galoper nu. Abdallah, qui vit éclater près de lui quelques projectiles à la mélinite, se plaignait des odeurs désagréables qu'ils répandent : « Qu'est-ce que vous mettez là-dedans? » demandait-il curieusement au capitaine Donafort qui nous traduisait ses impressions. Abdallah ben Djabeur a consenti à écrire à son ami Moha ou Saïd pour l'engager à reconnaître notre force et à se soumettre. Le farouche caïd des Aït Ouirra s'est fait lire la lettre et a renvoyé le porteur en disant qu'il allait lever de nouveaux contingents pour nous combattre.

15 mai. — Une Berbère, haute sur jambes, hardie et verbeuse, frisant la quarantaine, est arrivée au camp porteuse d'une lettre de Moha ou Saïd.

Le chef de la révolte donne un mystérieux rendez-vous à Abdallah ben Djabeur « à l'endroit que vous connaissez et pour ce que vous savez ». C'est le commencement des négociations pour la paix. Sans doute Moha ou Saïd s'est-il ravisé et se rend-il compte que nous avons vraiment cette fois l'intention de nous établir dans le pays. Nous lui avons fait annoncer la création du poste de Casbah Tadla enfin décidée. Il a dû apprendre que nous avions commencé à réparer la casbah ruinée, à boucher les brèches, à déblayer les murs croulants des vieilles habitations qui encombrent l'intérieur de l'enceinte, à inonder le sol de chaux vive pour détruire les innombrables puces qui l'habitent. Le pont a maintenant un tablier neuf, un pavé égal, des parapets continus. Les troupes ont amorcé la route carrossable qui conduira à l'Oued Zem.

Ce sont là autant d'indices qui confirment à nos adversaires la fermeté du projet annoncé et les incitent à se soumettre. Leur intransigeance était basée sur la certitude qu'ils avaient de notre départ prochain. L'occupation de Casbah Tadla, centre du pays, dépôt de grains des Aït Roboa — le sol est miné de milliers de silos et farci de blé et d'orge, — citadelle qui garde le pont, les pâturages et les terres de culture, porte un coup sensible à l'arrogance des irréductibles et les place dans l'alternative ou de périr de misère dans la montagne ou de faire la paix avec nous.

Les Berbères de l'Atlas eux-mêmes seront obligés de venir à composition, car nous tenons ici les prairies et les labours qu'ils possèdent en commun avec les Arabes de la plaine et qui sont indispensables à leur existence. « Les Chleuhs », nous disait un caïd, « sont dans leur montagne comme votre officier aviateur sur sa machine : il leur faut descendre à terre pour manger. » Il y a un grand avantage à créer une ligne de postes le long de l'Atlas. Ces Berbères, qu'on nous représente volontiers comme une fourmilière prête à se répandre dans la plaine et à submerger l'envahisseur trop hardi, sont des populations guerrières, certes, mais intelligentes, que la faim amènera à nous et qui se rendront vite compte ensuite qu'il est possible de vivre en bon voisinage avec nous. Les échanges commerciaux créeront rapidement un courant de rapprochement. La faute serait au contraire de rester en arrière de cette frontière obligée, que les Sultans occupèrent autrefois parce qu'ils en sentirent la nécessité. Nous venons de prendre Casbah Tadla, c'est bien; nous y restons, c'est mieux encore. L'occupation du Tadla ne fait que précéder celle du Zaïan, et notre installation à Casbah Kenifra devra suivre notre entrée à Casbah Tadla. Bordant ainsi l'Atlas de Taza à Marrakech et Mogador, nous serons maîtres incontestés du pays que nous tiendrons avec le minimum d'effort; plus tard, l'occupation du Sous, de la Moulouïa et du Tafilelt, prenant l'Atlas à revers, nous livrera les Berbères; une politique habile en fera nos alliés. Marrakech est là pour le prouver.

XVII

A BOUJAD ET CHEZ LES BENI AMIR

19 mai. — Nous revoici à Boujad. Les Aït Roboa tardant à faire leur soumission, un détachement a été laissé sur l'Oum er Rbia pour continuer les négociations, et le reste de la colonne, ramené en arrière, doit parcourir les territoires soumis, dont l'organisation va être définitivement arrêtée. La première étape nous a amenés à Boujad. La ville sainte est perdue au milieu d'un désert pierreux qui l'encercle à une lieue à la ronde. Après la plaine, aux pâturages parsemés de buissons, brusquement l'herbe disparaît; la pierre surgit, crève le sol de moignons rugueux, d'arêtes coupantes, de bancs épais, étale de larges dalles sonores. Sertie dans un écrin si laid, la perle qu'est Boujad apparaît de loin ravissante, blanche et rose par ses murailles que surmontent les deux minarets, les cinq toits verts des zaouïas et les dômes ronds des multiples marabouts. La dépression est tapissée d'herbes claires, de bosquets verdoyants, d'olivettes et de jardins, qu'arrosent de fraîches séguias. Quelques palmiers dressent çà et là leur panache dans ce délicieux paysage.

De plus près, la petite ville se révèle malpropre, débordante d'immondices amoncelées en tas énormes à l'extérieur, tels de noirs remparts, puantes des odeurs horribles qu'exhalent les égouts béants et les mares infectes. Dans les ruelles tortueuses, les logettes des marchands se pressent. Carrefour entre l'Atlas et l'Océan, le Zaïan et le Tadla, Boujad tire son importance de son marché. Les rues sont animées. Les femmes dévoilées regardent hardiment le passant. Boujad est renommée pour la liberté de ses mœurs. Filles publiques et éphèbes abondent. Il y a cinq bains maures, disent avec orgueil les citadins.

Dans l'ensemble, les habitations sont extérieurement bien tenues, blanchies à la chaux. Des auvents en bois sculpté décorent quelques portails. Les arcades voûtent certains passages et font des jeux de lumière dans les rues qui, après un parcours obscur, se poursuivent baignées de soleil.

La population est sympathique; elle prête avec empressement son concours à nos troupes pour la construction de la route particulièrement difficile dans ce sol rocheux. Nos médecins s'empressent à enrayer l'épidémie de variole qui décime les habitants. Le dérèglement des mœurs a transformé la cité en un vaste hôpital; les malades affluent vers nos ambulances.

21 mai. — Après deux jours passés à Boujad, nous avons pris la route de Souk el Arba pour retourner en amis chez les Beni Amir, qui nous accueillaient, il y a moins d'un mois, par des coups de feu.

L'attitude de ces Arabes à bien changé; mais leur pays est resté le même; nous retrouvons l'immuable plaine couverte d'herbe fine. La séguia qui traverse ces merveilleux pâturages a la même multitude de grenouilles, mais beaucoup moins d'eau. Le soleil a fait son œuvre et jauni la prairie. La chaleur de midi brûle toujours cette morne immensité, fait danser l'air sur le sol surchauffé et produit des mirages décevants ; les mêmes trombes de poussière se soulèvent vers le ciel en colonnes, qui s'effondrent brusquement après avoir atteint des hauteurs vertigineuses.

Des centaines de cavaliers Beni Amir, ceux-là mêmes qui nous combattaient il y a si peu de temps encore, sont venus à notre rencontre, sans armes, conduits par l'énergique Abdallah ben Djabeur, leur chef de guerre. Leurs yeux ne quittaient pas cette méhalla qui les avait battus, eux les Tadla si redoutés. Ils remarquaient nos tirailleurs algériens, des musulmans et des Arabes comme eux. Ils admiraient les énormes chevaux de France qui traînent nos canons et les monstrueux mulets de bât qui portent les obus. Ils remarquaient que nos Sénégalais conducteurs étaient tous armés de carabines, ce qui rend la surprise des convois moins facile. Ils s'étonnèrent de voir, à l'arrivée à l'étape, les unités gagner directement, sans hésitation et sans récrimination, l'endroit fixé dans le carré à chacune d'elles. L'alignement rigoureux des petites tentes les pénétra d'admiration. La révélation de la discipline de cette énorme machine où nulle contestation ne s'élevait, où pas un cri ne s'entendait, les plongea dans la stupeur.

Ils nous donnèrent eux-mêmes le spectacle de leur cohésion; un millier de cavaliers vêtus de blanc et groupés par douars s'avancèrent lentement, massés en bon ordre, poussant devant eux neuf cents moutons et deux cents charges de grains qu'ils offraient à la colonne en témoignage de soumission. Ils ne déguisèrent pas leur joie quand l'intendant leur paya tout en bon argent comptant.

Ils s'excusèrent de ne pas apporter de poulets, parce que, disaient-ils en exagérant à dessein, la colonne les avait tous mangés lors de la prise des douars.

22 *mai*. — La population est complètement rassurée. Les poulets, car il en restait, affluent sur le marché très animé. Ce matin, les élections ont eu lieu. Les notables des Beni Amir ont, dans une imposante réunion, voté par acclamation. Abdallah ben Djabeur leur chef de guerre a été élu caïd de la tribu. C'est un choix heureux pour nous. Les Beni Amir, turbulents et guerriers, ont besoin à leur tête d'un énergique comme l'est Abdallah. Comme il est d'usage en pays soumis, le nouveau fonctionnaire devra être agréé par le Sultan. Il y a bien longtemps que les gens du Tadla se passaient de rechercher cette approbation.

La séance, qui avait lieu en plein air, s'est passée sans incident. Les protestations d'un ancien caïd, seul contre tous pour avoir pressuré autrefois ses administrés, ont été étouffées par le bruit des acclamations ; ce n'était d'ailleurs pas là le chef qui convenait aux Beni Amir; l'allure de ce beau vieillard à la barbe blanche bien taillée, au teint clair, à la tenue soignée, constrastait avec la mise fruste et le visage hâlé, noirci par le soleil, de ces pasteurs grossiers. La vie est rude en pays Beni Amir; le soleil incendie la plaine qu'aucun arbre n'ombrage; il fait une chaleur accablante sous les tentes basses en épaisse étoffe noire que les femmes tissent avec le poil des chameaux. Les puits profonds ne livrent leur eau qu'aux bras robustes et aux mains fermes qui halent de longues cordes rugueuses. Sans cesse, des typhons brûlants soulèvent dans ce désert de tournoyantes colonnes de poussière. Devant nous, sous le ciel torride, embrasé par des éclairs, ces pylônes imposants et fragiles se meuvent, lentement poussés par le vent, arrachent au passage les tentes et se rejoignent à l'horizon, formant une colonnade vivante dont les éléments s'étirent, se déplacent ou se tordent furieusement, sans cesser de soutenir un épais rideau de poussière confondu avec la teinte assombrie d'un ciel d'orage.

24 mai. — Nous quittons dans la nuit Souk el Arba, sous le clair de lune qui baigne la plaine d'une douce lumière. Bientôt les cultures cessent, la terre se tapisse d'une herbe courte et fine, pâle et argentée, pâtis merveilleux que les Beni Amir réservent jalousement aux seuls troupeaux de leur tribu.

Le jour paraît; le soleil rend la plaine brûlante; l'imprudence de nos fumeurs allume dans les herbages desséchés des incendies qui gagnent avec une rapidité vertigineuse. Tout est sec ici, en cette saison, même la séguia Aïn Kaicher, qui draine en hiver l'eau d'une source merveilleuse où nous devons camper.

Voici le marabout de Si Omar, cube de terre rouge, qu'ombrage un maigre acacia, le premier arbre aperçu jusqu'ici. Le fond de l'oued est maintenant tapissé d'herbes fraîches ; l'eau de la séguia se perd brusquement aux environs du marabout. Sous un fouillis de joncs drus et verts et de plantes odorantes, le ruisseau court dans une large vallée entre les berges qui s'escarpent en rochers croulants, à pic, ou surplombants comme des ruines. Poissons et tortues fuient parmi les herbages. Les moineaux nichent par milliers dans les broussailles des rives.

Les Beni Amir qui nous accompagnent, vieillards à barbes grises, au teint brûlé, vêtus de burnous blancs et montant des poulains dociles, découvrent leurs longues dents jaunes en souriant à la vue de cet oasis. « Ici », disent-ils, « nos troupeaux mangent à satiété, boivent toute la journée à leur soif et deviennent vite très gras. »

Nous établissons nos tentes sur les deux rives. Nos hommes se livrent sans perdre de temps aux joies inoffensives de la pêche à la ligne et capturent par douzaines d'énormes barbeaux à peau dorée, de taille telle qu'on s'étonne de voir de pareils monstres dans une rivière aussi petite.

Ici, il y a deux mois, campaient les harkas ennemies, qui attaquaient journellement le poste de l'Oued Zem. Les temps sont changés et, maîtres incontestés de la région, nous jouissons paisiblement de l'agréable paysage. Dominant l'oued verdoyant, les falaises de grès rouge se couronnent d'un tapis d'herbe pâle, que les reflets du soleil couchant semblent avoir recouvert d'une couche légère de neige. Au loin, la flamme rouge des incendies continue à courir au ras du sol, et cette ligne de feu sinueuse est bientôt tout ce que nous distinguons dans la nuit qui tombe.

Voir page 289.

ADIEU AU 14e BATAILLON DE CHASSEURS ALPINS
(Boujad, mai 1913)

XVIII

EN ATTENDANT LA SOUMISSION DES AÏT ROBOA

25 mai. — La cessation des opérations ne laisse pas les troupes inactives. Une colonne visite les douars du nord pour s'assurer de leur soumission. Nos soldats indigènes s'emploient aux travaux de la piste carrossable qui reliera le 1er juin l'Oued Zem à Casbah Tadla. Dans ce dernier poste, la garnison termine le camp extérieur, fermé de solides tranchées que protège un réseau de fils de fer; elle aménage la vieille casbah, qui sert de réduit à la défense et d'abri aux approvisionnements.

26 mai. — Un accident s'est produit à Casbah Tadla. Des corvées font sauter à la mélinite des murs en ruines, épais et élevés, qui encombrent l'intérieur de la forteresse : une de ces énormes masses est venue s'abattre sur une équipe, écrasant huit Sénégalais et en blessant sept autres. La compagnie qui vient d'être ainsi éprouvée n'a pas de chance; c'est elle déjà qui avait subi de si fortes pertes au combat de Bir Mezoui le 15 mars dernier, et, le 28 avril, dans l'attaque de nuit en montagne à Sidi Ali Bou Brahim.

27 mai. — Il nous arrive une bonne nouvelle : Les harkas, lancées depuis le mois d'octobre dans la vallée du Sous, viennent enfin de triompher d'El Hiba et de le chasser de Taroudant. La ville a été prise le 24 mai. Les grands caïds étaient de leur personne à la tête de leurs contingents.

El Hadj Thami avec ses Glaoua avait gagné par le col de Telouet la haute vallée du Sous. El Ayadi avec les Rehamna, Si Taïeb avec les Goundafa passèrent par le col de Goundafi. Tous trois, réunis sous le commandement d'un frère du Sultan, Moulay Zin, avaient rejoint avec ces renforts leurs troupes qui bloquaient depuis de longs mois la capitale et l'avaient emportée d'assaut. Haïda ou Mouis, grand caïd du Sous, ministre de la guerre d'El Hiba au temps de sa puissance et venu à nous le jour de notre entrée à Marrakech, leur avait prêté un concours dévoué. Si Abd el Malek avait fait exécuter par ses M'touga une démonstration vers le col d'Ameskroud. Et la harka des Haha s'était emparée d'Agadir.

El Hiba s'est enfui dans le Sud au delà de Tisnit. Haïda ou Mouis est nommé pacha de Taroudant. Nos troupes vont occuper Agadir, et les harkas repassant au nord de l'Atlas seront licenciées. Ce magnifique résultat est dû à la politique de collaboration avec les grands caïds suivie dès notre arrivée à Marrakech. Les harkas étaient absolument dans la main de leurs chefs ; le seul appui direct que nous leur eussions prêté était celui d'une batterie d'artillerie, commandée par un lieutenant indigène algérien.

28 mai. — Ici, à Casbah Tadla, les Aït Roboa persistent dans leur attitude hostile. Chaque nuit, l'ennemi enhardi par le départ du gros de la colonne se glisse dans le village et vient piller le grain des silos creusés sous les habitations. Sur les remparts de la casbah, nos sentinelles reçoivent des coups de feu ; et le poste de police placé à l'entrée doit s'abriter des balles qui viennent percer la lourde porte de bois. Un système de mines, qui devait exploser opportunément sous nos agresseurs, n'a rien donné, ceux-ci ayant éventé le stratagème. La mitrailleuse de la mosquée a eu au début quelques coups heureux sur des points repérés pendant le jour, mais les Berbères connaissent maintenant les endroits exposés et les évitent.

Exaspérés, nos hommes brûlent de se venger. Ils en ont eu l'occasion la nuit dernière. Une embuscade a été tendue. Vingt marsouins, vingt Sénégalais et vingt goumiers marocains, chaque groupe commandé par un officier sous la direction du capitaine Velle, sont sortis pieds nus vers minuit, baïonnette au canon, sans cartouches pour éviter tout accident. Se glissant silencieusement par les ruelles en bordure du fleuve, ils sont arrivés au gué que les Chleuhs franchissent chaque nuit pour pénétrer dans le village. Sur la plage de sable, chevaux, ânes et mulets, gardés par quelques hommes, attendaient dans l'obscurité le grain que les pillards cherchaient dans les cases. Tout ce troupeau a été enlevé à la baïonnette. Les Berbères, surpris, ont été embrochés à la course, d'autres faits prisonniers; le reste, se jetant précipitamment à l'eau, a pu gagner l'autre bord. Nos hommes ont été merveilleux de sang-froid.

Ce matin, on a retrouvé, caché au fond d'un silo, un Chleuh qui, s'enfuyant au galop, avait reçu d'un caporal un coup de baïonnette dans le derrière. Un des prisonniers est un professionnel du vol; il paraît que ce métier est un véritable sport chez les Chleuhs de l'Atlas; on cite avec orgueil dans les douars de la montagne les audacieux et les habiles qui savent ramper sans bruit et disparaître avec un gros butin sans donner l'éveil. L'homme a le corps maigre et souple, le teint blanc, les yeux bleus très vifs. Il regarde hardiment et parle avec volubilité. « J'ai », dit-il avec fierté, « participé à tous les vols qui ont été commis la nuit dans votre camp. C'est moi qui ai pris un fusil sous une tente il y a huit jours. J'ai coupé, près de son gardien, l'entrave d'un cheval qu'une de vos sentinelles a tué pendant que je partais au galop sur la bête. Je puis passer partout, grimper partout. Désirez-vous que je vous rapporte le propre sabre de Moha ou Saïd? J'irai le lui enlever sous sa tente même. Voulez-vous revoir le beau cheval noir qui vous a été volé et que le fils du caïd a acheté deux cents douros? En deux jours je vous le ramène. »

En attendant l'acceptation de ses offres de service, ce gaillard est confié à la garde d'une sentinelle.

29 mai. — Notre voleur a pris la clef des champs cette nuit. Après s'être débarrassé de ses liens, on ne sait comment, il a couru le long des tentes en zigzagant; puis, franchissant avec une agilité surprenante le large réseau de fils de fer qui entoure le camp, il a disparu dans l'ombre.

30 mai. — Les blés sont mûrs. Les Chleuhs et Aït Roboa, encouragés par notre inaction, descendent de l'Atlas pour couper sans risque les récoltes entre le poste et le pied de la montagne. Du haut du minaret, nous voyons la plaine remplie de moissonneurs. Les soumissions ne font aucun progrès. Voilà qui va encore les retarder. Si ces gens-là transportent leurs grains dans la montagne, ils nous nargueront longtemps. Ne pouvant entreprendre d'opérations pour les atteindre, nous cherchons à les menacer dans leurs biens. Depuis quelques jours, le lieutenant de La Morlais effectue avec son monoplan des vols au-dessus de la plaine et lance sur les récoltes des bombes incendiaires destinées en France à la lutte contre les dirigeables. Un tube de métal placé verticalement le long du bâti permet d'opérer sans danger. L'éclatement de la grenade dans cette gaine d'acier produit une formidable détonation, qui impressionne l'ennemi plus d'ailleurs que l'incendie lui-même; les résultats matériels obtenus sont à la vérité peu importants, mais l'effet moral hâtera sans doute la soumission si lente à se produire. Les Aït Roboa ont été prévenus que, dès leur première démarche, l'avion cessera ses sorties et la moisson pourra se faire en paix dans la plaine.

XIX

CONTRE LES BERBÈRES DE KSIBA

7 juin. — Les troupes sont revenues à l'Oued Zem, après avoir parcouru tout le Tadla nord et reçu des tribus un accueil parfait. Pourtant les Aït Roboa, dont le territoire est à cheval sur les deux rives de l'Oum er Rbia, autour de Casbah Tadla, restent irréductibles. C'est de là qu'est né l'incendie qui a mis le feu au Tadla tout entier. Il est impossible de disloquer la colonne sans avoir éteint ce foyer, qui pourrait à nouveau enflammer toute la région. Les moyens pacifiques mis en œuvre depuis un long mois ont échoué. Poussés par les Chleuhs, les Aït Roboa, réfugiés dans l'Atlas, assaillent les caravanes, font des coups de main sur les isolés, tendent des guets-apens aux environs du poste. Depuis le 24 mai, les coups de feu n'ont pas cessé sur la casbah et sur le petit camp qui l'avoisine. Le propre fils de Moha ou Saïd a failli enlever un de nos camarades, le lieutenant Delhomme, à deux pas de nos lignes. C'est en vain qu'un personnage considérable, El Menebbi, ancien ministre de la guerre de Moulay

Hafid, est venu de Tanger à Casbah Tadla essayer de négocier la soumission de Moha ou Saïd, son ancien compagnon d'armes, âme de la résistance. Le vieux Berbère a accepté une entrevue dans un ravin et a témoigné la plus grande déférence à son ancien chef. Mais la foule qui assistait à l'entretien a poussé des cris de mort contre notre envoyé, qui a dû rentrer penaud, mais non encore découragé. A partir de ce jour, Moha ou Saïd a refusé de répondre à toute demande pour renouveler l'entrevue; l'insistance le trouva d'abord froid, puis ironique, puis enfin arrogant. Il apparaissait à El Menebbi que Moha ou Saïd, chef de harka, était prisonnier de ses guerriers et comme eux résolu à la lutte. Les attentats se multipliaient contre le poste, où, sous sa tente confortable meublée de tapis somptueux, messager de paix qui avait attisé la guerre, El Menebbi voyait avec mélancolie sombrer son projet de conciliation. Quelques Aït Roboa enfuis de la montagne disaient que leurs frères ne sauraient se soumettre sans perdre leur famille et leurs troupeaux, prisonniers des Chleuhs. El Menebbi proposa alors au général Lyautey la seule solution possible : la guerre à Moha ou Saïd.

Il a bien fallu s'y résoudre. Et c'est pourquoi la colonne, quittant l'Oued Zem sévère et triste, est revenue aujourd'hui à Casbah Tadla, sur les rives de l'Oum er Rbia. Le colonel Mangin a exposé son plan à tous les officiers réunis. Nous nous porterons demain dans l'intérieur de l'Atlas contre la casbah du vieux Berbère. Du poste, qu'entoure la plaine desséchée couverte d'orge jaunissante, la masse bleue de la montagne montre, distincts étonnamment, les détails de ses marabouts blancs, de ses jardins ombreux et de ses vallées fraîches, paradis lointain que nos yeux, brûlés de chaleur lourde et de poussière soulevée en rouges tourbillons, contemplent avec envie.

8 juin. — Le réveil a sonné à onze heures du soir. Nous n'avons pas beaucoup dormi. La nuit est profonde, le temps orageux. La colonne qui se forme à tâtons soulève des poussières étouffantes. A force de bonne volonté chez tous, la pesante machine s'ébranle dans l'obscurité et se dirige vers l'Atlas. Cinq mille hommes, quatorze canons, trois mille animaux foulent les orges et les blés mûrs, écrasent les tiges sèches que l'été a brûlées.

Selon l'habitude, les troupes sont articulées en trois groupes, ce qui facilite le commandement et la direction du combat. En tête, marche le groupe du lieutenant-colonel Magnin, chargé de mener l'action; derrière, le colonel Mathieu a charge de protéger le convoi; en dernier lieu vient le groupe du commandant Bétrix, à la disposition du colonel Mangin pour les besoins du combat. Chaque groupe, muni d'artillerie et d'un peu de cavalerie, se garde pour son propre compte et marche dans la direction générale de celui qui le précède; la colonne a ainsi une grande souplesse et peut faire face à tout moment à une attaque menée contre n'importe lequel de ses éléments. Chaque groupe marche étalé sur un front large, les unités très espacées sont en petites colonnes parallèles.

Voici dans l'ombre, devant nous, les murs ruinés de Mechra Nefad, où nous troublâmes en avril, le soir de Casbah Tadla, le repos que Moha ou Saïd, harassé par les fatigues d'une journée de combat, comptait prendre enfin. Quelques coups de feu retentissent. Des cavaliers fantômes, qui veillaient là, s'évanouissent vers la montagne.

Pendant que la colonne allongée serre sur la montagne, roulé dans le manteau rouge d'un spahi, je jouis d'un court sommeil que les rudes piqûres des chardons sont impuissantes à troubler. Ces quelques minutes de repos sont bien brèves. La colonne se remet en marche. Il faut remonter à cheval, les paupières pesantes. L'aube point, la fraîcheur du matin qui tombe nous fait frissonner.

Les jardins de Rhorm El Alem sont maintenant tout proches, verte ceinture d'où émergent les murs gris d'une casbah ruinée. Tout paraît vide. La cavalerie s'élance au galop. Soudain, du haut de la montagne voisine, une fusillade crépite, et les escadrons, rebroussant chemin, viennent se mettre à l'abri des murailles. Sur les crêtes, derrière leurs retranchements de pierres amoncelées, Berbères et Tadla font le coup de feu. Un de nos hommes roule à terre en gémissant. Mais l'artillerie est entrée en action et voici les marsouins qui escaladent lestement les pentes abruptes et donnent l'assaut. Toute la colonne suit et, évitant la falaise, grimpe sur ce premier plateau de l'Atlas, par une sorte d'escalier de pierre géant, d'où descend dans une faille verdoyante une abondante nappe d'eau claire.

Là-haut, ce sont des champs qu'irriguent les mille bras du torrent. Les balles sifflent, fauchent les épis jaunis et les tiges sèches : réfugié sur le revers de l'Atlas, l'ennemi dirige sur nous un feu nourri. Les canons balaient les crêtes, fouillent les cavernes, délogent les Berbères des rochers où ils s'embusquent. Sous cette protection, les troupes poursuivent leur route.

Voici, enclos d'épais vergers, le marabout de Sidi ben Daoud, qui garde l'entrée d'une gorge donnant accès dans la montagne. L'infanterie se glisse dans les jardins, en chasse les défenseurs et s'empare des falaises qui dominent l'étroit couloir. Le sentier y suit le lit semé de blocs d'un torrent, que borde un fouillis d'arbres, de hautes herbes et de ronces. Jamais nos voitures d'artillerie ne passeront ici. La fusillade crépite toujours.

Au débouché de ce dangereux passage, la vallée s'élargit, couverte à nouveau de blés mûrissants. A flanc de coteau, sur les hauteurs où les Berbères continuent à tirer et poussent des cris hostiles, quelques fermes isolées apparaissent, qu'entourent des vergers. Surprise agréable! Ces montagnes, que nous croyions infertiles, ont entre leurs rides de pierre, parsemées d'une maigre broussaille épineuse et de cactus aux piques acérées, de riches vallées qu'arrosent d'abondants ruisseaux. Les Berbères dédaignent l'orge et exigent de leur terre de belles récoltes de blé. Voici des carrés de melons bordés de ruisselets.

L'artillerie de 75 et le convoi, qui n'ont pu franchir le défilé, demeurent sur place à la garde d'une partie des troupes confiées au colonel Mathieu. Le reste de la colonne, avec le colonel Mangin, continue sa route sous la protection des Sénégalais et des tirailleurs algériens, qui marchent en flanc-garde sur les hauteurs et ripostent au feu de l'ennemi. Les deux batteries de montagne à dos de mulets nous suivent.

Nous passons un gros caroubier aux feuilles vertes et luisantes; la vallée qui tourne à droite s'élargit encore. Quelques centaines de cavaliers reculent devant l'avant-garde. Là-bas, à moins d'une lieue, une falaise à pic dresse en face de nous sa haute muraille, et les guides, en nous l'indiquant du doigt, disent que Ksiba, notre objectif, est au pied de ses rochers. La cavalerie, spahis et escadron auxiliaire marocain, s'est groupée. Nos mille cavaliers des tribus Tadla se sont joints à elle. Cette masse imposante, qui a reçu l'ordre de reconnaître la position, s'ébranle au trot, puis au galop en avant de la colonne.

Le chef d'escadrons Picard, qui commande cette reconnaissance, conduisit en septembre dernier la magnifique charge de Sidi bou Othman contre le camp d'El Hiba.

Le terrain de la vallée est favorable aux chevaux, qui galopent avec aisance dans ces labours couverts de blé et franchissent légèrement les canaux d'irrigation larges, mais peu profonds. Voici la falaise, elle borde à droite la vallée orientée ouest-est, et la cavalerie en ligne de fourrageurs défile maintenant sous le feu des tireurs embusqués au sommet de cette muraille haute de quarante pieds. Un cavalier est blessé d'une balle qui lui traverse la mâchoire. On le ramène en arrière. Le lieutenant Jeannerod, qui a son cheval tué, saute en croupe derrière un de ses hommes.

Aucun village n'est en vue au pied des rochers; la cavalerie continue sa marche. Nos Tadla aperçoivent un petit douar sur les hauteurs de gauche et se rabattent pour le piller. Et c'est à peine si une quarantaine d'entre eux, groupés autour du marabout de Boujad, Si Abd el Kader, et du caïd Djilali des Beni Zemmour, galopent encore avec nos réguliers.

Arrivé à l'extrémité est de la falaise longue d'une lieue, le commandant Picard voit enfin le village de Ksiba en retrait, au pied des éboulis de roches qui terminent la muraille. Les habitations s'entassent au flanc de l'Atlas, au milieu de vergers et de jardins en bordure de la vallée. Au centre, sur une petite place grouillante de Berbères, le marché apparaît avec ses logettes de terre.

Abrités derrière les haies, des piétons tirent sur la charge lancée maintenant à bonne allure: les balles tombent entre les deux lignes de fourrageurs sans atteindre personne. Le commandant, toujours en tête, dépasse Ksiba et s'arrête enfin sur un mamelon rocheux et boisé qui ferme la vallée, à portée de fusil du village. La cavalerie met pied à terre et répond au feu de l'ennemi; elle vient de parcourir deux lieues au galop en une demi-heure. Il est dix heures, l'infanterie est encore à six kilomètres! La bravoure du commandant, qui ne devait pas devancer la colonne de plus de trois à quatre kilomètres, l'a entraîné au delà des limites prudentes fixées par les ordres reçus au départ. En vain, ses capitaines lui représentent le danger de cette chevauchée aventureuse et la nécessité de revenir en arrière : l'avant-garde de la colonne ne saurait arriver avant une heure et demie; on peut être cerné d'ici là. L'héroïque commandant s'entête à conserver la position.

Mais voici que l'ennemi s'est aperçu du petit nombre des nôtres et commence à avancer. Des lisières du village sortent des groupes qu'entraînent les réguliers de Moha ou Saïd, reconnaissables à leur veste bleue. Beaucoup de ces gens sont armés de fusils à baïonnette. Les vedettes signalent que d'autres fantassins arrivent de l'est. Les balles sifflent de partout, même de l'arrière. Déjà des hommes et des chevaux sont blessés ou tués. Imperturbable, le commandant persiste! Des Berbères, qui se sont glissés en rampant de rocher en rocher jusque sur la position, viennent enlever deux chevaux aux cavaliers qui les gardent. Les munitions s'épuisent. L'infanterie n'est pas encore en vue. Alors, à regret, le commandant Picard se décide à ordonner la retraite.

On a perdu là une demi-heure. La cavalerie est alourdie par ses blessés; des chevaux ont été tués; des hommes sont démontés. Les pelotons désignés par le commandant Picard vont occuper la position de repli qu'il indique : un mamelon de la ligne de hauteurs, sur le versant opposé de la falaise; le commandant a décidé, en effet, de ne pas se replier par la vallée, mais de suivre le rebord nord afin d'éviter les tireurs établis sur la muraille. Cette décision va entraîner la perte de notre belle cavalerie; les collines, qui de loin apparaissent faciles, sont constituées d'éboulis de rochers, boisées de buissons épineux et difficiles à l'infanterie, impraticables à la cavalerie.

Tandis que les fractions de tête s'ouvrent un passage à travers les fantassins berbères embusqués déjà sur la route de retour, bravement le commandant reste à l'arrière-garde avec le peloton du lieutenant de Goutel. Trois fois, il réunit quelques cavaliers pour repousser l'ennemi qui presse les blessés et les hommes démontés. « Ralliement! » crie-t-il. « Nous ne pouvons abandonner nos camarades! » Ces héroïques retours offensifs deviennent bientôt impossibles : le terrain, véritable amoncellement de rochers, disperse nos cavaliers occupés à trouver un passage entre les blocs; l'ennemi est de plus en plus nombreux. Le cheval du commandant, atteint d'une balle, n'avance plus; le lieutenant de Goutel le pousse à coups de plat de sabre. Un escalier de pierres se présente; les deux officiers se séparent pour l'escalader; le commandant prend à droite, disparaît derrière des buissons, et le lieutenant ne l'aperçoit plus. Du sommet de la colline, des spahis voient le commandant tomber, atteint d'une balle dans le dos, et les Marocains se jeter sur lui et l'achever avec leurs poignards. Le lieutenant Ract Brancaz se précipite à son secours avec quelques hommes, tue un des assaillants, mais, entouré lui-même, doit se faire une trouée dans les rangs ennemis; son cheval est tué; un brigadier prend l'officier sur sa monture. Toute lutte est devenue impossible.

Alors, se frayant route dans les rochers que les chevaux escaladent péniblement, les cavaliers se battent pour leur propre compte. Beaucoup ont des camarades en croupe. Le capitaine Deschamps et le maréchal des logis Murat, qui porte vaillamment son grand nom, se retournent plusieurs fois pour foncer sur les Berbères. Démonté, le lieutenant Bonnet-Mazimbert se défend avec calme, revolver au poing, et tombe mortellement atteint à la tête et à la poitrine.

Il est impossible de continuer la route par les hauteurs, et nos cavaliers redescendent dans la vallée. Les Berbères se dressent dans les blés! Le capitaine de Mazerat, habile tireur, a pris une carabine et ouvre la route; bien que gêné par son ordonnance qui, en croupe, lui tient les épaules et tressaille à chaque balle qui passe, il abat alternativement à droite et à gauche, comme à la cible, les montagnards qui tentent de l'arrêter, et, der-

Voir page 272.

LIEUTENANT AVIATEUR DE LA MORLAIS PARTANT EN RECONNAISSANCE

rière lui, tout un peloton d'isolés s'est groupé, qu'il sauve par sa présence d'esprit.

Enfin, apparaissent nos cavaliers Tadla, toujours arrêtés au milieu de la vallée. Embusqués derrière les murettes d'un douar, ils font cesser par leurs feux la poursuite de l'ennemi et permettent à notre cavalerie de se reformer. Au même instant, arrive l'infanterie. Il est onze heures. Spahis, auxiliaires marocains comptent leurs morts. Trente hommes sont tués, cinq sont blessés.

On se reporte en avant pour ramasser les corps laissés sur le terrain. L'ennemi s'enfuit. Voici un maréchal des logis français qui se dresse dans les rochers et fait signe à nos tirailleurs. Le malheureux, accueilli, embrassé, raconte que, galopant en haut de la colline, il était tombé avec son cheval abattu par une balle, et, sur le point d'être fait prisonnier, il s'était jeté dans le vide, du haut d'une falaise; des buissons avaient amorti sa chute et il s'était glissé en rampant dans une sorte de caverne. Là, dans une attente anxieuse, il avait vu par une fente étroite les Berbères courir au combat; le bruit d'une fusillade était arrivé jusqu'à lui; il vit les guerriers revenir en arrière et entendit le bruit des mitrailleuses. C'était la colonne qui arrivait. Alors, quittant sa cachette, s'aidant des pieds et des mains, il avait escaladé des rochers à pic et nous avait aperçus.

La colonne, repoussant l'ennemi qui tiraille à nouveau, arrive sur le terrain de la charge, ramasse les corps des cavaliers. Les guides disent que la casbah de Moha ou Saïd se trouve au delà de Ksiba, vers l'est. Le colonel Mangin ordonne de continuer la marche. On dépasse le village. Voici, couverte d'étuis de cartouches et de cadavres de chevaux, la position où le commandant Picard arrêta la charge et prescrivit le combat à pied. Bientôt, du haut d'un mamelon, le repaire de Moha ou Saïd surgit dans une gorge ; les hautes murailles crénelées émergent des vergers touffus. Les obus trouent la forteresse. L'infanterie s'élance dans les jardins et donne l'assaut. Vingt Berbères sont tués à la baïonnette.

A quatre heures de l'après-midi, la colonne, qui a atteint son objectif, revient en arrière. Il est trop tard aujourd'hui pour détruire le village de Ksiba ; il nous faut rejoindre avant la nuit le détachement laissé dans le défilé de Sidi ben Daoud. Repassant devant Ksiba rempli d'ennemis, nous reprenons la route suivie à l'aller. Les Berbères en pantalons rouges bondissent dans les blés, sans oser trop s'approcher de l'arrière-garde en ce terrain découvert. Bientôt ils disparaissent complètement. Le combat a coûté à l'infanterie trois tués et vingt blessés.

A la tombée du jour, nous retrouvons près du marabout le détachement du colonel Mathieu. Le camp est dressé à l'entrée du défilé, sur le plateau en balcon qui domine l'immense plaine du Tadla étalée à nos pieds comme une mer calme.

XX

LE SECOND COMBAT DE KSIBA

9 juin. — Nous ne pouvons quitter le pays avant d'avoir infligé au village de Ksiba, d'où est partie l'attaque contre notre cavalerie, le châtiment qu'il mérite. Le colonel Mangin a réuni ses officiers ; il a loué l'héroïsme de nos cavaliers et de leurs chefs, rendu hommage aux morts et annoncé que demain toute la colonne s'enfoncerait dans l'Atlas pour les venger. Il nous faut retrouver le corps du commandant Picard. Ksiba sera bombardé, incendié, et les troupes rentreront ensuite à Casbah Tadla, après ce dernier effort qui doit terminer la campagne. Chacun est prêt à faire son devoir.

Nous prenons aujourd'hui un repos qui nous permettra d'envoyer à Casbah Tadla, situé à cinq heures de marche seulement, les blessés et les morts, avec l'artillerie montée qui ne peut s'engager dans l'Atlas ; l'escorte sera de retour ce soir même, et nous pourrons entreprendre demain l'opération avec toutes nos forces réunies.

Le camp est très près de la rive montagneuse ; les balles tirées des crêtes par les Berbères viennent tomber parmi les tentes. Le plateau étroit où nous sommes établis ne permet pas de se placer hors de portée des fusils ennemis, et la descente dans la plaine, vers un point d'eau éloigné, nous ferait perdre l'avantage de pouvoir à notre heure franchir sans difficulté le défilé que nous tenons sous nos canons. Il faut nous résigner à passer cette journée à tirailler. Les canons de montagne en batterie au centre du carré répondent à nos adversaires. Ces Chleuhs montrent une belle bravoure, nous en voyons s'aplatir à l'arrivée des obus, puis se redresser de toute leur taille dans la fumée et lâcher à nouveau leur coup de feu. Et cela durera toute la journée. Les mitrailleuses devront rejeter vers les hauteurs les Berbères qui tentent d'en descendre; l'infanterie devra faire une sortie pour déloger des casbahs voisines l'ennemi qui s'est glissé à la faveur d'un ravin et nous gêne par son tir à courte distance. Tout cela ne va pas sans nous causer quelques pertes : un capitaine a la jambe traversée par une balle; au poste de police, un projectile vient frapper en plein crâne un des Sénégalais. Plusieurs hommes sont blessés.

Vers le soir, le détachement envoyé à Casbah Tadla est de retour et prend sa place au camp. La nuit ne doit pas, paraît-il, se passer sans événements. Au cours de la sortie exécutée contre les casbahs, un Berbère a été fait prisonnier. Longtemps, il a refusé de parler, puis il a donné des renseignements intéressants. Moha ou Saïd aurait fait appel à son voisin le Zaïani, battu le 26 mars, et au marabout Ali Hamaouch, redoutable guerrier du grand Atlas. Des contingents fort nombreux doivent nous attaquer cette nuit. Une partie des assaillants dirigera sur une des faces du carré une vive fusillade, tandis que le reste se jettera au couteau sur la face opposée et forcera les tranchées. Tout cela a l'apparence de la vérité. Nous connaissons assez les Berbères pour savoir qu'ils n'hésiteront pas à tenter cette attaque au poignard s'ils l'ont décidée. Et les feux, qui brillent nombreux dans la montagne, indiquent que les rassemblements ennemis sont importants. Nous pouvons avoir affaire à dix mille Berbères. L'ordre est donné, à la tombée de la nuit, d'abattre les tentes qui sont autant de cibles, d'éteindre les feux et de renforcer la garde aux tranchées. Une réserve est constituée au centre du carré.

10 juin. — Il n'y a eu qu'un semblant d'attaque cette nuit. L'ennemi a tiré sur deux faces, qui ont répondu instantanément par de formidables salves. Cette riposte immédiate a-t-elle impressionné l'adversaire qui croyait nous surprendre? ou l'alerte n'était-elle pas sérieuse? Toujours est-il que nous avons été tranquilles ensuite.

Avant le jour, les préparatifs ont été faits sans bruit et, quand l'aube a paru, l'ennemi a pu voir nos Sénégalais aux sommets des crêtes qui dominent le défilé et la colonne déjà maîtresse du passage. A notre grande surprise d'ailleurs, les Berbères nous laissent en paix étirer pendant deux longues heures notre convoi dans l'étroite gorge de Sidi ben Daoud. Hommes, chevaux ou mulets n'y seraient passés qu'un à un. A peine quelques coups de feu sont-ils tirés sur les troupes qui tiennent les falaises. Et quand, reformés dans la vallée, nous reprenons notre marche, d'importantes colonnes ennemies nous apparaissent au flanc de l'Atlas; elles semblent se diriger comme nous sur Ksiba. Sans doute obéissent-elles à un mot d'ordre, et Moha ou Saïd leur a-t-il donné rendez-vous là-bas.

Vers huit heures, le ronflement bien connu d'un moteur fait lever toutes les têtes. Nous saluons du fond du cœur le calme courage du lieutenant aviateur La Morlais, qui nous devance à Ksiba pour reconnaître le village. Qu'une panne l'oblige à atterrir et c'en est fait de l'officier! Nous suivons avec émotion et fierté l'avion qui s'éloigne. Le voici au-dessus de la falaise, et de longues salves des Berbères l'accueillent. De son vol puissant, l'aigle continue à planer; il s'enfonce dans le mystère de l'Atlas et bientôt invisible disparaît dans l'azur. Nous sommes anxieux de le voir revenir. Mais sans doute regagnera-t-il Casbah Tadla par une autre route des airs sans survoler à nouveau la colonne. Un soupir de soulagement s'échappe de toutes les poitrines et accueille l'apparition du point noir là-bas. Il grossit; les grandes ailes jaunes du monoplan qui passe au-dessus de nos têtes nous paraissent maintenant immenses et le bruit du moteur nous assourdit.

A son tour, la colonne arrive devant la falaise où s'agitent les Berbères, le fusil haut. Si nous prenons par la vallée, tous ces gens-là vont nous canarder comme à la cible. Peut-être est-il possible d'escalader cette muraille qui s'affaisse à sa pointe la plus rapprochée de nous et de marcher sur Ksiba par le plateau qu'elle supporte? Notre prisonnier d'hier, que nous gardons précieusement, ne sait rien, bien entendu. Il ne connaît pas Ksiba; il ose même déclarer qu'il n'est jamais venu dans la montagne, alors qu'il en descendait les mains noires de poudre lorsque nos hommes l'ont cueilli. Promesses, menaces, rien n'y fait. Abdallah ben Djabeur, interrogé à son tour, vient pour la première fois ici; il n'avait avec les gens de Ksiba que des relations épistolaires. Il appelle cependant un de ses hommes qui serait venu commercer chez les Berbères; celui-ci a entendu dire qu'un sentier existait là-haut. Notre guide habituel, qui nous accompagne depuis le commencement des opérations, affirme, lui, que jamais nos chameaux et nos canons ne monteront par là; l'homme assure que les caravanes y passent.

Le colonel Mangin a donné l'ordre de prendre par le plateau. Tapis sur la falaise, les défenseurs commencent à nous tirer dessus. Nous obliquons à droite, protégés par l'artillerie qui a ouvert le feu. Voici le sentier qui mène au plateau, ce mouvement nous a rapprochés de l'Atlas et l'infanterie doit répondre également à la fusillade qui vient de ce côté, tandis que la colonne entreprend l'escalade, d'ailleurs facile. Là-haut, dans les magnifiques champs de blé qui ondulent du rebord de la falaise au pied de l'Atlas, l'ennemi tourné fuit vers le village. Postés sur le versant de la haute chaîne qui couvre notre droite, d'autres piétons cachés dans les rochers tirent sur nos troupes qui, massées, ont repris leur marche.

Le plateau, long d'une lieue, s'affaisse à son extrémité. Au bas des éboulis de roches, Ksiba étale la masse pressée de ses masures blanches; les toits en terrasse apparaissent dans un fouillis de verdure. Peupliers, amandiers, noyers, abricotiers, pommiers, poiriers, pruniers, oliviers, mûriers se serrent en forêts qu'escaladent des vignes; au nord, ces bois bordent la vallée où nous passâmes avant-hier; ils s'étagent au sud sur les pentes brusquement relevées de l'Atlas.

L'infanterie a délogé l'ennemi des fermes et des vergers qui occupent le rebord du plateau au-dessus des éboulis. Les Berbères réfugiés dans le village et dans la montagne tiraillent abondamment. L'artillerie a pris position pour bombarder Ksiba. Les huit canons crachent leur mitraille; les spahis et les cavaliers marocains, qui sont aujourd'hui à l'honneur, assistent derrière les batteries à la destruction du repaire dont les défenseurs décimèrent leurs brillants escadrons. Les obus trouent les terrasses et les murs, éclatent à l'intérieur des maisons; les détonations se répercutent au loin dans l'Atlas. Des colonnes de fumée blanche ou verte montent des habitations et des vergers et s'étalent en un vaste nuage qui se répand sur la vallée. Les défenseurs épouvantés fuient dans la montagne par le ravin qui débouche à Ksiba.

Tirailleurs algériens, goumiers et Sénégalais donnent l'assaut au village et, le dépassant, vont prendre position sur la hauteur où le commandant Picard, arrêtant son héroïque chevauchée, avait prescrit le combat à pied. Les spahis arrivent par la vallée, suivis de nos mille cavaliers des tribus qui se répandent dans le village et l'incendient.

Je suis descendu à Ksiba avec le lieutenant-colonel Simon et un médecin-major pour rechercher le corps du commandant Picard, que notre prisonnier, la langue soudain déliée, dit avoir été déposé sur la place du marché. Le sentier dévale parmi les rochers; nous voici dans les vergers clos de haies de ronces et de vignes et tapissés de gazon. L'eau court en ruisseaux clairs au long des ruelles vers la vallée. Nos montures s'effraient du cadavre d'un cheval mort. Le corps du commandant est retrouvé sur la petite place et emporté par le médecin de l'ambulance. Tout autour de nous, les balles qui arrivent de la montagne claquent sur les dalles sonores. Il faut partir.

Les haies en feu nous brûlent le visage; la fumée des habitations incendiées emplit l'air. Nos Tadla s'emploient au pillage et, sur leurs montures arrêtées aux portes, chargent rapidement d'énormes sacs de provisions. Soudain nous voyons nos alliés redescendre en hâte la petite rue que nous suivons. « Sortez vite du village, nous jettent-ils en nous dépassant, les Berbères arrivent derrière nous. » Une corvée de marsouins s'obstine, malgré nos avis, à puiser l'eau d'une fontaine; insouciants du danger que nous leur signalons, ils persistent à remplir leurs bidons et leurs seaux; une amicale violence les décide au départ.

A midi, le colonel a dicté l'ordre pour le retour : « Notre but est rempli : la cavalerie est vengée, le corps du commandant Picard est retrouvé. Ksiba est détruit. La colonne va rentrer à Casbah Tadla par la vallée de Foum Taksout. Les troupes du colonel Mathieu, qui occupent le village et ses abords, se replieront les premières par la vallée avec le convoi, sous la protection de l'artillerie et des unités établies sur le plateau. »

Tout cela se passe en bon ordre. L'ennemi, nombreux et pressant, est contenu dans la vallée par les arrière-gardes et par le tir plongeant des canons. Malheureusement, le lieutenant Variengien, en se portant bravement le premier en avant de ses tirailleurs algériens sur une crête battue par le feu des Berbères, est atteint d'une balle dans le ventre; ses hommes, qui l'aiment beaucoup, et des goumiers marocains qu'a enthousiasmés son courage, se jettent à son secours malgré le danger, et plusieurs d'entre eux sont blessés en le relevant.

Vers deux heures, le convoi s'est engagé avec un détachement dans le Foum Taksout qui conduit à la plaine de l'Oum er Rbia. Les troupes du colonel Mathieu ont pris position à l'entrée du défilé; l'artillerie a reçu du colonel Mangin l'ordre de quitter ses emplacements et de se mettre en batterie à cet endroit. De là, elle tire à trois mille mètres sur le plateau où les Berbères pressent le reste des troupes, et contient l'ennemi que l'infanterie a dû rejeter à plusieurs reprises dans l'Atlas par des charges à la baïonnette. Plusieurs officiers ont été blessés.

Le gros de la colonne peut alors gagner la vallée et pénétrer à son tour dans Foum Taksout. Le lâchage du plateau a été dramatique. Les Berbères se sont précipités, poignard au poing, sur les derniers hommes qui ont eu peine à se dégager; nous ne pouvions tirer pour les protéger sans risquer de les tuer avec leurs adversaires; l'un des nôtres s'est vu arracher des mains son fusil au cours de cette lutte sauvage.

Alors, derrière nos troupes, c'est une ruée de guerriers bondissant parmi les blés. Il en descend en foule de toutes les pentes de l'Atlas. Les mitrailleuses abritées derrière les rochers déciment les rangs ennemis; les canons de montagne tirent sans arrêt sur les groupes compacts; l'infanterie fusille les plus audacieux. Vers deux heures trente, l'ennemi, qui a subi des pertes énormes, paraît renoncer à cette lutte inégale, et les troupes qui gardaient l'entrée du défilé peuvent à leur tour s'y engager.

Le sentier que nous suivons dans le Foum Taksout longe un ruisseau abondant, aux berges tapissées d'herbe fine et bordées de buissons. A droite et à gauche, des rochers escarpés, couverts de broussailles épaisses, bordent l'étroite faille; des zouaves en flanc-garde marchent sur ces hauteurs, mais nous ne pouvons les apercevoir d'en bas.

Bientôt, les montagnes s'écartent à gauche et démasquent une vallée profonde vers laquelle dévale le torrent, tandis que notre piste s'infléchit à droite, en bordure d'un promontoire haut d'une cinquantaine de mètres, où, parmi les rochers croulants, ont poussé des buissons épineux. Sur notre gauche, les soldats auxiliaires marocains perchés sur un piton répondent à une fusillade violente partie des crêtes éloignées et dirigée sur la colonne; des hommes et des animaux sont blessés au passage. Sans doute, les Berbères pensaient que nous continuerions à longer le torrent et nous attendaient là-bas. En suivant le sentier de droite qui nous éloigne d'eux, nous avons déjoué leur plan, et ils se vengent en tirant de loin sur les troupes qui leur échappent.

La nouvelle piste pénètre dans un fourré de plus en plus dense; le convoi de chameaux n'a pu franchir ce défilé sans que les branches aient arraché quelques caisses que nous retrouvons à terre; elles ont été vidées par les conducteurs et sont d'ailleurs inutiles; nous les laissons sur place après que les auxiliaires marocains du capitaine Fumey les ont défoncées à coups de pierre. La caisse d'outils de l'intendance est par contre encore pleine. Les hommes essaient de la charger à plusieurs reprises sur les mulets des mitrailleuses, puis de l'artillerie, qui défilent dans le sentier. Chaque fois, après quelques pas, les branches la rejettent à terre. Alors des Sénégalais reçoivent l'ordre de la porter à deux sur leur tête; la charge est si lourde qu'ils demandent grâce au bout de cinquante mètres. Il faut se résigner à abandonner les outils qui servaient au dépeçage de nos bœufs.

Nous continuons notre route tranquillement, en échangeant nos impressions sur les événements de la journée. Il est trois heures de l'après-midi; tout fait penser que le combat est terminé. Soudain, un bruit se fait entendre derrière nous. On dirait qu'un troupeau est lancé sous la forêt. Nous nous retournons. Des buissons, les Chleuhs surgissent au pas de course, parmi les blocs de rochers. Il faut faire face à la baïonnette à cette attaque menaçante. Déjà nos hommes ont au bout de leurs lames les Berbères qui, le corps maigre et blanc, nus jusqu'à la ceinture, vêtus d'un simple pantalon de toile rouge, les regardent de leurs yeux bleus et froids. Et voilà que maintenant, du promontoire de droite, refluent en tourbillonnant dans les rochers et les buissons la compagnie de zouaves et la compagnie sénégalaise qui, placées en flanc-garde, plient sous le nombre des assaillants. Nos hommes mêlés à des centaines de Berbères descendent pêle-mêle avec eux vers notre sentier. C'est une lutte sauvage; on se tire des coups de feu à bout portant, on se bat au poignard, au coupe-coupe, à la baïonnette, à coups de crosse. Les montagnards lancent sur les zouaves et sur les noirs des blocs de rochers. Les unités qui suivaient le sentier ont fait face à cette avalanche et tentent d'arrêter par leurs feux la horde qui suit ce premier flot. Une mêlée confuse s'engage. Le capitaine Fumey, en entraînant ses auxiliaires marocains à la baïonnette, tombe entre deux blocs de rochers; six Chleuhs se jettent sur lui; l'un d'eux le frappe au crâne à coups redoublés avec le couteau de boucher pris dans la caisse abandonnée. L'officier robuste se défend; il abat à coups de revolver trois de ses agresseurs. Puis, saisissant le couteau, il s'en empare et frappe à son tour l'homme qui le brandissait.

Le colonel Mathieu, qui commande l'arrière-garde, secourt les troupes engagées. La lutte est rude. Mais bientôt le canon se fait entendre. Le colonel Mangin, prévenu, a arrêté l'artillerie sur la hauteur voisine. L'ardeur des Berbères faiblit sous la pluie d'obus qui s'abat soudain et sous la grêle de balles que lancent les mitrailleuses et l'infanterie en position près des pièces. L'arrière-garde, dégagée, peut échapper à l'étreinte et se replier vers les troupes solidement établies sur la crête. Le capitaine Fumey, aveuglé par le sang qui coule de ses blessures, arrive à l'ambulance, ses soldats marocains tirant son cheval par la bride. Le capitaine Pâris est rouge des pieds à la tête du sang des Sénégalais blessés qu'il a arrachés aux mains de l'ennemi. Le sous-lieutenant Gilles a été tué au cours de la lutte. Les médecins s'empressent à soigner les blessés sur la position de repli où ils arrivent.

Les Berbères, ne pouvant franchir la zone de mort qu'a créée notre feu, essaient de nous tourner. Les voilà qui surgissent par le fond d'un ravin et escaladent les pentes sur notre droite. L'artillerie fait face de ce côté; une charge à la baïonnette les rejette dans la vallée, où ils disparaissent. Iront-ils attaquer le convoi, qui, ignorant ces événements, a continué sa marche et qu'on vient seulement de pouvoir prévenir, car le terrain montagneux rend les communications très lentes?

Il est trois heures et demie. L'incident a duré moins d'une demi-heure. Le combat est rétabli à l'arrière. Mais l'ennemi, se glissant par les ravins qui nous le masquent, va peut-être reporter son effort à l'avant. Le colonel Mangin ordonne de reprendre la marche pour rallier le convoi. L'arrière-garde ne reçoit plus de coups de fusil; nous n'entendons pas tirer du côté du gros de la colonne. Le combat paraît terminé. Vers quatre heures trente, la plaine apparaît à nos pieds; le convoi est déjà en bas, massé, au repos. Nous dressons le camp tout contre l'Atlas, à cheval sur les rives de la séguia Foum Taksout.

Cette rude journée nous coûte cinquante tués et cent dix-neuf blessés. Les pertes de l'ennemi doivent être énormes : nous avons tiré aujourd'hui cent cinquante mille cartouches et treize cents obus, et la baïonnette a fait de bon ouvrage.

11 juin. — La nuit a été calme. Les troupes font la grasse matinée. Les Berbères sont invisibles. La plaine est vide et les pentes de l'Atlas sont désertes. Nos mille cavaliers des tribus, renforcés de six cents Beni Amir arrivés hier soir, trop tard pour prendre part à la lutte, partent en reconnaissance dans la montagne et reviennent vers midi sans avoir rencontré un habitant. Les Chleuh ont été effroyablement éprouvés et renoncent à la lutte, nous rapporte un de nos espions, qui, pour ne pas se trahir, a dû assister au combat dans leurs rangs.

Nous avons atteint notre but. La casbah de Moha ou Saïd est incendiée. Ksiba est détruite. Le prestige des Chleuhs et de leur chef est irrémédiablement atteint. Nos auxiliaires Tadla sont fiers d'avoir vaincu la montagne berbère, fermée jusque-là aux harkas de la plaine. Dans l'après-midi, nous nous remettons en route pour Casbah Tadla, distante seulement de quatre lieues.

Dans cette immense plaine couverte à l'infini de blés magnifiques, — terres qui appartiennent par droit de conquête aux montagnards, — il règne une chaleur étouffante. Le temps est orageux et lourd. Soudain, un effroyable incendie, allumé par un imprudent fumeur de kif, se déchaîne dans les récoltes. La paille encore sur pied atteint la poitrine des fantassins. Le danger est grand. On peut craindre pour la colonne une épouvantable catastrophe. Mais le vent pousse vers la gauche les hautes flammes qui se propagent avec une vertigineuse rapidité. D'un mouvement instinctif, toute la colonne a obliqué à droite; le convoi sort à temps de la zone dangereuse. Une séguia opportunément franchie met à l'abri les blessés de l'ambulance. Nous sommes sauvés. L'alerte a été vive. Nos hommes, furieux, menaçaient de tirer sur les auxiliaires, qu'ils accusaient d'avoir mis le feu à dessein, sans vouloir se rendre compte que les risques courus auraient été les mêmes pour tout le monde.

L'ordre rétabli, nous reprenons la marche. Bientôt le vent fraîchit : un violent orage de grêle éclate; des torrents de pluie s'abattent sur la plaine. La colonne doit s'arrêter, tourner le dos au vent et attendre la fin de la tourmente. Les terres détrempées collent aux pieds des hommes et des bêtes. Nous atteignons Casbah Tadla à la nuit.

12 juin. — Les derniers devoirs ont été rendus à nos morts. Notre pauvre camarade Variengien s'est éteint doucement. La plupart des blessés vont bien; ils ont été dirigés ce matin sur l'hôpital de Casablanca. Pourquoi faut-il que toute conquête s'achète par le sang ? Nous devons perdre l'espoir d'établir notre domination sans payer ce lourd tribut.

Ici comme partout ailleurs, les peuples ne se soumettent pas sans combattre. La religion fait un devoir aux musulmans de ne pas s'incliner sans avoir été battus; mais elle leur conseille d'accepter loyalement l'autorité du vainqueur quand la résistance est devenue impossible.

La soumission d'une tribu ne s'obtient que par l'occupation de son territoire, mais elle est alors sans réserve.

Cette fois, le Tadla est conquis. Les Chleuhs avouent que Ksiba leur a coûté sept cents morts et plusieurs milliers de blessés. Les Aït Atta du Tafilelt, qui avaient franchi le Grand et le Moyen Atlas pour venir assister au combat, sont repartis découragés. Demain ces vaincus seront nos alliés.

30 juin. — Les Berbères n'ont plus bougé, bien que, les troupes ramenées en arrière, il n'ait été laissé à Casbah Tadla qu'un faible détachement. Plus aucun coup de feu n'est tiré sur le poste depuis Ksiba. Les montagnards, se rendant compte qu'une agression nous ramènerait dans l'Atlas, ont interdit même à leurs voleurs incorrigibles de venir nous irriter dans la plaine. Le calme règne sur le pays. La colonne du Tadla est disloquée.

Chacun de nous retirera de cette belle campagne de trois mois et des treize rudes combats qui la marquèrent des enseignements précieux.

La colonne, observant les immuables principes de la guerre, a toujours marché résolument sur les forces ennemies, ou les a attirées à elle pour leur tomber ensuite dessus ; à chaque rencontre, elle a toujours manœuvré son adversaire et imposé sa volonté.

Le 26 mars, à Botmat Aïssaoua, la manœuvre

consiste à masquer les Smala sur la gauche et, sans se laisser retarder par eux, à maintenir la résolution prise de foncer sur le camp ennemi où se trouve la masse principale, les Zaïan.

A Casbah Tadla, le 7 avril, la surprise projetée échoue par suite de circonstances imprévues; l'ennemi est bousculé directement; les troupes s'emparent, malgré ses efforts, du pont par où passe sa ligne de retraite, et mènent une poursuite à outrance jusqu'au pied de l'Atlas.

Un détachement léger se détache le 11 avril de la colonne principale et va enlever d'assaut dans la montagne la position ennemie de Casbah Beni Mellal.

Le 12 avril, la colonne attire par sa marche vers l'Oum er Rbia les Beni Amir hors de la montagne où ils viennent d'arriver, les laisse approcher du camp à courte distance et les culbute par une vigoureuse sortie.

A Sidi Salah, le 17 avril, le groupe d'avant-garde fait tout entier un brusque à-gauche, rejette dans le fleuve l'ennemi qui barre le passage, tandis que le reste de la colonne, prenant la tête, va déboucher sur l'autre rive par un gué voisin.

Le 26 avril, à Aïn Zerga, l'arrière-garde, dégagée de l'ennemi qui la presse par les troupes déjà bivouaquées, rentre dans l'intérieur du carré. L'ennemi encouragé l'encercle. Notre silence l'enhardit. Des lignes épaisses s'avancent en vagues. Soudain, une contre-attaque, mûrement préparée à l'abri d'un vallonnement, se déclanche, coupe en deux l'adversaire qui fuit en deux tronçons : les Aït Roboa vers Beni Mellal à l'est, et les Berbères vers Sidi Ali bou Brahim au sud-ouest, où une poursuite menée à fond les rejette vers l'Atlas.

A la première journée de Sidi Ali bou Brahim, le 27 avril, les troupes enlèvent, non seulement le village, mais les hauteurs qui le dominent, et cette manœuvre assure contre une partie des harkas de l'Atlas la protection du gros campé dans la plaine; ce gros dégage à son tour dans la soirée, par une énergique contre-attaque, les avant-postes assaillis sur leur gauche.

A la tombée de la nuit les positions avancées sont évacuées, mais, le lendemain 28, elles sont réoccupées dès la pointe du jour par des troupes uniquement indigènes, afin d'épargner les Européens qui, la veille, ont supporté la presque totalité des pertes par le feu.

Le 29 avril, les mêmes positions sont conservées. L'ennemi éprouvé se tient à distance; pour l'atteindre encore avant de quitter la montagne, le colonel Mangin fait simuler par les troupes postées dans l'Atlas une retraite générale. Les Berbères croient nous tenir, lâchent les positions dont ils nous observaient et s'élancent à notre poursuite. La masse de manœuvre, arrêtée à l'abri des vues de l'adversaire, se reporte en avant comme un ressort et fait subir à l'ennemi des pertes telles que le lendemain, après une nuit tranquille, la colonne peut descendre en plaine sans être aucunement inquiétée.

La montagne fait obstacle au passage de l'artillerie montée et du convoi le 8 juin à Ksiba : une colonne légère, formée avec les pièces de montagne, la cavalerie et une partie de l'infanterie, continue la marche sur l'objectif. La cavalerie, aventurée trop loin de l'avant-garde, est recueillie et l'offensive est reprise; un détachement posté en repli observe le village de Ksiba, tandis que le reste des troupes donne l'assaut à la Casbah de Moha ou Saïd et se replie ensuite sous la protection de ce soutien.

Le 9 juin, au camp de Sidi ben Daoud où les troupes attendent, pour reprendre l'offensive, le retour du convoi envoyé à Casbah Tadla, une contre-attaque rejette l'ennemi des Decheras et vergers où, descendu de la montagne, il a réussi à pénétrer.

Le 10 juin, au deuxième combat de Ksiba, l'ennemi posté sur une longue falaise tient sous son feu plongeant la vallée suivie l'avant-veille par la colonne; l'itinéraire est changé; par la piste qui escalade le plateau, les défenseurs sont tournés sur leurs derrières et doivent lâcher leur position. Après l'enlèvement d'assaut du village, une partie des troupes fait face sur ce plateau aux contingents qui descendent de l'Atlas, tandis que le reste opère dans la vallée la destruction de Ksiba. Ce sont les unités du plateau qui protègent le départ de celles établies dans la vallée; celles-ci vont à leur tour prendre position à l'entrée du défilé de Foum Taksout pour aider les premières à revenir en arrière. Et sans cesse des contre-attaques à la baïonnette

*

découragent les efforts de l'ennemi. Dans le défilé, lorsque le flanc-garde de droite, entouré à la faveur du terrain rocheux et boisé, doit se faire jour à travers les rangs ennemis, c'est le gros de l'arrière-garde qui, établi en repli avec l'artillerie, lui permet de se dégager, la recueille et, par ses contre-attaques, oblige les Berbères à la retraite.

Ainsi, sur tous les théâtres de la guerre, la manœuvre et la volonté d'écraser l'adversaire peuvent seules amener la victoire et la paix : partout et toujours la vigueur du commandement décuple la valeur des bataillons.

FIN

TABLE DES GRAVURES

Pages.

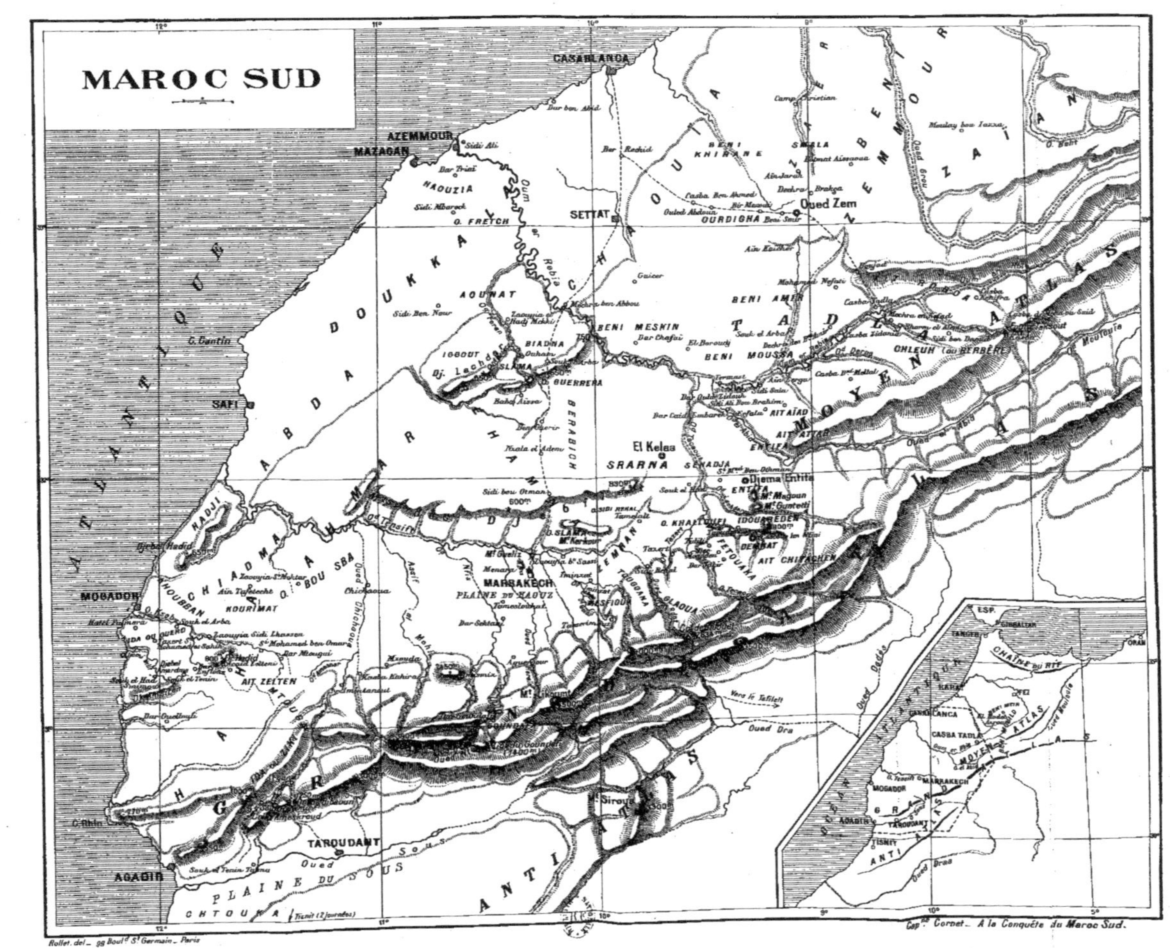
MAROC SUD
CASABLANCA
AZEMMOUR
MAZAGAN
SAFI
MOGADOR
AGADIR
SETTAT
Oued Zem
El Kelaa
MARRAKECH
TAROUDANT
DOUKKALA
ABDA
CHAOUIA
TADLA
SRARNA
BENI MESKIN
BENI MOUSSA
BENI AMIR
HAOUZIA
AOUNAT
CHIADMA
HAHA
PLAINE DU HAOUZ
PLAINE DU SOUS
CHTOUKA
ANTI ATLAS
MOYEN ATLAS
CHLEUH (ou BERBÈRE)
AIT CHITACHEN
AIT ZELTEN
FETOUAKA
DEMNAT
ZEMMOUR
ZAIAN
Oued Dra
Oued Dadès
Oued Sous
C. Cantin
C. Rhin
Rollet. del. _ 99 Boul^d St Germain _ Paris
Cap^ne Cornet _ A la Conquête du Maroc Sud.

TABLE DES MATIÈRES

PARIS
TYPOGRAPHIE PLON-NOURRIT ET Cie
8, RUE GARANCIÈRE

BIBLIOTHEQUE NATIONALE DE FRANCE
3 7502 04246740 8

www.ingramcontent.com/pod-product-compliance
Ingram Content Group UK Ltd.
Pitfield, Milton Keynes, MK11 3LW, UK
UKHW021844190726
13855UKWH00001B/135